Schwengeler

Rabindranath R. Maharaj

Der Tod eines Guru

Schwengeler

ISBN 3-85666-010-0 (Schwengeler-Verlag)

Taschenbuch Nr. 70 234
16. Auflage 2000

© 1977 by J.B. Lippincott Company
Publishers, New York
Originaltitel: «Death of a Guru»

© 1978 der deutschen Ausgabe:
Schwengeler-Verlag, CH-9442 Berneck
Übersetzung: Benedikt Peters
Gesamtherstellung: Cicero-Studio, CH-9442 Berneck

Co-Produktion und Auslieferung für den deutschen
Buchhandel by CLV; Christliche Literatur-Verbreitung.
D-33661 Bielefeld ISBN 3-89397-414-8

Inhalt

	Vorwort	7
Kapitel 1:	Der Avatara	11
Kapitel 2:	Asche auf dem Ganges	35
Kapitel 3:	Karma und Schicksal	51
Kapitel 4:	Pandit Ji	63
Kapitel 5:	Der junge Guru	77
Kapitel 6:	Shiva und ich	83
Kapitel 7:	Heilige Kuh	95
Kapitel 8:	Reicher Mann, armer Mann	101
Kapitel 9:	Der unbekannte Gott	111
Kapitel 10:	«Und das bist du!»	115
Kapitel 11:	Guru Puja	123
Kapitel 12:	Karma und Gnade	135
Kapitel 13:	Erleuchtung!	143
Kapitel 14:	Der Tod eines Guru	149
Kapitel 15:	Neuanfang	165
Kapitel 16:	Wiedersehen und Abschied	181
Kapitel 17:	Wo Ost und West sich begegnen	191
Kapitel 18:	Leben durch Sterben	201
Kapitel 19:	Unterwegs	213
	Nachworte	230
	Epilog	233
	Worterklärungen	238

Vorwort

Ich könnte nicht behaupten, meine Festnahme an jenem stürmischen Novembermorgen 1975, als ich die Grenze von Pakistan nach Indien überqueren wollte, sei völlig überraschend gekommen. Ich hatte die Gefahr wohl vorausgesehen, aber es war mir so wichtig gewesen, nach Indien zu kommen, dass ein Zögern nicht in Frage gekommen war. Und warum sollte ich mich jetzt um etwas sorgen, das vielleicht nichts anderes war, als eine kurze Verzögerung ... oder das Unvermeidbare, das ich halbwegs befürchtet hatte.

Man hatte mir bedeutet, draußen zu warten, während meine Papiere untersucht wurden. Zehn Minuten war ich schon vor dem unfreundlichen Gebäude unter den kühl beobachtenden Augen der Grenzwachen langsam auf- und abgeschritten. Langsam begann ich zu ahnen, was geschehen würde, und je länger es dauerte, desto sicherer wurde ich.

In Gedanken versunken hatte ich den Beamten kaum bemerkt. «Sie sind Rabindranath Maharaj?», fragte er, während er das Foto im Pass mit meinem bärtigen Gesicht verglich. «Warum der Bart?», schien er zu denken oder vielmehr: «Natürlich, ein Bart!»

«Ja, der bin ich», lächelte ich freundlich zurück. Das war eine ganz natürliche Reaktion. So kannten mich auch meine Freunde, wofür sie mich oft rühmten. Ja, Rabi ist solch ein liebenswürdiger Kerl. Selbst in dieser Situation, dachte ich! Innerlich war mir aber ganz und gar nicht nach einem Lächeln zumute. «Folgen Sie mir!» Er drehte sich schnell um und gab mir ein entsprechendes Zeichen.

Ich wurde in ein Hinterzimmer des niedrigen Gebäudes geführt, wo mehrere uniformierte Beamte mich mit düsterer Miene erwarteten. Dort, ungesehen von den Augen der wenigen Touristen, die ohne Verzögerung die

Grenze in beiden Richtungen passierten, hörte ich die niederschmetternden, wenn auch halb befürchteten Worte: «Sie sind verhaftet!» Mir wurde zum ersten Mal bewusst, wie kalt und hart die Pistolen aussahen, die sie alle trugen.

«Warum spionieren Sie für die indische Regierung?» Die Frage kam vom höchsten der anwesenden Beamten, der hinter dem Tisch saß. «Das mache ich doch gar nicht!», protestierte ich. «Und das sollen wir glauben?», versetzte er mit einem höhnischen Lachen. «Haben Sie sich wirklich eingebildet, wir würden Sie ausreisen lassen?»

Ich war natürlich Inder und Inder reisen normalerweise nicht in Pakistan. Millionen waren aus diesem Land geflohen, nachdem es durch die Aufteilung der Indischen Union unter moslemische Herrschaft gekommen war, und Tausende waren brutal niedergemacht worden, bevor sie das Land verlassen konnten. Jenseits der Grenze hatten Hindus Tausende von Moslems hingeschlachtet, während sie aus Indien in diese Freistätte flüchteten, die ihnen die Briten kurz vor Abzug aus diesem riesigen Gebiet ihres dahinschwindenden Reiches geschaffen hatten. Seit der Teilung war es zu mehreren Grenzkonflikten zwischen indischen und pakistanischen Truppen gekommen. Pakistan würde Indien die jüngste Einmischung in den Ost-Westpakistanischen Bürgerkrieg, der zur Unabhängigkeit von Bangladesh geführt hatte, weder vergeben noch vergessen. Kein halbwegs vernünftiger Inder würde solch feindliches Gebiet betreten, es sei denn unter einem ganz besonderen Auftrag. So dachten meine Fragesteller – und sie hatten eigentlich Recht.

Die Beweislast gegen mich war erdrückend; so schlossen sie, nur sprachen sie das nicht aus. Das gehörte zu den Spielregeln – und ich wusste nur zu gut, dass sie mir alles zur Last legen konnten. Ich war wehrlos. Mein

Nachname zeigte ihnen, dass ich zur höchsten Hindukaste gehöre, und bei solcher Feindschaft zwischen Indien und Pakistan genügte diese Tatsache schon, um die Anklage zu bestätigen. Was könnte schließlich ein Inder – und zudem noch ein Brahmane – in Pakistan vorhaben, wenn nicht spionieren?

Ich kannte genügend Geschichten, um zu wissen, dass ich weder auf ein Verhör noch auf eine ordentliche Gerichtsverhandlung zu hoffen brauchte. Natürlich war ich kein Spion, obwohl sie meinen Auftrag in Pakistan, den ich eben erfolgreich abgeschlossen hatte, zweifelsohne als genauso feindlich wie Spionage beurteilt hätten, wäre er ihnen bekannt gewesen. Ich schaute von einem düsteren Gesicht zum andern. Als ich merkte, wie sie alle meine Unschuldsbeteuerungen ungläubig abwiesen, überfiel mich plötzlich ein Gefühl völliger Hoffnungslosigkeit. Das ist bestimmt mein letzter Tag ... und noch so viel Arbeit sollte getan werden.

Keine Zeitungsnotiz, keine formale Ankündigung würde meine Hinrichtung begleiten. Ich würde ganz einfach spurlos verschwinden. Und meine Mutter, die ich seit Jahren nicht mehr gesehen hatte, wartete in der Nähe von Bombay auf mich! Sie würde nie erfahren, was geschehen war, noch warum. Nach einigen formalen Nachfragen meiner Regierung würden die Pakistani genauso formal bestreiten, etwas von mir zu wissen. Ich würde als ein weiteres Opfer dieses geheimen Krieges, von dem die Nachrichtenmedien nie Bericht erstatten, bald vergessen.

Als ich so allein dasaß und streng bewacht auf die Ankunft des Mannes wartete, den sie Chef nannten – er wollte mich persönlich ausfragen – kam mir eine Idee. Das war vielleicht die Möglichkeit, doch noch frei zu werden! Dazu müsste ich diese harten Polizisten allerdings von etwas schier Unglaublichem überzeugen können. Einen Versuch war es wert. Vielleicht würde sich gerade die Eigenartigkeit der Geschichte zu meinen Gunsten auswirken, vielleicht würde der Chef einsehen, dass sie zu unglaublich ist, um erlogen zu sein.

Um verstanden zu werden, müsste ich die unglaubliche Geschichte ganz von vorne erzählen – angefangen mit meiner Kindheit in Trinidad.

Kapitel 1

Der Avatara

Unser Leben mag noch so erfüllt sein, gewisse Dinge werden wir immer bereuen, wenn wir zurückblicken. Als tiefsten Verlust empfinde ich den frühen Tod meines Vaters Chandrabhan Ragbir Sharma Mahabir Maharaj. Wie wünschte ich, dass er noch lebte! Der frühe und geheimnisvolle Tod dieses außergewöhnlichen Mannes erklärt aber mein Bedauern nicht gänzlich. So viel ist seitdem geschehen, das noch bemerkenswert ist. Oft frage ich mich, was er wohl von all dem halten würde, wenn ich es ihm nur erzählen könnte.

Ihm erzählen! Er hat uns nie etwas erzählt. Wegen der Gelübde, die er noch vor meiner Geburt auf sich nahm, hat er auch nicht ein einziges Mal mit mir gesprochen noch sonst mir die geringste Aufmerksamkeit geschenkt. Auch nur zwei Worte von ihm hätten mich unsagbar glücklich gemacht. Nichts in der Welt wünschte ich so sehr, wie von ihm zu hören: «Rabi, Sohn!» Und wenn es nur einmal gewesen wäre. Aber ich erlebte es nie.

Acht lange Jahre kam nicht ein einziges Wort über seine Lippen, nicht einmal eine leise geflüsterte Vertraulichkeit an meine Mutter. Den tranceartigen Zustand, den er erreicht hatte, bezeichnet man im Osten als eine höhere Bewusstseinsstufe. Man kann sie allein durch tiefe Meditation erreichen – oder durch Einnahme bestimmter Drogen wie LSD. Wem der östliche Mystizismus unbekannt ist, mag solches Verhalten höchst befremdend vorkommen. Traditionsgemäß betrachtete die westliche Gesellschaft, die ihre Grundlagen im wissenschaftlichen Materialismus weiß, mystische Erfahrungen als Halluzinationen, die purem Aberglauben entspringen. Neu erbrachte wissenschaftliche Beweise psychischer Phänomene beginnen jedoch diese Haltung zu verändern, so dass man heute eine ganz neue Offenheit gegenüber dem Okkulten beobachten kann. Wir Inder wissen schon seit Jahrtausenden, dass in Yoga wirklich Kraft liegt. Mein Vater hat das bewiesen. Er war ein echtes Beispiel für das, was Gurus und Yogis, die jetzt in Europa und Amerika berühmt geworden sind, lehren. Wovon sie reden, das hat er ausgelebt und zwar so, wie es nur wenige je getan haben.

«Warum ist Vater so?», fragte ich Mutter, als ich noch zu klein war, um es zu verstehen. «Er ist etwas ganz Besonderes – einen größeren Mann könntest du nicht zum Vater haben», war stets die geduldige Antwort auf meine ständigen Fragen. «Er sucht das wahre Ich, das in uns allen wohnt, das 'Eine Allumfassende Wesen'. Und genau das bist du auch, Rabi.»

Natürlich verstand ich das zuerst nicht. Aber es dauerte nicht lange, da glaubte auch ich, dass er das Edelste erwählt hatte, was ein Mensch erwählen kann. Mutter hat mir das immer wieder beteuert und neben ihr viele andere auch. Sie alle meinten, Buddhas 'Große Absage' sei kaum mit der Absage meines Vaters zu vergleichen. Als ich alt genug war, die heiligen Schriften zu erforschen, gab ich ihnen Recht. Die Absage meines Vaters war vollständig und sie kam urplötzlich, nur wenige Tage nach der Hochzeit. Wäre sie nur etwas früher geschehen, wäre ich nie geboren worden.

Obwohl ich begriffen hatte, dass eine höhere Wahl meinem Vater nicht erlaubte, mit mir, seinem einzigen Kind, zu sprechen, konnte ich die nagende Leere, das ungestüme Verlangen, den sonderbar unangenehmen Hunger nicht leugnen, mit dem zu leben und den zu missachten ich lernte, den ich aber nie überwand. Aber irgendwelche Bitterkeit wäre undenkbar gewesen. Für den Hindu ist die Bhagavadgita das Buch der Bücher, und mein Vater hatte es mutig gewählt, nach ihr zu leben. Wie hätte ich auch nach all der religiösen Belehrung meiner Mutter irgendwelchen Groll gegen ihn hegen können? Aber dennoch hatte ich Sehnsucht nach seiner Gemeinschaft.

Niemand, nicht einmal meine Mutter, wusste genau, welche Gelübde er auf sich genommen hatte. Man konnte sie nur aus der ungewöhnlichen Lebensart, die er plötzlich angenommen hatte, erraten. Im Lotussitz auf einem Brett, das auch sein Bett war, verbrachte er die Tage in Meditation und mit Lesen der heiligen Schriften. Etwas anderes tat er nicht. Man kann ohne Mantras nicht meditieren; ihre Schwingungen ziehen die Götter an, und ohne die Hilfe dieser Geistwesen wird der Meditierende von seinen Übungen keinen großen Gewinn haben. Mein Vater aber war über den Gebrauch von Mantras erhaben. Wir dachten alle, er stehe in direkter Verbindung mit Brahman. Er war so völlig in sich gekehrt, um das wahre Selbst zu verwirklichen, dass er von keiner menschlichen Gegenwart irgendwelche Notiz nahm, obwohl Bewunderer von weither kamen, um ihn anzubeten und vor ihm ihre Opfer aus Blumen, Baumwollstoff und Geld niederzulegen.

Niemand konnte ihn je zu irgendwelcher Anteilnahme bewegen. Er schien in einer anderen Welt. Jahre danach gelangte ich zu einer Meditationsstufe, die tief genug war, um im geheimen Universum fremder Planeten und aufgefahrener Meister auf Reisen zu gehen, dort, wo sich scheinbar mein Vater aufhielt. Zu meiner großen Enttäuschung traf ich ihn dort nicht an.

Aber ich greife vor. Zu solchen Erfahrungen kommt man nicht so leicht, noch kann man sie ohne weiteres solchen verständlich machen, die das Universum nicht anders erfahren haben als durch den einschränkenden Filter unserer fünf Sinne. Wir müssen die Reise langsam anfangen.

Als ersten Schritt müssen wir unsere langjährigen

Vorurteile beiseite legen, besonders das völlig irrationale Festhalten an der Auffassung, dass alles, was mit den groben Instrumenten heutiger Technologie nicht erfasst werden kann, irreal sein müsse. Selbst Dinge, die wir zu kennen meinen, liegen außerhalb jener Grenze, denn wer versteht schon, was Leben ist, oder Energie, oder Licht? Und welches Instrument wäre fähig, Liebe zu messen?

Schon als kleiner Junge regte sich in mir jedesmal ein unbändiger Stolz, wenn in meiner Gegenwart mein Vater gerühmt wurde und das geschah nicht selten. Voller Ehrfurcht und Bewunderung sprachen religiöse Hindus von diesem Mann, der den Mut und die Überzeugung hatte, höhere, geheimnisvolle Wege zu beschreiten.

Viele – selbst der größte Pandit, den ich je kannte – meinten, Vater wäre ein Avatara. Schon Jahre bevor ich dieses Wort verstand, hörte ich es. Es klang gut – und so besonders! Ich wusste, dass auch ich etwas Besonderes war, denn, war er nicht mein Vater? Eines Tages würde auch ich ein großer Yogi sein. Zuerst war es eine kaum verstandene leise Ahnung. Im Laufe der Jahre wurde sie zur Überzeugung.

In meinen wildesten Träumen hätte ich mir jedoch nicht vorstellen können, welche Überraschungen auf mich warteten; so vieles, das ich meinem Vater erzählen möchte, aber er lebt nicht mehr.

Ich stand oft vor diesem außergewöhnlichen Menschen, starrte in seine Augen, bis ich mich in ihre unauslotbaren Tiefen verlor. Mir war, als ob ich durch leeren Raum fiel und verzweifelt versuchte, mich irgendwo festzuhalten, oder nach jemandem rief und auf nichts als Leere und Schweigen stieß. Ich wusste, er hatte die Glückseligkeit erreicht, die Krishna, der Herr, Arjuna anbot. Er sah so friedvoll aus, wie er dasaß, ohne Bewegung, sachte, rhythmisch ein- und ausatmend. Haupt- und Barthaare blieben ungeschnitten in all diesen Jahren, so dass sie ihm bis an die Hüften reichten. Ich fühlte mich dann immer in die Gegenwart eines Gottes versetzt.

Wir pflegten behutsam die Götter vom Familienaltar zu nehmen, streiften ihnen ihre weichen Stoffe ab, um sie dann wieder von neuem einzukleiden. Wir badeten und kleideten sie mit großer Sorgfalt und Andacht. Genauso mit Vater. Gleich den Göttern im Andachtsraum tat er nichts, um seinen Körper zu versorgen. Er war ein Gott, den man pflegen, waschen, speisen und kleiden musste. Acht Jahre lang. Mein Vater war der Anweisung Krishnas gefolgt und hatte alle Bindungen an Rang, Begierden und den ganzen materiellen Bereich aufgegeben. Kein Wunder, dass die Leute voller Staunen von nah und fern kamen, um ihn anzubeten. Oft raunte man in feierlichem, andächtigem Ton, dass er gewiss schon Moksha erreicht habe und so dem Rad der Wiedergeburt entflohen war. Auf ihn warteten keine Geburten in diese Welt des Todes mehr, nur die ewige Glückseligkeit des Nirvana.

Er hatte diesen höchsten Pfad betreten, und noch bevor sein geheimnisvoller Tod uns alle überrumpelte, wusste ich, wir würden uns nie wieder sehen.

«Vishnu sagt, er werde ihn mit einer Ambulanz ins Sanatorium fahren lassen!» Ich stand draußen und aß gerade eine frischgepflückte Mango, als ein leiser Morgenwind die Worte durch ein offenes Fenster trug. Die Stimme gehörte Phoowa Mohanee, der älteren Schwester und zugleich glühendsten Jüngerin meines Vaters. Sie war mit meiner Mutter damit beschäftigt, meinen Vater zu waschen. Sie liebte und verehrte ihn leidenschaftlich. Vishnu war ihr naher Verwandter, ein erfolgreicher Geschäftsmann, der keine Zeit für Religion und für meinen Vater nur unfreundliche Worte übrig hatte. Die Mango glitt aus meiner Hand. Ich drückte mich so nahe wie möglich ans Fenster, während ich den Atem anhielt, um besser zu hören.

Aber dann wurde das Gespräch undeutlich, übertönt vom Plätschern des Wassers. Da war etwas mit Vishnu, der darauf beharrte, dass mein Vater «bald aufhören würde, wenn ihn die Leute nicht mehr wie einen Gott behandelten». Unverständliche Worte für meinen kindlichen Verstand. «Schocktherapie» und «Psychiater» hörte ich durch das Fenster und dann etwas über Ärzte und Medizin. Verwirrung und Schreck ergriffen mich, besonders als ich hörte, wie Mutters Stimme fast so hysterisch wurde wie Mohanees. Sie war doch sonst immer so ruhig und gefasst. Es musste schon etwas sehr Ernstes sein, dass sie so beunruhigt war.

Unter den vereinzelten Kokosnusspalmen rannte ich den vertrauten Weg hinab zu jener Zwei-Zimmer-Hütte aus Lehmwänden, einem Boden aus hartgetretener Erde und Kuhmist und mit einem Dach aus Wellblech. Mutters Vater, Lutchman Singh, hatte einem alten Freund der Familie, Gosine, dort einen Platz auf seinem ausgedehnten Grundstück zugewiesen, unweit von dem Haus, das er meinen Eltern zur Hochzeit geschenkt hatte. Ich traf den dünnen, drahtigen Greis mit seinem braunen, runzeligen Gesicht, das aussah wie ein ehrwürdiges Pergament, in seiner gewöhnlichen Stellung an. Am Boden auf den Fersen hockend, saß er im dürftigen Schatten eines Nierenbaumes vor seiner niedrigen Hütte, das Dhoti zwischen die Beine geklemmt, die Oberarme auf den Knien und das Kinn in die beiden Hände gelegt.

«Was schaust du so traurig in die Welt, Sohn des großen Yogi?», wollte Gosine gleich wissen, wobei er mich mit jenem weisen Gesichtsausdruck anblickte, der mich leicht glauben ließ, dass er ein Weiser aus alter Zeit sei, der aufs Neue geboren und jetzt wieder gealtert sei.

«Warum traurig?», verteidigte ich mich im gleichen Trinidad Dorfenglisch, das Gosine sprach. Es war mir zur zweiten Muttersprache geworden, trotz den Bemühungen meiner Mutter, die auf korrekter Grammatik bestand. Es war ein hoffnungsloses Unterfangen, mich von der Umgangsprache all meiner Freunde in diesem Provinzstädtchen rein zu halten. «Du siehst auch nicht gerade glücklich aus», gab ich zurück.

«Ich habe letzte Nacht kaum geschlafen. Ich fühle mich wie ein alter Waschlappen», sagte Gosine ernst. Sein dichter, grauer Schnauz hüpfte dabei auf und ab. Ich weiß nicht, was mich mehr fesselte, jener schlotterige Schnurrbart oder die dichten Haarzotteln, die ihm aus den Ohren wuchsen. Schweigend hockte ich mich zu ihm hin. Wir waren gute Freunde, so gute, dass wir nicht miteinander reden mussten. Nur bei ihm zu sein, gab mir schon ein beruhigendes Gefühl. Mehrere Augenblicke verstrichen, bevor ich den Mut hatte, auszupacken.

«Weißt du, was ein Psychiater ist oder Schockbehandlung?» Der alte Mann rieb sich das Kinn, während sich seine Stirn in tiefe Runzeln legte, bevor er antwortete.

«Großstadt-Geschwätz! Bedeutet nichts für uns hier. Wo hast du das Zeug gehört? Im Radio?»

«Es war Vishnu. Ich habe nicht ihn direkt gehört ...»

«Vishnu ist kein schlechter Kerl, nur leichtsinnig. Mohanee muss ihm einmal die Meinung sagen. Dein Vater hat ihn ganz richtig behandelt, früher noch ...» Ich schwieg wieder, enttäuscht. Gosine war doch immer so unfehlbar weise. Vielleicht war es wirklich «Großstadt-Geschwätz», aber irgendetwas hatte es doch zu bedeuten.

«Ich werde diese Hochzeit nie vergessen», sagte er plötzlich, als ob er mir etwas Neues erzählen wollte, dabei hatte ich von ihm die Geschichte nahezu wörtlich mindestens zwanzigmal gehört. «Junge, dein Vater ist ein großartiger Mann. Und du, du bist sein Sohn. Du hättest die Krone sehen sollen, die er zur Hochzeit trug. Alles voll von elektrischen Lampen, die blinkten und funkelten, angeschlossen an eine Batterie in der Tasche. Er hatte es selbst erfunden. Du hättest die Leute hören sollen, als er aus dem Wagen stieg, gerade vor Nanas Laden!»

«Warst du dabei?», fragte ich unschuldig, als hätte ich es nicht gewusst. «Junge, ich sag' dir: Was ich mit eigenen Augen gesehen habe, das habe ich nicht vom Hörensagen. Das war die größte und teuerste Hochzeit, die ich je erlebt habe. Ob ich dabei war! Denkst du, das wollte ich verpassen? Trommeln und Tanz und eine Menge zu Essen und zu Trinken, genug, dich für einen ganzen Monat satt zu essen. Und die Mitgift! Das hättest zu sehen sollen! Das machst du deinem Vater nicht so schnell nach ... haha!»

Darauf folgte eine Pause, wie immer an diesem Punkt in der Geschichte. Er fuhr dann fort mit einem Anflug von Andacht in seiner Stimme. «Und all das gab er auf! Alles! Weißt du was? Ja, er ist ein Avatara!»

Gosine verfiel in Schweigen, um das Gesagte noch nachwirken zu lassen. Ich stand auf und wollte gehen. Normalerweise wäre ich geblieben und hätte weitergehört. Er hätte die Hochzeit hinter sich gelassen und vielleicht eine Geschichte aus dem Mahabharata oder der Ramayana von den Abenteuern der Götter angefangen. Er kannte die Hindureligion wie kaum ein anderer, so dass ich eine Menge von ihm gelernt hatte. Aber jetzt wollte ich kein Gerede mehr über meinen Vater hören. Ich ahnte, dass sich Schreckliches anbahnte und Gosine zu hören, wie er meinen Vater pries, machte mich nur noch besorgter.

Inzwischen waren mehrere Tage ohne außergewöhnliche Ereignisse verstrichen. Schon begann ich die Drohungen Vishnus zu vergessen. Das Ganze war mir ohnehin nicht klar gewesen, und Mutter zu fragen, getraute ich mich nicht. Das Leben war voller Geheimnisse, wovon einige so furchteinflößend waren, dass man am liebsten nicht über sie sprach.

Meine Mutter war eine schöne Frau mit feinen Gesichtszügen, hochintelligent und mit einer ungewöhnlichen inneren Stärke. Ihre Ehe mit meinem Vater war natürlich nach indischer Sitte von ihren Eltern in die Wege geleitet worden. Sie war damals erst fünfzehn, die beste Schülerin der Klasse und begierig, ihr Studium fortzusetzen, als sie vom Entschluss ihres Vaters, sie zu verheiraten, völlig überrumpelt wurde. Aus war der Traum vom Universitätsstudium in England. Der Schock machte sie krank, aber sie fügte sich dem Willen ihres Vaters. Zwei der angesehensten Pandits in der Gegend lasen die Handlinien des jungen Paares, konsultierten die Sterne und die Weisheitsbücher und schlossen daraus, dass der Segen der Götter zu dieser Vereinigung gewiss sei. Vielleicht dachte meine Mutter ganz anders, aber wer würde es wagen, die Weisung der Sterne und den Schluss der Pandits in Frage zu stellen? Auch ging es nicht an, dass sie ihre Eltern durch irgendwelche Anzeichen der Betrübnis enttäuschte. Den Hindus ist die Pflicht an Kaste und Familie heilig.

Ihr Gehorsam wurde kurz darauf durch einen noch tieferen Schock belohnt, als sich ihr Mann unversehens und ohne vorherige Warnung in eine Welt schweigender Meditation zurückzog. Selbst seine Augen flohen jedem Kontakt mit der Umwelt. Ich kann mir das Entsetzen meiner Mutter kaum vorstellen. Fünfzehn Jahre alt, frischvermählt und dazu noch schwanger, musste sie mit ihrer neuen Lage fertig werden; das hieß auch für einen Mann sorgen, der wie ein taub, stumm und blind geborenes Kind gepflegt werden musste. Aber sie klagte nie. Als ich älter wurde, stellte ich fest, dass sie meinem Vater in zärtlicher Fürsorge ergeben war. Sie schien mit einem tiefen Einverständnis für seinen Weg gesegnet zu sein.

Still, besinnlich und tief religiös, war sie mir nicht nur Vater und Mutter, sondern auch meine erste Lehrerin des Hinduismus. Ich kann mich noch genau an die frühen Lektionen erinnern, die ich schon als Kind von ihr lernte, während ich dicht neben ihr im Familienandachtsraum vor dem Altar mit den vielen Göttern saß.

Der schwere Duft der Sandelholzpaste, die man frisch auf die Götter gestrichen hatte, das flackernde Licht der Deya, das meine Augen wie einen Magneten anzog, und das feierliche Raunen der leise wiederholten Mantras schufen eine geweihte, geheimnisvolle Stimmung, die mich in tiefes Schweigen bannte. Von den Millionen Gottheiten, die den Hinduhimmel bevölkern, hatte unsere Familie sich ihre Lieblingsgötter ausgesucht. Schon als kleines Kind, bevor ich verstand, wen sie darstellten, fühlte und fürchtete ich die Macht der kleinen Figuren auf dem Altar und die Bilder an der Wand, die wir mit geweihten Perlen schmückten. Diese starren Augen aus Ton und Holz, Erz und Stein und bemaltem Papier schienen mich auch dann zu beobachten, wenn ich sie nicht beachtete. Irgendwie hatte ich den Eindruck, dass diese teilnahmslosen Figuren lebendiger waren als ich. Sie besaßen wunderwirkende, unerklärbare Kräfte, die uns alle mit Ehrfurcht erfüllten. Durch unsere Verehrung zollten wir ihrer furchteinflößenden Überlegenheit Anerkennung.

Nach erledigter Morgen- oder Abendpuja blieben Mutter und ich zurück, während die übrigen Familienangehörigen schon ihren weltlichen Sorgen und Pflichten nachgingen. Mutter schärfte mir ein, dass ich als erstes Hindu sein müsse, gefestigt in der Ergebung an die Götter und treu in meinen religiösen Pflichten. Alles andere war zweitrangig. Von ihren Lippen vernahm ich, dass ich aufgrund meines vergangenen Karmas in die höchste Kaste hineingeboren war. Ich war ein Brahmane, ein irdischer Vertreter Brahmans, der 'Einen Wahren Wesenheit'. Ja, ich war Brahman. Ich musste es nur noch verwirklichen, dieses mein wahres Ich.

Als ob die zwanzig Jahre, die seither verflossen sind, nur Tage wären, höre ich ihre sanfte, klare Stimme noch, wie sie Krishna, den Herrn, aus Lieblingsabschnitten in der Bhagavadgita zitiert.

«So soll er einsam, abgesondert sitzen ... begierdenfrei, an einem reinen Ort ... ein Meister seiner Sinne und Gedanken, in seinem Sitze ruhend, sorgenfrei. So soll er Yoga üben, um die Reinheit der gottergebenen Seele zu erlangen. Sein Körper, Kopf und Hals seien unbewegt, und fest auf seiner Nasenspitze soll sein Auge haften ... und im Gelübde unerschütterlich, an mich nur denkend und in mich versenkt, ergibt er sich mit seinem ganzen Wesen in mich ... ein mächt'ger Herrscher in dem eig'nen Reich, geht er zum Frieden, ins Nirwana ein.»

Krishna war der Meister und Urheber des Yoga, wie die Gita lehrt, und mein Vater war sein ergebenster Jünger. Mit den schnell verstreichenden Jahren vertiefte sich in mir diese Überzeugung, bis ich selbst ein Yogi wurde.

Indem ich die Anweisungen meiner Mutter und das vollkommene Beispiel meines Vaters befolgte, begann ich mit fünf Jahren täglich die Versenkung zu üben. Ich saß in der Lotusstellung mit geradem Rücken da, die Augen starr auf nichts gerichtet. So ahmte ich den nach, der mir inzwischen mehr Gott als Vater geworden war.

«Du gleichst so sehr deinem Vater, wenn du meditierst», sagte Mutter ruhig, doch mit sichtbarem Stolz. «Eines Tages wirst auch du ein großer Yogi werden!» Die zarten, oft wiederholten Worte festigten in mir den Entschluss, Mutter nicht zu enttäuschen.

Obwohl sie blutjung war, hatte Mutter ihre ungewöhnliche Verantwortung allein getragen. Sie versuchte vor ihrem reichen Vater zu verheimlichen, dass sie manchmal, als ich noch ein Säugling war, die Nachbarn um das Wasser bat, in welchem sie ihren Reis gekocht hatte, um mich damit zu sättigen. Großvater Singh, den wir Nana nannten, kam schließlich doch dahinter. Er bestand darauf, dass Mutter ins Elternhaus ziehe. Revati, Mutters Schwester, erbat sich immer wieder die Erlaubnis, dort zu wohnen.

In regelmäßigen Abständen erschien sie mit ihrer wachsenden Kinderschar und bat unter Tränen um Unterkunft. Sie zeigte die hässlichen Spuren der letzten

Tracht Prügel, die ihr der Gatte, ein schwerer Rumtrinker, verpasst hatte. Das geschah recht häufig, so dass Großvater Revati jeweils einige Wochen aufnahm, sie dann aber zurückschickte. Er hatte schließlich in diese Ehe eingewilligt, und er wollte sich den Ruf wahren, dass er Wort halte. Tante Revati tauchte unvermeidbar wieder auf, geschlagen und gezeichnet, mit den Kindern im Schlepptau und natürlich schwanger. Nach der Geburt des letzten Kindes pflegte Großvater sie wieder zurückzuschicken. Nach dem fünften Kind und Großvaters Tod zog Tante Revati zu uns ins große Familienhaus. Ich freute mich über die Vettern und Cousinen, die jetzt zugezogen waren. Wir lebten gewöhnlich mit fünfzehn oder zwanzig von Nanas Nachkommen zusammen. Da waren Tanten, Onkel, Vettern, Cousinen und Nanee, seine Witwe, die wir alle liebevoll «Ma» nannten, – eine typische indische Großfamilie.

Nana starb, als ich noch sehr jung war. Er schlief im Zimmer, das Mutter und ich später teilten. Sein Rum- und Kurzwarengeschäft unten und der große Wohnteil oben widerhallten noch lange nach seinem Tod von seinen zornigen Tritten. Bei solchen Gelegenheiten konnte man fühlen, wie sein Geist bedrückend in den Wänden seines selbstgebauten, burgartigen Wohnhauses schwebte. Wer nicht an die okkulten Kräfte glaubt, von denen unser Universum durchdrungen ist, mag das für schreienden Aberglauben und pure Überspanntheit halten. Wir hörten seine schweren Schritte im Estrich auf und ab poltern, manchmal gerade vor der Zimmertür, nachdem wir ins Bett gegangen waren. Besucher erlebten dasselbe. Kaum ein Gast in unserem Haus wurde nicht irgendwie durch unsichtbare Hände belästigt oder durch plötzliche Erscheinungen gestört. Einige Verwandte wollten nach einem solchen Erlebnis nie wieder bei uns übernachten. Uns blieb nichts anderes übrig als zu bleiben. Es war unser Heim.

Nana hatte sich weit in den hinduistischen Okkultismus eingelassen. Er fand es verkehrt, über die Religion nur zu philosophieren, statt deren übernatürliche Kräfte zu gebrauchen. Als ich älter wurde erfuhr ich, dass er seinen ersten Sohn getötet hatte, um ihn als Säugling den Göttern zu opfern. Das war nichts Ungewöhnliches, nur sprach man nicht offen darüber. Nanas Lieblingsgottheit war Lakshmi, Genossin Vishnus, des Erhalters. Als Göttin des Reichtums und des Wohlstandes bewies sie ihre großen Kräfte, als Nana beinahe über Nacht einer der mächtigsten und reichsten Männer in Trinidad wurde.

Als die kleine Bretterbude, die Nana für seine Familie und fürs Geschäft gebaut hatte, auf geheimnisvolle Art abbrannte, ersetzte er sie durch ein riesiges Haus, das zu einem Wahrzeichen an der Straße von Port of Spain nach San Fernando wurde. Niemand konnte erraten, woher das Geld plötzlich gekommen war, oder wo er sich dieses Gold angeeignet hatte, das in seinem Tresor aufgestapelt lag. Nur wenige der Hunderttausenden von Auswanderern aus Indien hatten es geschafft, sich so mühelos und plötzlich ein Vermögen anzuschaffen. Wir alle wussten, dass mächtige Götter ihm geholfen hatten. Dafür hatte er ihnen seine Seele gegeben.

Lutchman Singh Junction, wo ich wohnte, war nach Nana benannt worden. Es liegt an der Hauptstraße, rund dreißig Kilometer südlich von Port of Spain. Unter der zahlreichen indischen Bevölkerung auf Trinidad galt Nana als einer der führenden Hindus, als einer, der übernatürliche, geheimnisvolle Kräfte besaß, die niemand abstreiten konnte und mit denen man sich unbefugt auch nicht einlassen wollte. Es war allgemein bekannt, dass Geister diese gute Million Golddollar hüteten, die Nana auf einem seiner vielen Grundstücke anfangs des Zweiten Weltkrieges vergraben hatte. Niemand wusste wo, und kaum einer wagte es, jenen Geistern durch Nachsuchen zu trotzen. Auch war es trotz der kräftigsten

Zaubermittel keinem Obeah Mann gelungen, den Platz ausfindig zu machen. Jene kostbaren Goldmünzen, die inzwischen im Wert beträchtlich gestiegen sind, liegen bis heute noch verborgen.

Nana schätzte die okkulten Kräfte noch höher als Reichtum. Sein dicker Stahltresor enthielt einen Gegenstand, den er um kein Geld in der Welt verkauft hätte. Es war ein kleiner, weißer Stein aus Indien mit innewohnenden Geistmächten, die sowohl heilen als auch verfluchen konnten. Zuverläßige Zeugen berichteten, dass er das Gift aus einem Schlangenbiss herausziehen konnte, wenn man ihn über die Wunde hielt. Selber habe ich das jedoch nie gesehen. Ein Onkel erzählte mir, dass er einmal aus Neugierde vorsichtig die Tür zu Nanas Privatzimmer geöffnet hätte ... um von einer Riesenschlange begrüßt zu werden, die nicht nur das Geld und die Wertpapiere, sondern auch andere Geheimnisse dieses Zimmers bewachte, über die sonst nur im Flüsterton Vermutungen ausgesprochen wurden.

Ob es wirklich eine Schlange war oder, wie einige vermuteten, Geister in Schlangengestalt, weiß ich nicht. Ich habe dieses farbenprächtige Riesenreptil mit eigenen Augen unter Nanas Haus herumschleichen sehen, und zwar noch lange nach seinem frühzeitigen Tod.

Für den Hindu sind Schlangen Götter. Ich hielt mir selbst eine prächtige Macajuel-Schlange in meinem Zimmer, die ich anbetete. Ebenso zollte ich den Affen, den Elefanten und vor allem den Kühen göttliche Verehrung. Für mich war Gott alles und alles war Gott, außer jenen Unglücklichen natürlich, die keiner Kaste angehörten. Meine Welt war angefüllt mit Geistern, Göttern und okkulten Mächten. Von Kindheit an war es meine Pflicht, jedem die gebührende Ehrerbietung zu erweisen.

Dies war die Kultur, die meinen Vater hervorgebracht hatte. Er war vollkommen den Spuren Krishnas und der anderen großen Yogis gefolgt. Auch ich, so belehrte mich meine Mutter, sollte dasselbe tun. Daran zweifelte ich nie. Vater hatte ein Beispiel gegeben, war dadurch weitherum berühmt geworden und hatte die Verehrung vieler erlangt. Es war selbstverständlich, dass nach seinem Tod sein Mantel auf mich fallen würde. Nur hatte ich nicht im Entferntesten gedacht, dass dieser von den Göttern verordnete Tag mich so jung ereilen würde.

«Bitte, komm doch auch, Rabi!», drängten mich meine beiden Cousinen. Onkel Kumar wollte sie zum nahen Badestrand bei Monkey Point mitnehmen. Es war immer eine Ehre, und zudem eine Glücksgarantie, einen Brahmanen mit von der Partie zu haben. Ich wurde stets wie ein Fürst behandelt und so fühlte ich mich auch.

«Heute nicht», antwortete ich und schüttelte entschlossen den Kopf.

Ich hatte beschlossen, mein verwickeltes religiöses Gemälde fertig zu zeichnen. «Bitte!», bettelten Sandra und Shanti gemeinsam. «Es geht nicht!» Jeder weitere Kommentar erübrigte sich. Alle im Haus wussten, dass für mich religiöse Verpflichtungen an erster Stelle standen. Ich konnte stundenlang sitzen und Zeichnungen von meinen Lieblingsgöttern Hanuman, Shiva, Krishna, Ganesha und andern anfertigen. Ich war bereits ein Mystiker und fühlte ein Einssein mit den Gottheiten, weshalb ich gerne bereit war, auf den Badestrand oder ein Spiel mit den Freunden im Hof und auf dem Feld zu verzichten. Lieber wollte ich die Zeit mit meinen Göttern verbringen.

Ich malte sie bunt aus und hängte sie dann in meinem Zimmer auf, um sie nahe bei mir zu haben. Ich verehrte sie, entschlossen, mein Leben dem Hinduismus zu weihen, welcher, wie meine Mutter mich gelehrt hatte, die älteste und erhabenste und einzig wahre Religion sei.

Vater lebte zu dieser Zeit gerade bei seiner Halbschwester Mohanee. Mutter nahm mich immer mit, wenn

sie ihn pflegen ging. Aber heute war sie ohne mich gegangen. Ich war enttäuscht und in einer grübelnden
Stimmung. Doch die Betrachtung der Götter, die ich ge-
malt hatte, stimmte mich wieder heiter. Die Kreide mit
kleinen, braunen Fingern fest umklammert, malte ich
meine Zeichnung von Vishnu sorgfältig aus. Wie sich
Mutter freuen wird, wenn sie wieder nach Hause kommt,
den vierarmigen Narayana auf den Windungen der
Schlange Ananta liegen zu sehen, aufgewartet von
Lakshmi und Brahma, welcher auf einer Lotusblume sitzend aus dem Nabel Vishnus hervorging ... Dies alles
spielte sich auf dem Rücken einer im Urmeer schwim-
menden Schildkröte ab.

Noch einen Strich hier und etwas Farbe da hinzufü-
gend, sang ich, mit meinem Werk zufrieden, leise vor
mich hin: «Om, Shiva, Om, Shiva, Om, Shiva», als ich
Mutters wohlbekannte Tritte die Treppe hinaufeilen hörte. Die Küchentür flog auf. Unmittelbar danach folgte
ein Durcheinander aufgeregter Stimmen. Sofort stand
ich auf, blieb aber unter der Tür stehen.

«Er ist tot! Chandrabhan ist tot!» Ich stand wie ange-
wurzelt. Alle sprachen durcheinander, so dass ich die
nächsten Worte nicht mehr mitbekam.

«Ich hatte irgendwie ein schlechtes Gefühl, als ich
heute Morgen aufstand.» Mutters Stimme war schwer vor
Trauer, aber klar und laut. «Ich eilte sofort hin. Gerade
als ich ankam, begann die Krankenschwester sein Haar
zu schneiden. Der Arzt hatte es verordnet.» «Aber warum
war er im Spital?», wollte Tante Revati wissen.

«Er war doch nicht krank?» «Nein, Vishnu hatte das
veranlasst. Chandrabhan sah aus wie immer – stark und
inwendig heiter.»

Es folgte eine lange Pause, bis Mutter ihre Stimme wieder in der Gewalt hatte, dann fuhr sie fort: «Sie schnitten
ihm das Haar. Der Arzt meinte, es sei zu lang wegen der
Gesundheitsvorschriften im Spital. Und als sie es schnit-

ten ... da ... da fiel er rücklings hin. Ich stürzte zu ihm. Wir wollten ihm Wasser geben – aber der Arzt sagte, er sei tot. Könnt ihr's fassen? Einfach so, tot!»

Ich rannte in mein Zimmer, stürzte mich aufs Bett und vergrub mein Gesicht in einem Kissen, um so die Schluchzer und Klagen, die sich meiner Brust und Kehle entrangen, zu ersticken. Mir war, als hätte ich alles verloren. Obwohl ich ihn kaum als Vater gekannt hatte, war er meine ganze Antriebsquelle gewesen, ein Gott, ein Avatara. Jetzt war er tot. Ich hatte es geahnt, irgendwie gespürt, als Gosine an jenem Tag wieder von der Hochzeit sprach. Jetzt war es geschehen und nie würde ich ihn sprechen hören. Dabei hatte ich so viele Fragen; da war so manches, das ich von seinen Lippen hätte lernen wollen. Am meisten hatte ich gewünscht, er würde mich bei meinem Namen rufen und mich Sohn nennen. Jetzt war dieser Traum für immer zerschlagen.

Vor lauter Erschöpfung hörten meine Schluchzer schließlich auf. Ich lag lange stumm da und bemühte mich vergeblich, die Worte Krishnas an Arjuna, als er ihn in die Schlacht sandte, zu begreifen. Mutter hatte sie mir so oft vorgesagt, dass ich sie auswendig kannte.

Mit den langsamen, unsicheren Schritten eines Mannes, der eine schwere Last trägt, kam Onkel Kumar in mein Zimmer, um mir den Tod meines Vater mitzuteilen, nicht ahnend, dass ich es schon wusste. Mutter war zu aufgewühlt dazu. Er dachte, ich hätte die Nachricht tapfer ertragen, dabei war ich vor Trauer einfach zu erschöpft, um es äußerlich noch zu zeigen.

Der plötzliche und geheimnisvolle Tod meines Vaters war natürlich nicht nur für die Familie, sondern für alle, die ihn kannten, ein Schock. Die Ärzte konnten keine medizinische Erklärung finden. Er war vollkommen gesund gewesen. Hatte er das Ziel der Selbstverwirklichung erreicht, so dass sein Gesicht entwichen war, um dem Rad der Wiedergeburt zu entfliehen? Ich wollte es glauben. Einige aber meinten, die Geister hätten ihm das Leben genommen, weil er seine Gelübde gebrochen hätte. Das schien mir aber ungerecht. Er hatte ja an der ganzen Sache keine Schuld, sondern Vishnu, der ihn ins Spital geschickt hatte. Auch den Ärzten, die keine Hindus waren und deshalb weder von den okkulten Kräften noch vom Gelübde des Brahmacharya etwas verstanden, konnte man einen Vorwurf machen. Mein Vater war den Anweisungen Krishnas in der Bhagavadgita aufrichtig gefolgt. Das hätte Vishnu wissen müssen; er war schließlich in einer Hindufamilie aufgewachsen und gründlich unterwiesen worden. Aber nach seiner Auffassung war das Leben eines Yogi eine Farce und die Götter und Geistmächte nichts als Phantasieprodukte. Dazu kamen einige kluge Tricks der Pandits. Ich würde nicht den gleichen Fehler begehen. Mein Glaube an den Hinduismus würde niemals wanken. Wir hatten alle gelernt, nicht zu verachten, was wir nicht verstehen konnten. Allerdings war es eine teure Lektion gewesen.

Als wir zu Phoowa Mohanees Haus kamen, gingen meine Augen dem rohen Holzsarg auf dem Wohnzimmertisch sorgfältig aus dem Wege. In der Gegenwart des Todes musste jedes Ritual streng befolgt werden. Kein Feuer durfte angezündet und kein Essen im Haus gekocht werden, solange der Verstorbene dalag und seine Reise in die jenseitigen Welten noch nicht begonnen hatte. Während der Pandit eine lange Puja leitete, wehklagten Freunde und Verwandte, wobei Phoowa, die glühendste Jüngerin meines Vaters, alle andern in ihrer leidenschaftlichen Trauer übertraf. Ich drückte mich ängstlich an Mutter, in mich gekehrt, in kindlicher Abwehr gegen meine Rolle als eine zentrale Figur in einem Drama, das ich nicht begreifen konnte. Nach der Zeremonie führte mich eine freundliche Nachbarin behutsam weg von meiner Mutter zum Sarg. «Das ist dein Vater», sagte sie, als ob ich es nicht wüsste. Wie war es mir zuwider, daran erinnert zu werden!

Eigenartigerweise schien dieser Gott, dieser Avatara, vor dem ich so oft gestanden und den ich mit tiefer Sehnsucht angestarrt hatte, auch in seinem Tode nicht in weiterer Ferne zu sein. Seine Miene war beinahe dieselbe, nur war sein Gesicht bleicher. Brahmanen haben als Nachfahren der alten Arier meist hellere Haut als Angehörige der übrigen Kasten, und mein Vater war sogar für einen Brahmanen ungewöhnlich hellhäutig. Jetzt sah er so weiß aus wie ein Engländer und die geschlossenen Augenlider waren wie Wachs. Ich wendete mich ab und riss mich von der Hand der Nachbarin los.

Es war ein langer Trauerzug, denn mein Vater war von religiösen Hindus im weiten Umkreis geschätzt und geehrt. Autos, Fahrräder und Ochsenkarren mit Trauernden folgten ihm auf dem Weg zur Küste. Ich war zu aufgewühlt, um Mutter zu fragen, warum wir nicht auf den Friedhof gingen, wo meine beiden Großväter kürzlich begraben worden waren. Warum bewegten wir uns Richtung Monkey Point, wo wir sonst immer schwimmen gingen?

Dadurch wurde alles, was mit dem Tod meines Vaters zusammenhing, noch geheimnisvoller. Aber ich behielt es für mich und klammerte mich einfach noch fester an Mutters Hand.

Bewusst mied ich mit den Augen den Sarg, der etwas schief auf dem vordersten Wagen lag und konzentrierte mich stattdessen auf das hohe Zuckerrohr links und rechts des Weges. Ich beobachtete, wie es sachte vorbeiglitt, feierlich, bewegungslos und die gelben Blätter wie in Trauer herabhängen ließ. So sollte es auch sein, da doch alles im Universum – Mensch, Tier, unbelebte Materie – eines Wesens ist. Mir schien die ganze Natur über das Hinscheiden des Avataras zu trauern. Wann würde wieder eine solche göttliche Manifestation in Menschengestalt erscheinen? Selbst die Pandits, jene Brahmanen, die so viel verstanden, wussten es nicht.

Die Luft stand schwer und heiß. Sie war bedrückend still für ein Land, das sonst ständig von Passatwinden durchweht wird. Vor mir am Horizont, jenseits der Pariabucht, sah ich dunkle Wolken über der bekannten Drachmündung stehen, dort, wo die Nordspitze meines Geburtslandes Trinidad so weit westwärts ragt, dass es beinahe die Küste Venezuelas berührt. Wie oft war ich diese schmale Straße hinabgehüpft, unterwegs mit Freunden und Verwandten zum Badestrand, lachend, mit vor Lebensfreude dröhnenden Schläfen und übersprudelnd in jugendlichem Übermut. Ich war völlig eins gewesen mit der vertrauten Umgebung. Jetzt fühlte ich mich innerlich erschreckend stumpf. Die Arbeiter blickten neugierig auf, während die lange Prozession sachte vorbeizog. Sie befanden sich so verwirrend und unwirklich weit entfernt in einer andern Welt, zu der ich auch einmal gehört hatte.

Die Prozession verließ die Zuckerrohrfelder und folgte dem Weg über die ausgedehnten Mangrovensümpfe, die sich entlang der ganzen Westküste der Insel erstrecken. Wir blieben auf einem Kiesplatz, knapp über den plätschernden Wellen der kleinen Bucht stehen, die durch eine Betonmauer vor Stürmen geschützt war. Nach der Schule und in den Ferien sprangen die größeren Jungen von dieser Mauer ins Wasser und schwammen vom Ufer hinaus ins Meer. Ich war noch zu klein dafür. So planschte ich zusammen mit meinen kleinen Freunden in einem seichten Teich hinter dem Platz bei den Mangroven umher. Die glücklichen Erinnerungen, die ich mit diesem geliebten Ort verband, schienen jetzt so unwirklich. Trotz der heißen Sonne zitterte ich, als wir aus dem Wagen stiegen.

Der schlichte Brettersarg wurde vom Leichenwagen gehoben und an den Rand unseres Planschbeckens getragen. Phoowas Pandit ging voran. Er sang mit eintöniger Stimme Mantras aus den Veden, um böse Geister zu vertreiben. Ich stand dicht hinter dem Sarg, noch immer Mutters Hand fest umklammert. Da bemerkte ich zum ersten Mal einen großen Stapel Brennholz, den man auf dem Kiesplatz neben dem Teich sauber aufgeschichtet hatte. Wieder erfüllte, in schaurigem Rhythmus an- und abschwellend, das bekannte Wehklagen der Trauernden die Luft. Starr vor Entsetzen verfolgte ich, wie der steife Leichnam meines Vaters aus dem Sarg gehoben und auf den Holzstapel gelegt wurde. Schnell schichtete man noch mehr Brennholz dazu, bis nur noch sein Gesicht, das starr in den Himmel blickte, zu sehen war. Zum letzten Mal strich der Pandit mit Sandelholzpaste das Kastenzeichen auf seine Stirn. War es möglich? Rituelle Verbrennungen waren ein gewöhnliches Schauspiel in Indien, in Benares am Ganges und an anderen Verbrennungsghats. Aber in Trinidad hatte ich das noch nie erlebt. Die Vorstellung, dass der Körper meines Vaters Agni, dem Feuergott, geopfert werden sollte, machte alles noch geheimnisvoller. Aufgewühlter und vom Schmerz des Verlustes tiefer getroffen hätte ich nicht mehr sein können.

Man bereitete Reis, um dem Verstorbenen zu opfern. Weiterhin reinigte der Priester den Platz von bösen Geistern – eine wichtige Maßnahme, bevor der Feuergott den Geist aus dem Körper freilassen und in die jenseitigen Welten geleiten würde. Abwesend starrte ich auf das streng befolgte Ritual, das sich vor meinen Augen abspielte.

«Rabi, komm!» Die Stimme des Pandit erinnerte mich jäh daran, dass auch ich meine Rolle zu spielen hatte. Von Trauer und Schreck übermannt, hatte ich seine Mantras kaum wahrgenommen und nicht gemerkt, wie er sich mit der heiligen Flamme, die er auf einem großen Bronzeteller auf einer Hand balancierte, mir genähert hatte. Mit der andern Hand fasste er mich. Ich schaute furchtsam zu Mutter hoch. Sie nickte und klopfte mir auf die Schulter. Sich an mein Ohr bückend flüsterte sie: «Es ist deine Pflicht. Tue es tapfer.»

Noch immer versuchte ich mit den Augen Vaters Gesicht zu meiden, als mich der Pandit an den Scheiterhaufen schubste. Dreimal führte er mich um den Leichnam herum, während er für mich, da ich noch so jung war, die passenden Sanskritgebete hersagte: «Ich lege Feuer an alle Glieder dieser Person, die gewollt oder ungewollt, Fehltritte begangen hat und jetzt in den Fängen des Todes ist ... möge er in die glänzenden Welten gelangen.»

Jetzt konnte ich die Kampferstücke erkennen, die zweckmäßig da und dort unter dem Holz verteilt lagen. Durchdringend stieg mir der Geruch in die Nase. Ein langer Mann in Turban und Dhoti sprengte Ghee und Petrol über die Holzscheite und den Leichnam. Mechanisch den Anweisungen des Pandits folgend, zündete ich in der heiligen Flamme, die er hielt, eine Fackel an und führte sie zum nächsten Kampferstück. Die Flamme sprühte auf, wuchs an und lief schnell entlang den Petrolspritzern von einem Kampferstück zum andern. Rote und gelbe Feuergespenster begannen ihr Ritual tanzend um den Leichnam zu vollziehen. Betäubt stand ich da und sah die Flammen immer höher springen, bis der Pandit mich wegzog. Wie wahnsinnig durchsuchte ich das Meer von Gesichtern, das die Flammen umgab, während ich mit Gewalt die Schluchzer unterdrückte. Mutter war nirgends zu sehen! Jetzt konnte ich mich vor Angst und Schmerz nicht mehr beherrschen. In kindischer Nachahmung der Wehgeschreie um mich her, gab ich meinen Gefühlen freien Lauf. Ich war schon fast hysterisch, als ich sie endlich ganz dicht beim brennenden Körper stehen sah, so dicht, dass sie fast zum Feuer zu gehören schien. Ihr weißer Sari hob sich gegen die züngelnden roten Flammen ab.

Ich hatte von Witwen gehört, die sich auf den Scheiterhaufen ihres Gatten gestürzt hatten. Sollte ich Mutter auch noch verlieren?

«Mutti!», schrie ich, «Mutti!» Durch nichts deutete sie an, ob sie mich durch das Getöse der sprühenden Flammen und den ohrenbetäubenden Lärm der Klagenden gehört hätte. Sie stand mit ausgebreiteten Armen bewegungslos am Rande dieses Infernos und betete Agni, den allesverzehrenden Feuergott, an. Sich tief niederbeugend warf sie Opfer von frisch gekochtem Reis ins Feuer, um sich dann von der unerträglichen Hitze wegzuwenden. Sie stellte sich wieder neben mich. Aufrecht stand sie da und schloss sich den Klagenden nicht an. Als eine wahre Hindu schöpfte sie Kraft im Befolgen der Anweisungen Krishnas: Sie würde weder Tote noch Lebende beklagen. Kein einziges Mal jammerte sie während der langen Stunden, die wir da standen und zuschauten, bis die Flammen erstarben. Ich spürte nur, dass sie leise betete, während ich mich verzweifelt an sie drückte. Wir hielten unsere Wache bis Sonnenuntergang. Die sieben Holzspäne wurden in die Glut geworfen und dann umzog die ganze Trauergesellschaft mehrmals die glühende Kohle, um Wasseropfer darüberzugießen. Schließlich war die Asche so kühl, dass der Pandit von den körperlichen Überresten meines Vaters Mutter etwas geben konnte. Sie wollte die Asche nach Indien mitnehmen und in die geweihten Wasser des Ganges streuen. Wie und wann das geschehen sollte, wusste ich nicht. Ich war schon zu aufgewühlt, um an jenem Abend noch darüber nachzudenken. Ich hatte einen Avatara gekannt, einen Gott in Menschengestalt, und jetzt war er gegangen. Er war gekommen, um den Menschen den Pfad zu zeigen, den Pfad des wahren Yoga, auf dem man mit Brahman vereint wird. Ich würde sein Vorbild nie vergessen, ja, nie vergessen können. Sein Mantel war auf mich gefallen und ich war entschlossen, seinen Fußstapfen zu folgen.

Kapitel 2

Asche auf dem Ganges

Die Sonne, die ich eben eine Stunde angebetet hatte, zog wie ein flammendes Geschoß von Agnis Bogen ihre Bahn aufwärts. Dabei warf sie ein Muster von Licht und Schatten auf die Erde und das Gras unter den Kokospalmen. Ich verließ die Veranda, stieg die Außentreppe hinab und ging hinüber zum Schuppen, wo wir unsere Kuh hielten, die den Haushalt mit Milch versorgte. Glücklich ließ sie sich am Strick durch das aufgestoßene Holztor hinausführen und trottete gemächlich Richtung Weideplatz. Sie freute sich genauso wie ich auf die Morgenweide. Es gelang mir irgendwie, das plumpe Tier zu einer Oase von frischem grünem Gras zu manövrieren. Über uns sangen die ausladenden Kokosbäume ihr bekanntes Lied. Der frühe Morgenwind strich von der Bucht her sanft durch die Blätter. Ich beobachtete ehrfürchtig die Kuh, die inzwischen den Kopf ins Gras gesteckt hatte und alles andere zu vergessen schien.

Kein Tier wird von den Hindus so geehrt wir die Kuh, die geweihte, die Heilige Kuh. Diese schwarz-weißgefleckte Gottheit mit den großen Ohren und dem schlagenden Schwanz graste tüchtig vom saftig grünen Teppich und kaute zufrieden. Die Kuh auf die Weide führen war mein liebster Zeitvertreib. Zudem benutzte ich freudig diese tägliche Arbeit, um diesen großen, heiligen Gott anzubeten. Von einem nahen Strauch pflückte ich eine Orangenblüte und steckte sie dem Vieh zwischen die krummen Hörner. Sie blickte mich mit einem Auge an und setzte ihr genüssliches Grasen fort. Als ihr eine Fliege in die Nüstern kroch, schüttelte sie ihren Kopf und nieste. Mein Blumenopfer, das ich so sorgfältig hingelegt hatte, glitt ihre lange Schnauze hinab und fiel zu

Boden. Bevor ich sie retten konnte, war sie mit einem Büschel Gras verschwunden. Mit einem Seufzer ließ ich mich auf den Boden fallen. Wie würde man sich wohl als Kuh fühlen? Vielleicht war ich schon einmal in einem früheren Leben ein solch glückliches Tier gewesen? Ich konnte mich nicht entsinnen. Darüber wunderte ich mich öfters: Warum konnte ich mich an nichts aus einem früheren Leben erinnern?

Gosine hatte mir oft davon erzählt, wie einmal vor langer Zeit im fernen Indien einem alten Weisen dieser wunderbare Anblick am Nachthimmel zuteil wurde: Er sah deutlich die Umrisse einer Kuh durch einen Haufen Sterne dargestellt. Nach Gosines Urteil hatten die Hindus auf diese Weise erfahren, dass die Kuh ein Gott sei. Ich hatte auch andere Erklärungen gehört, in denen von Ägypten und den Ariern die Rede war, aber keine Behauptung gefiel mir so gut wie Gosines. Alles am Himmel ist heilig und darum war es selbstverständlich, dass allen Kühen auf der Erde Anbetung gebührte, da sie ja von dieser Kuh am Firmament abstammten. Die Verehrung der Kuh hatte sich seit jenen frühen Tagen sehr viel weiterentwickelt. Gosine nannte sie oft «Mutter Kuh». Ich hatte es auch immer wieder von Pandits gehört, dass sie tatsächlich unser aller Mutter sei, wie Kali, die Genossin Shivas. Irgendwie wusste ich, dass beide ein und dasselbe sein mussten, einfach in verschiedener Gestalt. Kali, die Lieblingsgottheit von Tante Revati, war furchterregend. Blut aus einem Becher trinkend, angetan mit einem Halsband von frischabgeschlagenen Händen und Köpfen, stand sie mit einem Fuß auf Shiva, ihrem Gatten, der auf dem Rücken lag. Ich zog es bei weitem vor, die eine Realität in der sanfteren Gestalt der Kuh anzubeten. Ich schuf mir ein gutes Karma für das nächste Leben, weil ich so viel Zeit bei der Kuh zubrachte. Ob sie wohl wusste, dass sie ein Gott war? Ich beobachtete sie aufmerksam, konnte aber keine Anzeichen des Selbstbewusstseins feststellen. Schließlich ging die Frage in meiner staunenden Verehrung für dieses heiligste aller Tiere unter.

Meine Bewunderung wurde durch ein leises Brummen unterbrochen, das immer lauter wurde. Aufgeregt sprang ich auf meine Füße und rannte unter den Palmen hervor, um besser zu sehen. In jenen Tagen sah man selten ein Flugzeug. Dieses erinnerte mich an meine frühere Vorstellung von vorüberfliegenden Flugzeugen. Ich fragte einmal meine Mutter, woher ich eigentlich komme, nachdem ich lange vergeblich diesem Geheimnis nachgegrübelt hatte. In ernstem Ton hatte sie geantwortet: «Eines Tages ließ dich ein Flugzeug fallen und ich fing dich auf.» «War ich bei dir richtig?», fragte ich, plötzlich verunsichert, beim Gedanken, dass ich ebensogut in Nachbars Hinterhof hätte fallen können. Mutter versicherte mir, dass ich schon an die richtige Adresse geraten sei. Monatelang hoffte ich darauf, dass mir von einem vorüberfliegenden Flugzeug ein kleiner Bruder in die Arme fallen würde. Noch Jahre danach bedeuteten Babys für mich ein Geheimnis, obwohl ich wusste, dass sie nicht aus dem Flugzeug fielen. Ich begriff irgendwie, dass ich kein Brüderchen oder Schwesterchen mehr bekommen würde, jetzt, da Vater tot war.

Ernsthaft und ergeben hatte ich seit seinem Tod täglich seinen Geist angebetet. Jeden Morgen hatte ich dem besonderen Gras, das wir nach seinem Tod gepflanzt hatten, Wasseropfer dargebracht. Sorgfältig zählte ich die Tage, während ich beobachtete, wie es wuchs. Heute war der vierzigste Tag und heute würde ich mein langes, schwarz gewelltes Haar, das seit Jahren nicht geschnitten worden war, verlieren. Immer wieder wurde mir gesagt, mit meinem langen Haar sähe ich meinem Vater so ähnlich. Der Gedanke, geschoren zu werden, hatte mich schon seit Tagen beunruhigt. Es könnte ja sein, dass die Geister auch mir das Leben nehmen würden, gleich meinem Vater, als sein Haar geschnitten wurde.

Mutter winkte mir von der Veranda. Die Zeit für die Zeremonie war gekommen. Ich riss am Seil und begann das unwillige Tier zurück in den Schuppen zu zerren. Das arme Tier versuchte sich den ganzen Weg dagegen zu wehren. Man musste bestimmt mit ihm umgehen, aber es mit einem scharfen Stock zu stechen oder mit einer Rute zu schlagen, wie ich das bei meinen Freunden gesehen hatte, wäre mir nie eingefallen. «Behandelt man so einen Gott?», hatte ich sie mehr als einmal gerügt. So lernten sie etwas mehr Ehrerbietung – wenigstens wenn ich zusah.

Es war heute, am vierzigsten Tag nach dem Tod meines Vaters, eine viel kleinere Prozession, die der schmalen Asphaltstraße durch das hohe Zuckerrohr am Mangrovensumpf vorbei folgte. Alle Spuren der Verbrennung waren von den Flutwellen, die zweimal am Tag über die Betonmauer rollten, weggewischt worden. Allein die Erinnerung daran konnte nicht ausgetilgt werden. Ich sah wieder die Flammen ihr Ritual um den Leichnam tanzen und roch das verbrannte Fleisch. Schaudernd stand ich wieder auf demselben Fleck, an welchem mein Vater zu Asche verbrannt worden war. Heute aber stand ich im Zentrum der Aufmerksamkeit.

Freunde und Verwandte drängten sich in einem Halbkreis um mich, als sich der Pandit mit einer Schere in der Hand vor mich stellte. Ich nahm die kurze Puja fast nicht wahr. Die Erinnerung an ein schreckliches Erlebnis verdrängte alle weitere Wahrnehmung. Vor etwa drei Jahren war ich einmal durch heftiges, entschlossenes Zerren an meinen Haaren aus tiefem Schlaf geweckt worden. Hellwach wand und drehte ich mich verzweifelt, während ich vor Schmerz brüllte. Ich konnte zwar keine Hände oder Arme zu fassen kriegen, obwohl ich wild um mich schlug. Aber ich wurde so hart an den Haaren gezogen, dass ich beinahe aus dem Bett fiel. Durch mein Schreien geweckt, war Mutter gekommen. Mit einem

Klaps auf den Rücken und einigen freundlichen Worten meinte sie, es sei ein Alptraum gewesen, weiter nichts. Aber ich wusste genau, dass es nicht stimmte. Ich war wach gewesen und hatte nicht geträumt. Der durchdringende Schmerz an den Haarwurzeln war bis am Morgen noch zu spüren.

Diese alte Erinnerung, zusammen mit dem Gedanken an den geheimnisvollen Tod meines Vaters, ließ mich vor dieser Zeremonie zurückschaudern. Aber nichts geschah. Ehe ich mich's versah, lagen meine Haare auf dem Boden. Dort, wo Vaters Asche gelegen hatte. Gleich der Asche würde die nächste Flut sie ins Meer hinaustragen.

Ein Teil der Asche war allerdings für eine ganz besondere Zeremonie aufbewahrt worden. Mehrmals seit dem Tod meines Vaters hatten Gosine und ich mit einiger Aufregung darüber gesprochen.

«Er war ein Avatara – kein Zweifel», versicherte mir der alte Mann. «Moksha oder nicht ist nicht die Frage. Bei ihm nicht!»

«Was meinst du damit?», fragte ich, «glaubst du nicht, dass er Moksha erreichte?»

«Das hat er schon vor langer Zeit erreicht, in einem vorigen Leben. Diesmal kam er einfach wieder, um den Weg zu zeigen ... wie Buddha oder Jesus.»

«Du meinst, er ist einer der Meister?» Der Gedanke überwältigte mich.

Gosine nickte energisch. «Du wirst es sehen am vierzigsten Tag. Da wird man keine Fußspur in der Asche finden. Nein, mein Freund! Sein Geist ist wieder zu Brahman zurückgekehrt. Er war ein Gott, Bhai, ja, das war dein Vater!»

Mit heiliger Scheu im Blick wiederholte er in tiefer Ehrfurcht jene Worte: «Das war dein Vater!»

Das hatte ich selbst gewusst, als ich noch zu seinen Lebzeiten vor ihm stand und in seine tiefen Augen schaute. Aber ich hatte es doch nicht so verstanden wie

Gosine. Er kannte die Veden, auch wenn er ein ungebildeter Mann war. Gosine war nach meiner Auffassung sehr klug und obendrein jemand, der viel vom Hinduismus verstand.

Als ich mit meinem kahlgeschorenen Kopf wieder nach Hause zurückkehrte, konnte ich es kaum erwarten, die Aussage Gosines bestätigt zu sehen. Der Pandit ging voran in einen leeren Raum, der die ganze Nacht geschlossen gewesen war. In der Mitte auf dem Boden lag eine flache Schale mit Asche von meinem Vater, die man sorgfältig geebnet und am Vorabend hingelegt hatte. Neugierig drängte sich die Familie um die Schale, um vom Abdruck in der Asche die neue Reinkarnation meines Vaters abzulesen. Schon oft hatte ich solchen Zeremonien beigewohnt, allerdings konnte ich den Sinn jetzt nicht einsehen. Mein Vater war dem Rad der Wiedergeburten nicht mehr unterworfen. Er war zu Brahman zurückgekehrt ... also warum noch die ganze Mühe? Ich konnte mich noch gut an Gosines Worte erinnern: «Man wird keine Fußspur in der Asche finden.»

Ich hörte Mutter nach Luft schnappen. Dann rief der Pandit: «Schau da! Eine Vogelkralle! Seht ihr's?» Das versetzte mir einen Schock. Ich quetschte mich zwischen Mutter und meiner Tante durch, um selbst zu sehen.

Es stimmte! Mitten auf der glatten Asche war unverkennbar der Abdruck einer kleinen Vogelkralle zu sehen. Wir untersuchten es sorgfältig. Der Schluss war zwingend: Mein Vater war in einen Vogel wiedergeboren worden!

Meine kleine Welt war zerschlagen! Und Gosine, was würde er jetzt sagen? Aber der oberste Pandit der ganzen Insel hatte doch selbst meinen Vater einen Avatara genannt! Wenn er nicht einmal das Einssein mit Brahman erreicht hatte, worauf konnten wir dann noch hoffen? Ich war ganz krank, unfähig, mich dem angeregten Geplapper der übrigen anzuschließen, als wir uns auf den Hof begaben, wo der nächste Teil dieser wichtigen Zeremonie folgen sollte.

Unfähig zu denken, vernahm ich praktisch nichts von der langen Puja. Auch hatte ich keinen Appetit für das Riesenfest, das noch folgen würde. Seit Tagen hatten die verführerischsten Düfte aus der Küche unsere Nasen gekitzelt. Mutter und verschiedene Tanten verbrachten dort Stunden, um die ausgesuchtesten Speisen, Currys und Süßigkeiten zu bereiten. Doch bevor jemand davon kosten durfte, musste etwas von jedem Gericht dem Verstorbenen dargebracht werden.

Auf einem riesigen Teller aus geheiligten Akazienblättern legte der Pandit dieses Opfer an den Geist meines Vaters unter einen Bananenbaum. Dann drehten wir uns alle um, um ins Haus zurückzumarschieren.

«Bhaiya, keiner schaut zurück!» Der Pandit warnte uns ernstlich. «Sonst könnte der Geist euch angreifen. Das Opfer ist für ihn allein.»

Es wäre mir sonst nie eingefallen, diese Vorschrift zu missachten, aber jetzt konnte ich der Versuchung nicht widerstehen. Ich verlangsamte meine Schritte und ließ die andern ziehen. Er war mein Vater. Ich musste ihn noch einmal sehen! Nur einen Blick! Schon halbwegs beim Haus, zitternd vor Angst, aber unfähig, die Versuchung zu überwinden, schielte ich verstohlen über die Schulter. Der Teller stand noch immer da und ich konnte auch ganz deutlich die Speisen sehen. Kein Zeichen vom Geist meines Vaters. Schnell schaute ich wieder weg. Ich hatte das Verbotene gewagt! Bei jedem Schritt dachte ich, das muss der letzte sein. Aber nichts geschah. Waren mir die Götter gnädig? Noch ein Rätsel zu all meiner Verwirrung!

Ich eilte schnell auf die Veranda. Auf den Zehenspitzen konnte ich von dort aus den Teller überwachen. Das letzte Mal hatte Yobi, Nachbars Hund, das Opfer an Nanas Geist verschlungen und das wollte ich diesmal verhindern. Eine halbe Stunde war schon verstrichen, ohne dass etwas Außerordentliches geschehen wäre. Da konnte ich mich nicht mehr halten. Ich hatte zwar noch immer Angst vor den Geistern, aber doch etwas mutiger wagte ich mich vorsichtig an den Bananenbaum heran. Zu meiner Verblüffung war das Essen weg! Kein Krümchen mehr war auf dem Teller, dabei hatte ich nichts Sichtbares kommen sehen. Es stimmte also – der Geist meines Vaters hatte es gegessen! Sollte das etwa der Beweis sein, dass er das Nirwana doch nicht erreicht hatte? War er wirklich ein Vogel, der jetzt vielleicht auf einem Baum saß und mich beobachtete?

Bedrückt und fassungslos zugleich irrte ich ruhelos auf dem Hof umher. Meine Suche galt einem Vogel, ob groß oder klein, der meinem Vater, wenn auch nur entfernt, ähneln würde. Selbst wenn ich ihn nicht erkennen könnte, so würde doch wenigstens er mich erkennen. Doch vergeblich wartete ich darauf, dass eine dieser flatternden und zwitschernden Kreaturen einmal eine Pause machen und mich bedeutungsvoll anschauen würde. Keine schenkte mir die geringste Aufmerksamkeit, außer wenn ich mich zu nahe an sie heranwagte. Dann flogen sie erschreckt vor mir auf. Schließlich hatte Vater mir auch zu seinen Lebzeiten keine Beachtung geschenkt, warum also sollte er es jetzt tun?

Schließlich eilte ich den bekannten Pfad zu Gosines Hütte hinunter. Vorher, als noch so viele Leute herumstanden, hatte ich unmöglich mit ihm sprechen können. Jetzt traf ich seinen etwa vierzigjährigen Sohn vor der Hütte. Er flickte sein Rad, mit dem er im Städtchen herumpedalte und Curry Channa und Bara aus roten Pfefferschoten verkaufte. Er hatte neulich eine Frau mit zwei Kindern geheiratet und war mit ihnen allen in Gosines Zwei-Zimmer-Hütte gezogen. Als er mich erkannte, richtete er sich mühsam vom flachen Reifen auf und grüßte mich, indem er die Handflächen vor der Stirn zusammenhielt.

«Sita-Ram», sagte er freundlich. «Suchst du den Alten? Er ist drinnen, fühlt langsam die Jahre.»

«Gar nicht wahr, Junge!», hörte ich Gosines Stimme aus der Hütte. «Nichts von wegen Alter, bin bloß erkältet.» Um es auch zu beweisen, schlurfte der stolze alte Mann mit seinen krummen Beinen aus der Hütte und kauerte sich auf seinem gewohnten Platz im Schatten hin. Ich hockte mich schweigend dazu. Es war beruhigend.

«Deine schönen Haare werden schnell wieder nachwachsen», meinte er, während er mit seinem Kopf hin- und herwackelte.

«Die Haare sind mir egal», antwortete ich, noch nicht in der Lage, ihm meine Zweifel und Kämpfe mitzuteilen.

«Weißt du, Bhai, ich vergesse nie, wie dein Vater lebte. Einen heiligeren Mann habe ich nie gekannt ... alles gab er auf!» Gosines Kopf wackelte noch immer hin und her. Gewöhnlich ließ mich solches Lob vor Stolz fast bersten – er war ja mein Vater – aber im Moment war es mir ein geringer Trost, obwohl ich spürte, dass Gosine seine Bewunderung für meinen Vater auf mich übertragen hatte. Diesen Fußabdruck in der Asche konnte man einfach nicht verleugnen. Jeder hatte ihn anerkannt, selbst der Pandit, offensichtlich ohne so schockiert und enttäuscht zu sein wie ich. Nur machte mich das noch deprimierter.

«Wie kann er jetzt so klein sein?», fragte ich. Ich hätte es eher begriffen, wenn er ein großer Vogel geworden wäre, aber so klein! Das war das Verwirrende.

«Schau, Bhai, er ist nicht klein!», schoss Gosine mit Nachdruck zurück. Er wurde still und rieb sich nachdenklich das Kinn. Dann stöhnte er laut. «Hör mal, kein Vogel mit so kleinem Fuß kann eine solche Menge so schnell essen.»

Natürlich! Ich sprang auf und rannte zum Zimmer, wo man die Asche eingeschlossen hatte. Hatte man daran gedacht, die Fenster dicht zu schließen? Ich konnte mich nicht erinnern. Draußen schaute ich unters Dach und entdeckte das Nest eines kleinen Vogels. Zwischen der Wand und dem Wellblechdach waren halbkreisförmige Löcher, groß genug, so stellte ich mit Erregung fest, um einen kleinen Vogel durchzulassen. War das Nest schon vor Vaters Tod da gewesen? Ich war nicht ganz sicher, aber ich dachte doch.

Dann hatte also mein Vater gar keinen Abdruck auf der Asche hinterlassen! Welche Erleichterung! Und die Speisen? Wer hatte sie gegessen? Wahrscheinlich hatte sich einer der Asuras oder Rakshas eingemischt, von denen die Veden berichten. Sie sollten uns wohl verwirren. Natürlich! Aber mein Vater würde mich schon vor diesen bösen Mächten schützen, zusammen mit den andern aufgefahrenen Meistern. Ich glaubte an meinen Vater und an das, was er getan hatte. Darum war ich entschlossen, seinen Fußstapfen zu folgen.

«Rabi! Wo bist du? Baba ist da!» Es war Nanee, die mich rief. «Ich komme, Ma!» Ich eilte die Treppe hinauf ins Haus, wo jedermann voller Begeisterung gerade unseren lieben Freund begrüßte. «Rabi!», rief der große Mann und drückte mich fest an sich. Jankhi Prasad Sharma Maharaj, gebürtiger Inder, war Oberpandit der Insel. Ihn im Haus zu haben war die größte Ehre. Als großer Bewunderer meines Vaters schaute Baba jedesmal bei uns herein, wenn eine seiner Reisen kreuz und quer durch Trinidad ihn in unsere Nähe brachte. Er sprach kaum Englisch, fast nur Hindi, und zudem war er mit dem Sanskrit gut vertraut. Der große, hagere Mann mit seinem wallenden, weißen Bart erfüllte viele mit ehrfürchtigem Respekt. Mir gegenüber war er wohlwollend und freundlich. Wir waren gute Freunde.

«Rabi!», rief er wieder aus, «du wirst deinem Vater jeden Tag ähnlicher. Bhagwan hat seine Augen auf dich gerichtet. Eines Tages wirst du ein großer Yogi sein. Du hast die Augen deines Vaters und bald wieder seine

Haare», fügte er lachend hinzu und strich liebevoll mit den Fingern durch mein kurzes Haar, das nur langsam nachwachsen wollte.

Dann wandte er sich an Mutter, die neben mir stand und vor Stolz strahlte. «Er ist außergewöhnlich. Sehr außergewöhnlich», wiederholte er mit Nachdruck. «Er wird einmal ein großer Yogi sein, wie sein Vater.» Meine Brust schwoll an und meine Augen wurden feucht. Ja, das würde ich sein!

Es war diesmal nur ein kurzer Besuch. Er war zu einer besonderen Puja unterwegs nach Port of Spain. Ein reicher Hindu, der von Krebs befallen war, wollte sich den Weg in das nächste Leben ebnen; gegen ein stattliches Entgelt natürlich. Einige Pandits versprachen sogar das Nirwana, wenn der Preis stimmte. Solche Versprechen gab Pandit Jankhi zwar nicht, obwohl Tausende von Hindus seiner Fürbitte bei den Devatas große Wirkung zuschrieben. Sie waren bereit, dafür viel zu bezahlen.

Nachdem er uns gesegnet hatte, band der große Pandit sein Dhoti enger um die Hüften und verließ den Raum. An der Tür drehte er sich noch einmal um und verneigte sich. Auch wir verneigten uns, indem wir unsere Hände mit den Handflächen gegeneinander vor das Gesicht hielten, um gegenseitig der Gottheit in uns allen die Anerkennung zu geben. Bald eilte er die Treppen hinunter. Ich eilte auf die Veranda, um ihm noch einmal zu winken, bevor er im Wagen verschwand, der auf ihn wartete. Noch hörte ich seine Worte in meinen Ohren widerhallen. Ich konnte unmöglich vergessen, dass ich etwas Außergewöhnliches sei. Daran wurde ich von allen erinnert. Ich würde tatsächlich ein großer Pandit werden, ja mehr noch, ein Yogi, ein heiliger Mann, wie mein Vater.

Auch Mutter stand neben mir und winkte. Sie legte mir den Arm um die Schultern. Ich meinte ihre Gedanken zu erraten. Ich würde das Werk meines Vaters weiterführen, sein Mantel war auf mich gefallen. Mutter und ich würden zusammen seinen Fußstapfen folgen.

Aber ich irrte mich. Sie dachte an etwas anderes und suchte nach Worten, um den Schlag zu mildern.

«Die Asche deines Vaters muss in den Ganges gestreut werden», fing sie schließlich an, «in den heiligsten aller Flüsse. Dann wird sie ins Meer getragen werden. Ich wünsche, dass du mit meiner Asche dasselbe tust, wenn ich gestorben bin.»

Der Ganges! Das war für mich ein geheimnisumwobener Name. Der Fluss, die heilige Mutter – gleich der Kuh, unser aller Mutter – der klar von den höchsten Gipfeln des Himalaya durch Täler und weite Ebenen hinabfliesst in die Bucht von Bengalen. In Benares, der heiligsten Stadt, musste die Asche auf die Wasser gestreut werden – die endgültige Übergabe der Seele meines Vaters in die Arme Krishnas.

«Du nimmst mich doch mit, Mutti, nicht wahr?», bettelte ich. «Bitte, bitte, Mutti, du musst mich mitnehmen. Ich muss auch mit.» «So gerne, Rabi, aber es ist zu weit für dich. Du würdest nur müde werden ... und du darfst natürlich die Schule nicht verpassen ...» «Ich werde nicht müde, ich verspreche es dir! Und die Schule kann ich auch in Indien besuchen.»

Traurig schüttelte sie den Kopf. «Es tut mir leid ... aber mach dir keine Sorgen. Ich bin bald zurück, das verspreche ich dir.» «Bitte, lass mich nicht allein!», flehte ich. «Ich will nicht hier bleiben, allein und ohne dich!»

«Du bist nicht allein; Ma und Tante Revati und deine Cousinen und Vettern und Onkel Kumar und Lari ...» Wieder legte sie ihren Arm um mich. «Ich bin bald wieder da, Rabi. Das ist ein Versprechen. Was soll ich dir aus Indien bringen?»

«Einen Elefanten!», antwortete ich in vollem Ernst, «genau wie auf den Bildern.»

Mutter hatte mich gelehrt, dass es meine Pflicht als

Hindu sei, mich ohne Klagen unter jegliches Geschick zu beugen. Aber diese Pflicht, stoisch zu ertragen, welches Karma der Herr Krishna mir auferlegt hatte, wurde dem kleinen Jungen doch zu schwer, als der Tag der Abreise kam. Traurig stieg ich zu Mutter in den Wagen, der sie nach Port of Spain führen sollte, von wo aus sie ein Schiff nach England und dann nach Indien besteigen würde. Ma stand winkend am Fenster, und Mutter winkte zurück, während wir an jenem traurigsten aller Tage wegfuhren. Auch ich winkte zum Abschied, entschlossen, mit ihr nach Indien zu reisen. In der frischen Brise flatterte die neueste Hanumanflagge auf der Stange vor dem Rum- und Kurzwarengeschäft. Die weiße Figur meines Lieblingshelden, die Ma liebevoll auf einen roten Hintergrund gestickt hatte, schien mir Lebewohl zu winken. Ein gutes Omen!

Rund ein Dutzend Autos mit Verwandten kamen, um von Mutter Abschied zu nehmen. Vor einem knappen Jahr hatten wir Onkel Deonarine an derselben Stelle nach England verabschiedet. Er war Mutters ältester Bruder, der in London an der Universität studieren wollte. Deonarine war mir wie ein Vater gewesen. Als sein Schiff langsam aus dem Hafen glitt, waren wir alle dagestanden und hatten geweint. Ich dachte, mir würde das Herz brechen. Und heute sollte mich meine Mutter verlassen! Verstohlen trocknete ich mir mit dem Hemdsärmel die Tränen aus den Augen. Ich wollte tapfer sein, aber es wurde mir bald zu viel, dauernd die Verwandten zu hören, wie sie dieses große Vorrecht priesen, dass Mutter diese heilige Pilgerfahrt unternehmen dürfe. «Deine Mutter fährt nach Indien, Rabi, an den Ganges! Wie glücklich sie sein muss! – Schau nicht so traurig drein, sie kommt bald wieder!» Ach! Ich konnte ihnen ja nicht sagen, dass es mir das Herz brach.

Wir gingen an Bord. Teilnahmslos hörte ich die begeisterten Kommentare über das große luxuriöse Schiff, wie komfortabel die Kabinen und wie ausgesucht die Küche sei. Alles war so lächerlich. Mutter war doch der Luxus völlig egal! Zudem hatte sie einen Onkel geschickt, ihr einen großen Vorrat an Früchten und Gemüse für die Reise zu kaufen. Ganz freiwillig hatte auch ich mit vier Jahren ernsthaft gelobt, Ahimsa zu befolgen, das Prinzip der Gewaltlosigkeit, das alles Leben ehrt. Gleich Mutter war ich ein strenger Vegetarier. Wie wagten die Freunde oder Verwandten nur zu denken, sie würde sich in den gleichen Speisesaal setzen, in welchem Ungläubige das Fleisch der heiligen Kuh verschlangen!

In meinem religiösen Eifer wollte ich nicht nur den Göttern gefallen und Vaters Fußspuren folgen, sondern auch Mutter erfreuen, die mich den Hinduismus gelehrt hatte. Wir waren so eng verbunden und ich liebte sie so sehr. Es war nicht richtig, dass ich von ihr losgerissen werden sollte. Ich befolgte das Hinduideal viel strenger als all diese lauten Glückwünscher, die so dumm über die aufregende Reise daherredeten, die mir so weh tat.

Das Schiffshorn gab ein langes, lautes Signal. «Lebewohl ... angenehme Reise ... schreib bald ... auf Wiedersehen ... wir werden dich vermissen!» Jeder versuchte, noch ein letztes Wort zu sagen. «Gib Mutti einen Kuss, Rabi!» Tante Revati stieß mich vor. Mit einem Mal übermannte mich jetzt das Gefühl der Einsamkeit. «Ich gehe auch nach Indien!», schrie ich und hielt mich mit beiden Händen mit aller Gewalt am Türgriff von Mutters Kabine fest. Kaka Nakhi, der immer Nana in seinem großen, gelben Chevrolet herumchauffiert hatte, hielt mir eine Tüte frischer Erdnüsschen entgegen. Ich mochte sie fürs Leben gern. «Hier, Rabi!», sagte er, um mich zu erweichen. «Nimm sie.» Aber ich ließ mich nicht überlisten. Nichts würde mich von dieser Tür wegbringen.

Mutter begann mich inständig zu bitten. «Bitte, Rabi! Du bist doch sonst gar nicht so. Lass los. Geh jetzt mit Tante Revati. Du kannst mir vom Ufer aus zuwinken.»

Ich klammerte mich noch fester an die Tür. «Ich will mit dir gehen. Bitte, Mutti, nimm mich mit!»

«Komm jetzt, wir müssen gehen!», versuchte es Tante Revati mit Tränen in den Augen. Sie würde ihre Schwester verlieren. «Das Schiff fährt jetzt aus.» Sie versuchte sanft meine Hand vom Türgriff zu lösen, aber vergeblich. Die Angst schien mir zusätzliche Kraft zu verleihen. Ich sah Mutters verstörtes Gesicht. Mich zu zwingen oder mir weh zu tun war undenkbar. Ich, das heilige Kind, ein Brahmane, Sohn des großen Yogi. Aber das Schiffshorn blies ein zweites Warnsignal.

«Du musst mitkommen und zwar jetzt!» Es war mein Onkel Kumar, der freundlich aber bestimmt sein wollte. Als Jurist hatte seine Stimme immer ein gewisses Maß an Autorität. Aber ich wollte mich nicht abbringen lassen und schrie verzweifelt. Kaka Nakhi kam Kumar zu Hilfe. Eine Hand war schon los – aber sobald sie die andere zu lösen suchten, war sie wieder am alten Platz. Meine Schreie machten alles noch verrückter. «Ich gehe mit Mutti! Ich gehe mit Mutti!»

Mein ganzes Leben hatte ich mich noch nie so aufgeführt. Dieses kleine, geheiligte Kind war Anlass zu solch peinlicher Aufregung. Aber jetzt konnte keine Zeit mehr verschwendet werden. Mit vereinten Kräften rissen mich Lari und Nakhi von der Tür. Schreiend und strampelnd musste ich vom Schiff hinunter an Land getragen werden.

Welch ein Abschied! Jeglicher Kampfgeist hatte mich jetzt verlassen. Schluchzend stand ich da, unfähig, durch die Tränen Mutters winkende Gestalt wahrzunehmen, während das Schiff aus dem Hafen glitt. Den ganzen Weg nach Hause weinte ich. Ich war nicht zu trösten. Am Abend weinte ich mich in den Schlaf. Am folgenden Tag weigerte ich mich zu essen und schluchzte nur hysterisch bei jedem Versuch, mich zu trösten. Ich wusste, dass ich mich still unter mein Karma zu beugen hatte, aber ich war nur ein kleiner Junge, ein sehr menschlicher kleiner Junge, der die Liebe brauchte, die nur eine Mutter geben kann.

Ich würde sie nicht wiedersehen. Diese schreckliche Gewissheit verstärkte sich mit jedem krampfartigen Schluchzer.

Kapitel 3

Karma und Schicksal

«Du musst Geduld lernen, Rabi. Das ist etwas vom Wichtigsten ... und vom Schwersten.»

«Aber Ma, wie konnte Mutti sagen, sie kommt bald wieder? Jetzt sind es schon zwei Jahre und im Brief sagt sie wieder nächstes Jahr!» Noch immer versicherte ich meinen Freunden, sie werde «nächstes Jahr» kommen, aber mit der Zeit glaubte ich es selbst nicht mehr.

Nanee saß in ihrem Stuhl neben dem Fenster, wo ich sie jeden Morgen besuchte. Ich verneigte mich jeweils tief vor ihr mit gegeneinander gerichteten Handflächen und setzte mich dann mit gekreuzten Beinen vor ihr auf den Boden. Ihre Finger flogen geschickt über die komplizierten Stickereien, mit denen sie viele Stunden des Tages verbrachte. Das meiste gab sie dann weg. Gelähmt von den Hüften an abwärts durch Polio und durch die zahlreichen kalten Nächte, die sie wegen Nanas Grausamkeit draußen unter einem Mangobaum verbringen musste, ertrug sie ihre Schmerzen und ihr unglückliches Los, ohne je zu klagen. Ja, sie war die Fröhlichste im ganzen Haus. Wenn wir Trost oder Rat brauchten, dann suchten wir immer sie auf.

«Geduld, Rabi, Geduld», antwortete sie mir, «wir vermissen alle deine Mutter. Aber sie hat Stipendien erhalten, um an einer Universität in Benares zu studieren. Das weißt du nicht, aber bevor sie heiratete, wollte sie immer studieren. Jetzt ist das ihr Karma, dagegen kann niemand etwas tun.»

«Kommt Mutti nächstes Jahr sicher zurück, was glaubst du?», fragte ich.

«Verlier nie den Glauben an deine Mutti oder an sonst jemanden», antwortete sie sanft. «Heute hat sie die

51

Absicht, nächstes Jahr zu kommen. Wenn sie aber nicht kommt, dann musst du wissen, dass es dafür einen Grund gibt. Nimm es geduldig an.» Das war ein Rat, der nicht so leicht zu befolgen war.

Ma war so zart. Nie ein hartes Wort, nicht der geringste Anflug von Zorn, der für die meisten im Haus so bezeichnend war. Sie war die Friedensstifterin in allen Familienstreitigkeiten, die manchmal recht hitzig wurden, so dass man den Eindruck hatte, Nanas zorniger Geist errege seine Nachfahren zu Zank. Mas liebenswürdige Art war wie Balsam auf eine Wunde.

Nicht dass Nana immer ein streitsüchtiger Mann gewesen wäre. Manchmal war er die Güte und Großzügigkeit in Person gewesen. Er lieh dann den Armen Geld, selbst den Schwarzen, die von den meisten Hindus verachtet werden. Nana war ihr bewunderter Freund und Wohltäter. Von der Veranda aus warf er manchmal aus vollen Händen Silbermünzen vor den Laden hinunter, zum Ergötzen von Kindern und Arbeitern aus den nahen Feldern, die sich um das Geld balgten, als fiele es vom Himmel. Nana war auch weit und breit der erste, der ein Radio besaß, ein großes, teures Modell, das er aus den Vereinigten Staaten importiert hatte. Oft ließ er großzügig die andern an dieser Wunderkiste teilhaben. Man reihte dann Stühle im Wohnzimmer auf, lud Nachbarn, Kunden, Freunde und Verwandte ein und drehte das Radio auf die höchste Lautstärke. Es war wie Kino ohne Leinwand. Unparteiisch ließ er Arme und Reiche diese große Ehre zuteil werden, und jedermann staunte über den aufsehenerregenden Kasten. Die schlechte Seite von Nana schien jedoch gerade an der Oberfläche zu liegen. Ohne Vorwarnung kam sie urplötzlich zum Ausbruch. Er konnte dann Kunden unten im Laden stehen lassen, die Treppe zum Wohnteil hinaufjagen, einen Lederriemen schnappen und anfangen, in seinem explodierenden Zorn jedermann zu schlagen. Nur mich rührte er nie an. Warum, konnte niemand erklären. Wir akzeptierten es als sein Karma, etwas, das er sich jetzt auf Grund eines früheren Lebens abverdienen musste. Die Hindumythologie ist voll von Dämonen, die einem ein schlechtes Karma verschaffen. Manchmal schien Nana von einem der übelsten Sorte in Besitz genommen zu sein, der ihn im Augenblick von einem Dr. Jekyll in einen Mr. Hyde verwandelte. Man flüsterte sich zu, die Geister, die sein Vermögen bewachten, hätten seine Seele beschlagnahmt, denn seine Zornausbrüche, die von ungeheurer Kraft und List begleitet waren, schienen etwas Übernatürliches an sich zu haben. Und doch war er auch ein religiöser Mensch. Jeden Morgen und jeden Abend verrichtete er seine Rituale und Gebete und versammelte alle Kinder zum Hersagen der Hindu Bhajans und Mantras.

Obwohl sich Nana eine zweite Frau genommen hatte, nachdem Nanee ein Krüppel geworden war, behandelte er Ma zuweilen mit der größten Liebenswürdigkeit. Er hätte ein Vermögen ausgegeben, um sie gesund zu kriegen. Er brachte sie zu Pandits, die sich aufs Heilen spezialisiert hatten und zu Obeah Männern und Zauberdoktoren aller Art in ein großes Spital in Port of Spain und einmal sogar an einen katholischen Pilgerort. Aber weder Geld noch Geister vermochten irgendwelche Besserung herbeizuführen. Ma blieb von der Hüfte an abwärts gelähmt. Nur mit größter Mühe konnte sie sich über den Boden schleppen.

Liebevoll trugen die Kinder Ma an ihren Platz am Fenster, an den Esstisch oder ins Wohnzimmer, wenn Freunde oder der Pandit auf Besuch kamen. Meistens saß Ma an ihrem Lieblingsplatz, wo sie an den Kokospalmen vorbei über die Zuckerrohrfelder und Mangrovensümpfe bis hinunter an die Bucht blicken konnte. Von Zeit zu Zeit schaute sie von ihrer Stickarbeit auf und beobachtete die bunten Schmetterlinge und die verschiedenen Vogelarten, die von Baum zu Baum flatterten oder hoch oben in der Luft ihre Bahnen zogen.

Im Spital in Port of Spain hatte Ma von jemandem eine Bibel erhalten. Sie begann dieses verbotene Buch immer mehr zu schätzen, besonders die Psalmen. Aber als Nana sie erwischte, als sie insgeheim ihren Kindern daraus vorlas, packte ihn ein unbändiger Zorn. «Ich will dir beibringen, christliche Lügen in meinem Haus zu verbreiten!», brüllte er auf Hindi. Er riss seinen Gürtel ab und schlug sie mit aller Kraft. Dann griff er sie mit seinen starken Armen, trug sie hinaus auf die Veranda und warf sie die lange Treppe hinunter. Während sie dalag und vor Schmerzen stöhnte, riss er das verhasste Buch in Fetzen und warf es in den Abfalleimer. Irgendwie konnte sich Ma eine neue Bibel verschaffen und wieder verprügelte er sie brutal und warf sie die gleiche Treppe hinunter. Aus völlig andern Gründen war auch Nanas zweite Frau in Ungnade gefallen und weggejagt worden. Nanee aber war gelähmt, so dass sie nicht weglaufen konnte. Sie ertrug geduldig diese Misshandlungen als ihr gegebenes Karma.

Warum sie dieses verhasste Christenbuch las, war mir ein Rätsel. Als einmal ein Pandit etwas aus der Bibel zitierte, kannte mein Zorn keine Grenzen. Er war ein Bewunderer Ramakrishnas, des berühmten Kaliverehrers und Lehrers Vivekanandas, der die Vedanta-Gesellschaft gründete.

Gleich Ma glaubte er, dass alle Religionen etwas Wahres an sich hätten und deshalb ihre Nachfolger zu Brahman führen würde. Ich war als Hindu schon zu fanatisch, um das zu glauben. Es gefiel mir überhaupt nicht, in der Gita zu lesen, dass alle Wege zum Herrn Krishna führen, aber ich musste es wohl glauben, weil die Gita es sagte. Doch tröstete ich mich damit, dass meine Religion der beste Weg sei. Das war der einzige Punkt, in dem ich mit Ma nicht einverstanden war, aber wir sprachen nie darüber.

Meine Tante Revati war eine strenge Hindu. Bei ihr gab es kein Bibellesen! «Lies die Bhagavadgita immer und immer wieder», war ihr wiederholter Rat an mich. Ich nahm sie ihres religiösen Lebens wegen ernst. Sie versuchte mir die Mutter zu ersetzen und unterwies mich häufig in den Veden, besonders in der Vedanta, ihrem Lieblingsbuch.

Ich nahm alles an, was die geheiligten Schriften sagten, obwohl mir vieles widersprüchlich schien. Ich hatte schon immer das ausgeprägte Bewusstsein gehabt, dass es Gott immer gegeben und dass er alles geschaffen hätte.

Die Veden aber lehrten, dass es einmal nichts gab – und dass Brahman aus dem Nichts hervorgegangen sei. Selbst Gosine vermochte das nicht mit dem zu vereinbaren, was Krishna in der Gita sagt: «Was nicht ist, kann nie sein.» Es blieb ein Rätsel.

Die Gottesauffassung, die mich der Hinduismus lehrte – ein Blatt, ein Käfer, ein Stern ist Gott; das heißt, Brahman ist alles, und alles ist Brahman – deckte sich nicht mit meinem Gottesbewusstsein, welches mir vielmehr sagte, dass Gott nicht Teil des Universums, sondern dessen Schöpfer sei, und dass er über mir stehe und nicht in mir wohne. Tante Revati und Gosine erklärten mir, dass ich gleich jedem Menschen ein Opfer von Maya sei, einer falschen Auffassung der Realität, die alle gefangen halte, die noch nicht erleuchtet sind. Ich war entschlossen, dieses Dunkel der Unwissenheit zu durchbrechen. Mein Vater hatte gekämpft und die Illusion des Getrenntseins von Brahman überwunden und ich wollte es ihm gleichmachen.

Nach dem Tod meines Vaters wurde ich zu einem beliebten Gegenstand für Handlinienleser, Astrologen und Wahrsager, die öfters bei uns hereinschauten. In unserer Familie wurde ohne den Rat des Astrologen kaum eine wichtige Entscheidung getroffen. Darum war es wichtig, dass auch meine Zukunft auf diese Weise Bestätigung finden sollte. Es wäre sinnlos gewesen, etwas nachzueifern, was die Sterne nicht geboten. Welche Ermutigung deshalb zu erfahren, dass Handlinien, Planeten und Sterne übereinstimmend verkündigten, dass ich zu einem großen Hinduleiter aufsteigen würde! Yogi, Guru, Pandit, Sanyasi, Oberpriester in einem Tempel – die Vorhersagen machten mich ganz benommen.

Eine besonders begabte Handlinienleserin lebte in Maya, einem kleinen Städtchen etwa sieben Meilen von uns. Von der ganzen Insel strömten die Leute zu dieser schönen Brahmanentochter, um die Zukunft zu befragen. Besonders die Pandits hielten sie hoch in Ehren und fragten sie oft um Rat. Als sie einmal bei uns zu Besuch weilte, vertiefte sie sich in meine Handlinien und prophezeite: «Du wirst ein berühmter Yogi werden. Bevor du fünfundzwanzig Jahre alt bist, wirst du ein schönes Mädchen heiraten. Sie wird dir vier Kinder schenken. Du wirst sehr reich werden und nach einer ernsthaften Krankheit mit etwa zwanzig Jahren noch lange leben.» Was könnte man sich noch wünschen? In der Tat, mir lachten die Götter!

Noch ein berühmtes Medium, ein junger Brahmane, der zwei Kobras neben sich sitzen sah, sobald er in tiefe Meditation versank, besuchte uns häufig. Er war in Tante Revati verliebt und machte sich Hoffnungen, sie zu heiraten. Die Weissagungen dieses berühmten Pandits waren genauso vielversprechend. Seine Prophezeiungen galten als unfehlbar. Er war mit magischen Mächten ausgestattet, mit denen er schwerkranke Leute geheilt hatte. Wer konnte nach solch vielseitigen Bestätigungen noch daran zweifeln, dass mein Schicksal sehr außergewöhnlich sein müsste, wie Baba Jankhi wiederholt festgestellt hatte.

So wuchs von Mal zu Mal in mir die Überzeugung, dass ich zu einer führenden Rolle im Hinduismus berufen sei. Es war kein Zufall, dass ich als Sohn eines berühmten Yogi, ja, eines Mannes, der von vielen als Avatara verehrt wurde, geboren worden war. Das war meine Bestimmung. Meine zunehmende Einsicht in die Bedeutung des Karma beeinflusste weiter die Entscheidung, die ich schließlich fällte. Gewiß ließen die aufgehäuften Wirkungen früherer Leben keinen anderen Entschluß zu: Ich sollte in meiner gegenwärtigen Inkarnation sehr bald mit der ernsthaften Ausbildung zum Priestertum beginnen.

Als ich ankündigte, dass ich die kommenden Sommerferien mit Studium in einem Tempel verbringen wollte, war niemand glücklicher als Phoowa Mohanee, Vaters Halbschwester. Als tief religiöse Frau hielt sie bei großen Zeremonien oft Ansprachen, und zwar immer auf Hindi. Ich schätzte ihre Weisheit und gab sehr genau auf ihre Ratschläge Acht. Seit Vaters Tod hatte sie mich mit der gleichen Verehrung überschüttet wie ihn. Bei ihren zahlreichen Besuchen brachte sie mir immer Geschenke: Süßigkeiten, Kleider oder Geld. Brahmanen Geschenke zu bringen, gefiel den Göttern und schuf dem Geber ein gutes Karma. Sobald sie von meinem Entschluss erfahren hatte, kam sie, um mich zu beglückwünschen.

«Rabi!», rief sie und drückte mich fest. «Dein Vater wird stolz auf dich sein! In welchen Tempel gehst du?»

«Irgendwo, wo ein Swami aus Indien ist», erwiderte ich. «Dann ist der Mandir in Felicity genau das Richtige!», rief Ajee, Vaters Mutter, die mit Mohanee gekommen war.

Ajee war an der Kur eines Pandits erblindet. Darauf hatte Vaters Vater, Ajah, eine andere zur Frau genommen. Wie so viele der wohlhabenderen Frauen, die von Indien gekommen waren, war Ajee ein wandelnder Juwelierladen. Beide Arme waren vom Handgelenk bis zum Ellbogen mit Gold- und Silberstreifen behängt. Um den Hals trug sie eine Spange aus gediegenem Gold mit Goldmünzen, und an einem Nasenflügel hing eine goldene Blume. Über den Knöcheln schmückten weitere Gold- und Silberreife ihre nackten Füße. Welcher Gegensatz zu meiner geliebten Ma, die nur ab und zu einen Armreif trug.

«Du hast Recht. Natürlich!», stimmte Phoowa bei. «Ja, der Swami, der diesen Tempel eröffnete, ist wirklich gut.» Ihre Augen blitzten vor Begeisterung. «Als du ein kleiner Junge warst, kam er von Indien herüber. Deine Mutti und Revati folgten ihm überallhin und waren bei allen Pujas dabei. Er tat ein gutes Werk im Tempel. Dem jetzigen Swami ist es auch sehr ernst. Der macht keine Witze.»

Sie legte mir die Hand auf den Kopf und schaute mir ins Gesicht. Tiefer Stolz lag in ihren Augen, und da war etwas in ihrer Stimme, eine prophetische Autorität, die mich erschauern ließ. «Du wirst ein großer Yogi sein, größer noch als alle erwarten!», prophezeite sie mit feierlichem Ernst. Ich glaubte ihr von ganzem Herzen. Das war mein Karma, ohne Zweifel.

Es war eine große Ehre, vom berühmten Brahmacharya in Felicity zum Studium angenommen zu werden. Ich war erst zehnjährig. Aber mein Ruf hatte sich bereits weit über unseren Teil der Insel verbreitet. Die meisten Pandits im weiten Umkreis hatten meinen Vater gekannt und geehrt und auch mir sagten sie eine große Zukunft voraus. Nicht nur, weil mein Vater ein großer Hindu gewesen war, sondern weil auch ich mich bereits durch ein diszipliniertes religiöses Leben ausgezeichnet hatte. Jedermann erinnerte sich noch an die große Barahi, welche die Pandits zwölf Tage nach meiner Geburt veranstaltet hatten.

In völligem Gehorsam an die Veden und die Gesetze Manus beobachtete ich streng die fünf täglichen Pflichten der Zweimal-Geborenen (Bez. für die Brahmanen): Die Opfer an die Götter, die Seher, die Vorfahren, die niedrigen Tiere und an die Menschheit. Sie wurden

58

während der verschiedenen religiösen Übungen dargebracht, die bei Sonnenaufgang anfingen und nach Sonnenuntergang aufhörten. Obwohl gewisse religiöse Hindus Schuhe und Gürtel aus Leder zu tragen pflegten,
schreckte ich davor zurück, die Haut irgendeines lebendigen Wesens zu tragen, besonders der Kuh. Vielleicht
war die Haut von einem Vorfahren oder gar von einem
nahen Verwandten genommen! Ich befolgte meine Religion kompromisslos, so dass sich mein Ruf als ein
zukünftiger Pandit weit herum verbreitete.

Morgens stand ich früh auf und repetierte sogleich
das entsprechende Mantra an Vishnu und huldigte inwendig unserem Familienguru. In tiefem Ernst sprach
ich das Morgengebet der Erinnerung, in welchem ich beschloss, das Tagewerk unter Vishnus Führung zu erledigen, indem ich bekannte, mit Brahman eins zu sein: «Ich
bin der Herr, in keiner Weise von ihm verschieden, Brahman, keinen Mängeln wie Betrübnis und Angst unterworfen. Ich bin Sein-Erkenntnis-Glückseligkeit, der ewig
Freie. O Herr der Welt, allumfassende Weisheit, oberste,
allumfassende Gottheit, Gatte der Lakhsmi, O Vishnu,
am frühen Morgen erwachend unterwerfe ich mich den
Pflichten weltlichen Seins ... O Herr, Hrishikesa, Beherr-
scher meiner sinnlichen Wesenheit, mit dir in meines
Herzens Höhlung werde ich handeln, wie du mir geboten hast.»

Darauf folgte vor Sonnenaufgang das rituelle Bad, ein
Akt der Reinigung, der mich für die Anbetung vorberei-
tete. Ich rezitierte dabei das Gayatri Mantra, beginnend
mit den Bezeichnungen der drei Welten: «OM, Bhu,
Bhuva, Suvah – wir betrachten die erhabene Pracht des
leuchtenden Belebers, Savitar; möge er unseren Verstand anregen.» Es galt als das Mantra aller Mantras, als
der wesenhafte Ausdruck aller geistlichen Kraft, die ein
Brahmane erhält. Ich sagte diese aus der Rigveda ent-
nommene Ode an die Sonne täglich Hunderte von Ma-

len her, immer auf Sanskrit, in der Sprache der Götter. Der Wert lag in der Wiederholung, je öfter, je besser! So leierte ich es als kleines Kind tausendfach her, bevor ich den Inhalt verstand. Noch wichtiger als den Sinn zu verstehen war, die Sanskritlaute korrekt auszusprechen. Das war die alleinige Grundlage der Wirksamkeit des Mantras. Ich glaubte fest, wie alle rechtgläubigen Hindus, dass das Mantra die Gottheit selber enthielt, dass es schuf, was es aussprach, ja, dass die Sonne durch ihre Anbetung und durch das richtige Hersagen des Gayatri-Mantras an ihrem Platz gehalten wurde.

Es folgte die Morgenandacht im Gebetsraum. Feierlich, besinnlich zündete ich mit einem Gefühl von Ehrfurcht die Ghee-getränkten Dochte der Deyas an, während ich meine ganze Aufmerksamkeit auf die flackernde Flamme richtete. Sie war schließlich auch ein Gott! Ehrfurchtsvoll nahm ich die Sandelholzpaste und machte jedem Gott und dem Shivalingam das Chananzeichen hin. Der Duft des Sandelholzes erfüllte den Raum und ließ beim Gedanken an meinen vertrauten Umgang mit den vielen Göttern jedesmal in mir eine Welle der Erregung, ein beinahe geschlechtliches Lustempfinden hochschlagen.

Im Lotussitz nach Osten gekehrt nippte ich Wasser, sprengte es zur rituellen Reinigung über mich und um mich herum und ging dann über zum Yoga der Atemübungen. Ich rief die Gottheit an, die ich durch Nyasa verehrte, bei dem ich mein Ich in der Stirn, in den Oberarmen, in der Brust und in den Hüften berührte. Dadurch pflanzte ich symbolisch die Gottheit in meinen Leib. Ich fühlte ein mystisches Einssein mit jedem Gott, den ich verehrte. Vor dem Altar sitzend verbrachte ich gewöhnlich eine Stunde in tiefer Meditation, indem ich meine ganze Konzentration auf die Nasenspitze lenkte, bis ich den Kontakt zur Umwelt verloren hatte und anfing, mein wesenhaftes Einssein mit der einen Realität, der das Universum zugrunde liegt, zu verwirklichen. Mit einem kurzen Wasseropfer und einer Verneigung wendete ich mich dann von der Gottheit weg. Darauf ging ich hinaus, um eine Stunde lang die Sonne anzubeten. Ich starrte mit offenen Augen über lange Zeit in sie hinein und sprach hundertfach das Gayatri-Mantra im Glauben, dass es die völlig ergebene Seele zu erretten vermöge. Ich liebte meine Religion. Dadurch Vaters Andenken ehrend wusste ich, dass er zufrieden sein musste.

An jenem Morgen, als ich mit Onkel Kumar in seinem gelben Kabriolett nach Felicity zum Tempel fuhr, war ich voller Erwartungen; aber auch ein wenig traurig. Ich würde Gosine sehr vermissen. Mit jedem Tag schien er mir älter zu werden. Dem vertrauten Pfad durchs Tor hinaus über die schmale Gasse folgend, traf ich ihn draußen an der Sonne an. Er saß da und lispelte leise seine Morgenmantras. Sobald er mich kommen hörte, unterbrach er sein Mantra, um mich zu begrüßen. «Heute fährst du also», meinte er, nachdem wir uns ehrerbietig voreinander verneigt hatten. «Heute früh, als ich aufstand, musste ich an dich denken. Und dann wanderten meine Gedanken zu deinem Ajah. Das ist ein sehr gutes Zeichen. Mach dir nichts draus, dass er in seinen alten Tagen so viel trank. Er war trotzdem ein Meisterpandit. Gutes Zeichen, Junge! Ich habe lange nicht mehr an ihn gedacht.»

«Wenn er nur noch am Leben wäre!», seufzte ich wehmütig. «Man sagt, er sei ein Klasse-Inder gewesen! Ich weiß noch gut, wie er aussah: groß, helle Haut, graue Augen, fast wie ein Weißer, aber jeder Zoll ein Brahmane.» «Man musste ihn bewundern», erwiderte Gosine ernst, wie ein Richter, der sorgfältig die Aussagen abwägt, um zu einem gerechten Schluss zu kommen. «Er hätte ja Indien nicht verlassen müssen, um den ganzen Weg zu uns zu kommen ... als es fast keine Pandits gab. Ich weiß noch gut. Aber er kam doch und hat großartige Arbeit geleistet. Er hat uns Indern viel geholfen. Die Inder haben ihn gut gebrauchen können, und er konnte die Dakshina natürlich auch gut gebrauchen», fügte er mit spitzbübischem Blick hinzu.

«Hast du ihn denn gekannt?» Ich wusste es natürlich, aber es wäre unhöflich gewesen, nicht zu fragen. «Ob ich ihn kannte? So was fragst du den alten Gosine? Die Leute gaben ihm immer tonnenweise Ware. Er bekam ganze Stapel von Ghee, Butter, Reis und Mehl; auch jede Menge Dhotis.»

Er senkte die Stimme und flüsterte mir vertraulich ins Ohr: «Wir waren dicke Freunde. Er war reich, Junge, nicht wie am Schluss, als ihn der Rum fertig gemacht hatte. Ich kannte nichts anderes als Armut. Das ist mein Karma. Und doch war er immer mein bester Freund. Guter Hindu, großer Pandit. Der hat noch rechte Pujas gemacht, nichts ausgelassen. Ist mir ein Rätsel, warum er so unglücklich wurde, warum er anfing, so viel zu trinken. Und denk mal, gerade heute kommt er mir in den Sinn, einfach so. Gutes, gutes Zeichen!» Er klopfte mir auf die Schulter. «Sehr günstige Zeit, nach Felicity Mandir zu gehen. Du wirst ein großer Pandit, ein großer Yogi werden! Bhai, ich sag dir ja, du bist der echte Sohn deines Vaters!»

Meine Augen waren tränenfeucht, als ich zum Abschied aus dem abfahrenden Wagen winkte. Man hatte Ma an eines der Vorderfenster getragen, und sie winkte mir zurück. Meine Vettern und Cousinen hüpften vor dem Laden auf und ab und riefen mir nach. Es fiel mir gar nicht leicht, sie zu verlassen, aber ich wusste, dass ich richtig gewählt hatte. «Wenn nur Vater noch lebte!», dachte ich. Er würde sich freuen.

Tante Revati wollte Mutter schreiben und ihr die Nachricht senden. Ich war sehr zufrieden und stolz, den Weg meines Vaters zu beschreiten. Gosines Worte klangen noch in meinen Ohren nach. Ich wurde immer erregter. Mein Karma war gut und das Schicksal rief.

Kapitel 4

Pandit Ji

Der Mandir in Felicity war Vishnu, dem Gatten Laksmis, geweiht. Äußerlich glich er den meisten Tempeln der kleineren Ortschaften in Trinidad. Mit seinen sehr schmutzigen, getünchten Wänden, dem Boden aus hartgetretener Erde, dem Blechdach und den Fahnen und Götterschreinen im Vorhof war er nicht so prunkhaft wie die Tempel der größeren Städte. Auch fehlten ihm die hochragenden Wände und der großzügige, mit Figuren reich verzierte Eingang der alten indischen Gebäude. Solch äußerlicher Schmuck ist dem hinduistischen Gemüt wichtig. Aber das wirkliche Herzstück des Tempels ist das innere Heiligtum, ein Symbol des menschlichen Herzens, in dem die Gottheit, dargestellt durch ein Bild, ihre Wohnung hat. Eine große Statue von Vishnu über dem Haupteingang beherrschte den Hof. Von da aus konnte man am entgegengesetzten Ende des öffentlichen Heiligtums das Allerheiligste sehen, das durch ein niedriges Geländer abgegrenzt war.

Als ich den Hof betrat, lag ein Geschäftsmann anbetend auf seinem Angesicht vor einem Shivalingam. Neben ihm stand seine Aktentasche. Die Schuhe hatte er draußen vor dem Tor ausgezogen. Andere Gläubige umkreisten mit zügigen Schritten einen Schrein, in dem einige beliebte Götter standen. Solche Anstrengungen wurden mit der Gunst der Gottheiten belohnt.

Obwohl der Tempel in Felicity so schlicht war, galt er als einer der besten auf der Insel, denn der Oberpriester war ein hervorragender, hochgeehrter junger Brahmane, der im Hinduismus gründlich unterwiesen war. Noch keine dreißig, gut aussehend, mit athletischem Körperbau und anziehender Persönlichkeit, war dieser junge

Swami Vorbild eines jeden Brahmanen. Er war ein Brahmacharya, das heißt, er hatte das Gelübde der Ehelosigkeit auf sich genommen. Welches Vorrecht, dachte ich, unter diesem würdigen Hindu lernen zu dürfen. Auch er schien nicht weniger erfreut, mich in seinem Tempel zu haben.

Das Zimmer, das ich mit einem kaum zwanzigjährigen Mann teilte, war sehr einfach. Boden und Wände waren völlig kahl und der Eingang hatte keine Türe. Jeder hatte eine äußerst schmale, niedrige Holzpritsche. Obwohl mein Zimmergenosse für sein Alter außergewöhnlich religiös war, war er kein Brahmane, so dass er nicht die gleiche Schulung wie ich genießen konnte.

Der Tag begann sehr früh. Während des letzten Achtels der Nacht wurde die glücksbringende Leuchtenzeremonie vollzogen, um Vishnu, die Gottheit des Tempels, aufzuwecken. Nachdem man sein Bild gebadet hatte, versammelten wir uns etwa um halb sechs, um die Veden zu hören, die laut auf Hindi vorgelesen wurden. Darauf verbrachten wir zwei oder drei Stunden in der Meditation. Das erste Mantra, das mir zugewiesen wurde, war Hari OM Tat Sat. Der Brahmacharya begann seine Meditation stets mit dem wiederholten Aussprechen der einen Silbe OM. Als das Mantra mit der höchsten Schwingung, das zugleich am schwersten auszusprechen ist, muss OM von einem Guru gelehrt werden. Es heißt in den Veden:

Auf dem Lotus sitzend ... begann Brahma zu denken: «Durch welche einzelne Silbe vermag ich alle Wünsche, alle Welten ... Götter ... Veden ... Belohnungen ... zu genießen?» Da sah er dies OM ... alles durchdringend, allgegenwärtig ... Brahmans eigene symbolische Silbe ... Durch sie genoss er alle Wünsche aller Welten, alle Götter, alle Veden, alle Belohnungen, alle Wesen ... Jedem Brahmanen deshalb, der, was immer er wünschen mag, drei Tage fastet, nach Osten gekehrt auf heiligem Grase sitzt und dieses unverwesliche OM wiederholt, dem werden alle Absichten verwirklicht und alle seine Taten sind erfolgreich.

Nichts war wichtiger, als unsere tägliche transzendentale Meditation, das Herz des Yoga, welche Krishna als den sichersten Weg zur ewigen Glückseligkeit empfahl. Es konnte aber auch gefährlich sein. Beängstigende psychische Erlebnisse erwarteten den Unachtsamen, ähnlich einem Horrortrip bei Drogenmissbrauch. Man wusste von Yogis, wie sie die Veden beschrieben, die von Dämonen besessen worden waren. Die Macht des Kundalini, die angeblich wie eine Schlange zusammengerollt am untern Ende des Rückgrats schlummert, konnte in tiefer Versenkung ekstatische Erlebnisse erzeugen, bei unbeherrschter Handhabung aber auch geistigen und körperlichen Schaden hervorrufen. Die Grenze zwischen Ekstase und Horror war sehr schmal. Darum wurden wir Neulinge vom Brahmacharya und seinem Helfer streng überwacht.

In der täglichen Meditation begann ich psychedelische Farben wahrzunehmen, hörte überirdische Musik und besuchte sogar geheimnisvolle Planeten, wo die Götter mit mir sprachen und mich ermutigten, nach noch höheren Bewusstseinsstufen zu streben. Zuweilen begegnete ich in der Trance jenen schrecklichen dämonischen Wesen, die in Hindu-, Buddhisten- und Shintotempeln abgebildet sind. Es war eine schreckenerregende Erfahrung, doch erklärte mir der Brahmacharya, dass es völlig normal wäre. Er trieb mich an, das Ziel der Selbstverwirklichung weiter zu verfolgen. Manchmal erlebte ich ein Gefühl der mystischen Vereinigung mit dem Universum. Ich war das Universum, Herr über allem, allmächtig, allgegenwärtig. Meine Lehrer waren begeistert, als ich es ihnen mitteilte. Ich war offensichtlich ein auserwähltes Gefäß, zuvorbestimmt zur frühen Verwirklichung der Einheit mit Brahman. Die Kräfte, die meinen Vater geleitet hatten, leiteten jetzt mich.

Ich aß schon immer sehr bescheiden, aber während jenen drei Monaten im Tempel lernte ich eine noch tiefgreifendere Selbstverleugnung. Mein einziges tägliches Mahl bekam ich bei einer wohlhabenden Hindufamilie, die nebenan eine Molkerei betrieb. Sie freuten sich, einen Brahmanen bei sich zum Mittagessen zu haben, denn einen Brahmanen zu speisen, trägt zu einem guten Karma bei. Dafür war ich begeistert, eine ganze Kuhherde anbeten zu können.

Zu meiner großen Verblüffung entdeckte ich, dass einige Hindus, die in gewissen Bereichen große Selbstverleugnung übten, sich in andern Dingen sehr viel erlaubten. Ein junger, etwa dreißigjähriger Mann, der zu einem Heiligen geschult werden wollte, schien mir allzu großen Wert auf sein Äußeres zu legen. Er nahm sich viel Zeit, sein langes, dunkles Haar sorgfältig zu legen und seine Kleidung zurechtzurücken. Einzig seinen Wanst schien er zu vernachlässigen, der vom üppigen Essen stetig wuchs. Als ich erfuhr, dass er mit mehreren Mädchen, die häufig den Tempel besuchten, Geschichten hatte, war ich entsetzt.

«Hör mal Junge, wie findest du Shama? Nettes Mädchen, nicht?», fragte er mich einmal. Shama war etwa zwölf. Sie hatte ein hübsches Gesicht und pechschwarzes, langes Haar. Zusammmen mit einigen Mädchen trieb sie sich dauernd beim Tempel herum, allerdings kaum in der Absicht ernsthafter Anbetung. «Sie ist in dich verknallt! Da, ein Kuchen, den sie für dich gemacht hat.»

Ich fühlte, wie ich errötete. «Ich bin in niemanden verknallt!», zischte ich in gerechter Empörung zurück. Das schien auf ihn keinen Eindruck zu machen; vielmehr winkte er mir mit einem hämischen Grinsen. «Komm, ich zeig dir einen guten Platz, da kannst du mit ihr allein sein – niemand wird's erfahren!» Meine Wangen brannten. «Aber jetzt langt's! Von solchen Sachen rede ich nicht!» «Ich bin doch nicht blöd. Denkst du, ich merke nicht, dass du den Mädchen nachschielst?»

«Das stimmt gar nicht! Ich werde nie heiraten. Ich will wie der Brahmacharya werden!»

Er warf den Kopf zurück und lachte. «Denkst du, der sei ein Brahmacharya? Ich erzähl dir mal was ...» Man hörte Schritte im Korridor. Da verstummte er blitzartig. Zornig verließ ich das Zimmer und stieß fast mit dem Brahmacharya unter der Türe zusammen. Es wäre mir peinlich gewesen, wenn er mich dabei ertappt hätte, wie über ihn geklatscht wurde. Offensichtlich hatte er nichts gehört.

«Du scheinst es eilig zu haben», meinte er mit einem Lächeln und setzte seinen Weg in sein eigenes Zimmer fort.

Einige Tage später nach der Leuchtenzeremonie, bei der man die Gottheit zur Nachtruhe gebracht hatte, schritt ich langsam an den Schlafquartieren vorbei. Da hörte ich einen der jungen Neulinge in seinem Zimmer schluchzen. Ich blieb neugierig vor seiner Tür stehen und erstarrte plötzlich, als ich die verhaltene Stimme des Brahmacharya vernahm, wie er zornig zischte: «Du verbreitest die Geschichten über mich! Du brauchst gar nicht zu lügen!»

Dann etwas ruhiger: «Klar, Mädchen hat's in jedem Tempel. Sie haben das gleiche Recht, hier zu sein wie jedermann, und ich habe das Recht, so viel Zeit mit ihnen zu verbringen, wie's mir passt. Wenn du noch einmal plapperst, dann fliegst du raus!»

Ich hatte keine Ahnung, was für Geschichten er meinte, aber es waren bestimmt Lügen. Meine Achtung und Ergebenheit galten dem Swami. Es wäre mir nie eingefallen, seine Heiligkeit anzuzweifeln. Natürlich war es nicht mehr als normal, dass sich Mädchen, wie überall, beim Tempel herumtrieben. Mir begann dann aber aufzufallen, dass ein schlankes Mädchen von über zwanzig – wir wollen sie Parabathi nennen – offensichtlich in den Brahmacharya verliebt war. Widerwillig musste ich feststellen, dass auch er ihr mit der Zuvorkommenheit eines Liebhabers begegnete, obwohl er sehr vorsichtig war, wenn jemand zuschaute. Eigenartig, dass ich es nicht vorher gemerkt hatte! Die außergewöhnlich schöne Parabathi war oft allein mit ihm in seinem Zimmer – angeblich, um ihm das Essen zu servieren, das sie ihm jeden Tag brachte. Nur schien es unwahrscheinlich, dass man dazu so viel Zeit brauchte. Ich begriff zwar mit meinem jungen Verstand nicht alles, doch fand ich sein Benehmen unpassend für einen Mann, der gelobt hatte, nicht zu heiraten. Und ich hatte diesen jungen Brahmanen so bewundert! Ich war zutiefst enttäuscht und betrübt.

Eines Tages hörte ich im Hof mehrere regelmäßige Besucher des Tempels, die in einer Gruppe auf dem Boden hockten, sich in Hindi über diese Affäre unterhielten. «Das ist seine private Angelegenheit. Wir mischen uns besser nicht ein», meinte ein langer Kerl mittleren Alters.

Ein alter Mann mit weißem Haar und langem Bart, den ich oft im Tempel gesehen hatte, nickte mit ernster Miene. «Das ist natürlich Karma. Sie müssen etwas vom vorigen Leben zusammen bereinigen.» Die übrigen nickten zustimmend. Das beruhigte mich irgendwie.

Meine Tage waren so angefüllt, dass ich keine Zeit hatte, den Fehltritten des Brahmacharya nachzugrübeln. Am Ende würde Karma ohnehin alles zurechtbringen. Daran zweifelte ich nicht. Selbst Nachbars Hund, den ich seit Jahren beobachtet hatte, schien ein lebendiger Beweis von Karma und Reinkarnation zu sein. Dieser magere, schwarze Hund hatte einen wallenden, weißen Bart, weshalb er liebevoll Yogi genannt wurde. Als strenger Vegetarier weigerte sich Yogi nicht nur, Fleisch und Knochen zu essen, sondern sogar Eier anzurühren. Obwohl sein Besitzer ein Moslem war, war der Hund ein deutlich überzeugter Hindu. Treu nahm er an allen großen religiösen Anlässen teil. Er war bestimmt bestrebt, sich jetzt ein gutes Karma anzueignen, nachdem er in einem früheren Leben eine harte Lektion gelernt haben musste. Die Tatsache, dass er oft mit andern Hunden laut zankte, überzeugte mich, dass er die Reinkarnation eines Yogi sei, der in schlechtes Karma gefallen war. Mir war sogar ein Pandit bekannt, der sich genau wie Yogi benahm. Es ärgerte mich, dass so viele Hindus Hunde misshandelten. Wie konnten sie an Reinkarnation glauben und dabei Tiere schlechter behandeln als Menschen?

Die Entdeckung, dass Yogi zu den Anlässen kam, weil nachher immer gutes Essen serviert wurde, bestärkte mich in meinem Glauben an die Reinkarnation. Ich kannte eine ganze Reihe von Pandits, die nicht weniger erpicht waren auf die gleichen Delikatessen. Vielen Hindus war das gute Essen weit wichtiger als die zeremoniellen Verrichtungen.

Als ich am Ende dieses Sommers wieder nach Hause kam, merkte ich, dass ich wegen meiner Lehrzeit im Tempel bei den religiösen Hindus in der Achtung beträchtlich gestiegen war. Auf dem Schulweg wurde ich oft der Mittelpunkt ehrerbietiger Aufmerksamkeit.

«Sita-Ram, Pandit Ji», riefen mir die Leute, indem sie sich beeilten, sich vor mir zu verneigen. Das liebte ich. Besonders befriedigend war die Anerkennung der Pandits.

Oft wenn ich beim Haus von Pandit Bhajan vorbeikam, pflückte er gerade im Garten die Blumen für seine täglichen Pujas. Er war ein großer, breiter Mann mit langem, schwarzem Haar, das er hinten zu einem Knoten zusammenband. Sobald er mich kommen sah, schlug er die Handflächen vor der Stirn zusammen, bückte sich und rief laut: «Pandit Maharaj, namahste Ji.»

«Namahste Ji, Pandit Bhajan», antwortete ich würdevoll. Ich war geschmeichelt.

Ich hatte zwar die Selbstverwirklichung noch nicht

ganz erreicht, das war mir klar, aber ich fühlte, dass ich schon sehr nahe bei Jivan Mukti war – nach der Bhagavadgita das höchste Ziel des Menschen. Wer diese Befreiung aus der ererbten Unkenntnis noch im Leib erlangte, hatte die Gewissheit, nicht wieder geboren zu werden, sondern würde für ewig mit Brahman, seinem wahren Ich, vereinigt sein. Ich war jetzt überzeugt, dass Vater diesen Zustand erreicht hatte. Auch ich trachtete nach der gleichen Befreiung aus der Illusion, ein individuell existierendes Wesen zu sein. Ich war der eine und alleinige Brahman, reine Sein-Bewusstsein-Glückseligkeit. Darum durfte ich auch erwarten, dass andere die Stufe anerkannten, zu der ich bereits gelangt war, indem sie sich vor mir verneigten und mir Anbetung zollten.

Tatsächlich, vor einem Spiegel sitzend betete ich mich selbst an. Warum nicht? Ich war Gott.

Krishna hatte in der kostbaren Bhagavadgita jedem, der Yoga praktiziert, diese göttliche Erkenntnis verheißen. Das war Nektar für den Meditierenden. Es ging nicht darum, Gott zu werden, sondern einfach zu erkennen, wer ich wirklich bin und schon immer gewesen war. Während ich durch die Straßen ging, fühlte ich mich wirklich als Herr des Universums.

Obwohl es nicht einfach war, in gnädiger Haltung die Anbetung entgegenzunehmen, lernte ich langsam, wie ich dabei demütig erscheinen konnte, ohne dass meine Gottheit angetastet wurde. Man musste sich nur vor Augen halten, dass alle Menschen gleichen Wesens waren – außer jenen natürlich, die zu keiner der vier Hindukasten gehörten. Ich setzte mir zum Ziel, fähige Hindus über ihr wesenhaftes Gottsein zu unterweisen, damit sie von den Ketten der Unwissenheit befreit würden. Ich wollte Guru werden, das heißt Lehrer, denn ohne seine Hilfe hat der Hindu keinerlei Hoffnung, vom Rad der Wiedergeburten erlöst zu werden.

Einer der beliebtesten Gurus in Trinidad war damals

seine Heiligkeit Swami Sivananda. Regelmäßig erhielten wir seine Informationsschriften aus Indien. Große Pujas und Ereignisse im Tempel wurden geschildert. Die Bücher, die seine Lehren und Zeugnisse von Nachfolgern enthielten, wurden darin angepriesen. Eines davon trug den Titel «Mein Gott Sivananda». Mehrere Bilder von ihm sollten uns eine Hilfe sein, ihn besser anzubeten. Eine große Fotografie von Sivananda nahm auf unserem Altar einen Ehrenplatz ein. Wir versäumten es keinen Tag, das Chanan-Zeichen an seine Stirn zu streichen.

Große Aufregung war in der Familie, als Mutter in einem Brief ihren Besuch in seinem Ashram schilderte. Von seiner göttlichen Gegenwart überwältigt versicherte sie uns, er sei ein sehr heiliger Mann, ein Meister, der zur Selbstverwirklichung durchgedrungen sei. Ich war entschlossen, wie er zu werden. Nach seinem plötzlichen Tod verehrten wir ihn als einen der aufgefahrenen Meister in der langen Abfolge von Gurus seit den Tagen der Rishis.

Trotz meines guten Rufs wegen meiner Frömmigkeit und der ehrerbietigen Aufmerksamkeit, die man mir schenkte, war ich in vielem noch ein kleiner Junge. Die Vorfreude auf Geschenke und auf die Strümpfe, die der Weihnachtsmann füllte, packte mich wie eh und je. Trinidad war britische Kolonie und darum hörte man schon Wochen vor Weihnachten allerorts die bekannten Weihnachtslieder. Hinduistische und buddhistische Geschäftsleute nützten ohne Gewissensbisse die Festlichkeiten aus.

Religiöse Überzeugung durfte natürlich erhöhtem Umsatz nicht in die Quere kommen. Selbst die Moslems nahmen an den jährlichen Feiern teil. Sankt Nikolaus wurde jedermanns Schutzheiliger. Für kurze Zeit war er der meistgeliebte Gott. Wir Kinder mussten am Weihnachtsabend früh ins Bett, während die Erwachsenen von Haus zu Haus gingen, Rum tranken und Feuerwerk zündeten. Die größeren Kinder lärmten mit Pfannen und Trommeln. So war es natürlich nicht leicht, einzuschlafen, aber wir wussten, dass Sankt Nikolaus seinen Rentierschlitten mit den Geschenken so lange nicht landen würde, bis jedermann schlief. Diesmal war ich aber entschlossen, einen Blick von Sankt Nikolaus zu erhaschen, auch wenn ich die ganze Nacht wach bleiben müsste. Sorgfältig bereitete ich alles vor.

«He! Wozu machst du das?», wunderte sich Ananda, mein jüngerer Vetter, der damals mit mir ein großes Doppelbett teilte. Mit Nanees Schere schnitt ich zwei kleine Gucklöcher ins Bettlaken. «Sch!», war die einzige Antwort, die er bekam. «Sch!» «Warum schläfst du nicht?», fragte er hartnäckig weiter, da es das ganze Bett erschütterte, als ich eine bequeme Stellung suchte, bei der ich gut aus den Löchern schielen konnte.

«Sch! Du solltest schlafen!»

«Du auch!»

«Bei dem Lärm kann kein Mensch schlafen!»

«Du machst ja den Lärm! Hör auf mit dem Bett zu wackeln!»

«Psch!»

Schließlich hörte ich Ananda leise schnarchen. Ich kämpfte gegen den Schlaf, während ich mich auf das Fenster konzentrierte, durch welches Sankt Nikolaus jedes Jahr hereinstieg. Am Weihnachtsmorgen fand ich stets einen Apfel und Nüsse im Strumpf, der am Fußende des Bettes hing.

Diesmal wollte ich Sankt Nikolaus sehen, wie er ihn füllte. Die Zeit schien stillzustehen. Als ich mich fast nicht mehr wach halten konnte, hörte ich ein Geräusch. Nur kam es nicht vom Fenster, sondern von hinten. Ich zuckte zusammen, fing mich aber sogleich und drehte vorsichtig den Kopf. Schwach konnte ich Onkel Kumar erkennen. Er schlich auf den Zehen ans Fußende des

Bettes, legte Geschenke hin und füllte aus einem großen Sack unsere Strümpfe mit je einem Apfel und Nüssen. Leise verließ er darauf wieder das Zimmer, nachdem er sich durch einen letzten Blick auf die beiden bewegungslosen Gestalten vergewissert hatte, dass niemand etwas merkte.

Ich platzte beinahe vor Ungeduld, aber ich musste bis nach dem Frühstück warten, bis ich mit Krishna und Shanti, die beide etwas älter waren als ich, allein war.

«Den Sankt Nikolaus gibt's gar nicht!», verkündigte ich dramatisch.

«Was?», rief Shanti mit großen Augen.

«Es gibt den Sankt Nikolaus nicht», wiederholte ich, «es sei denn, du nennst Onkel Kumar Sankt Nikolaus.»

«Du machst natürlich einen Scherz?», fragte Krishna im überlegenen Ton des Älteren und Klügeren. «Was denkst du, wo diese Geschenke herkommen? Wenn du es wissen willst, der Sankt Nikolaus bringt sie vom Nordpol!»

«Nein, es ist gar nicht St. Nikolaus, der sie bringt!», erklärte ich wie ein Allwissender. «Niemand anders als Onkel Kumar ist Sankt Nikolaus!»

«Warum hältst du uns zum Narren?» Shanti war nahe daran, vor Enttäuschung in Tränen auszubrechen.

«Gestern Nacht hab ich ihn überlistet ... ich sah ihn mit beiden Augen!»

«Wen hast du gesehen?» «Onkel Kumar, er füllte die Strümpfe. Ich sag's ja die ganze Zeit!»

Schnell verbreitete sich die erschütternde Nachricht unter den Kindern der Nachbarschaft. In philosophischer Denkweise sagte ich mir, dass es ja eigentlich gar nicht anders hätte sein können. Selbstverständlich waren die Christengötter nichts als Fabelwesen – im Gegensatz zu den Göttern, die wir Hindus verehren. Denen konnte man in Visionen begegnen, während man meditierte oder sie erschienen einem als Geister. Wir wussten damals nichts von den Beweisen der Parapsychologen. Wir wussten nur, was wir erlebten, und das war höchst real.

«He! Rev! He! Schau da!» Ich fuhr aus dem Bett und rieb mir die Augen. Erschrocken versuchte ich, im Dunkeln etwas zu sehen. Ich hörte rasche Schritte durch den Korridor eilen und gedämpfte, aufgeregte Stimmen, während Nanee noch immer nach Tante Revati schrie.

Als man im Haus die Lichter anzündete, war ich mutig genug, unter der Decke hervorzukriechen. Ich rannte hinüber zu Nanees Zimmer, wo mir erregtes Stimmengewirr entgegenschlug.

«Ich sah eben ... ich sah eben Nana!», erklärte Ma mit verängstigter Stimme, gerade als ich ihr Zimmer betrat. Alle umringten sie und hörten gespannt zu.

«Es war Nana, ich bin ganz sicher ... aber er hatte keinen Kopf!» Zitternd und bleich zeigte sie zum Fenster. «Ich erwachte und fühlte etwas Seltsames ... und plötzlich war er da! Ich konnte ihn im Mondschein erkennen.»

«Du hast aber nicht geträumt?», fragte Tante Revati. «Nehi! Ich war hellwach. Er kam auf mich zu und dann schrie ich.»

«Man kann nicht sicher sagen, dass es Nanas Geist war», meinte Gosine nachdenklich, als wir am Morgen vor seiner Hütte darüber sprachen. «Es gibt da eine Menge Geister. Überall.»

«Aber meine Nanee sagte, es war Nana.» «So einfach ist das nicht», erwiderte Gosine. Er strich sich mehrmals übers Kinn, dann sah er mich von der Seite an. «Einige Pandits verwenden Geister. Da ist doch einer, gerade wenn du die Straße hinuntergehst – du weißt, wen ich meine. Diese Geister machen alles, was er sagt, Gutes und Böses.»

«Willst du damit sagen, ich müsse mich auch der Geister bedienen, wenn ich Pandit werde?»

Gosine zuckte die Achseln und schaute weg. «Ich habe nicht gesagt, alle machten das. Einige können auch ohne Schädel arbeiten.»

«Wie kriegt er's denn fertig, dass die Geister für ihn arbeiten?»

«Bhai, das weiß doch jeder, dass er auf den Friedhof geht und einen Schädel ausgräbt. Wenn du mal einen Schädel hast, kannst du dir auch seinen Geist dienstbar machen.»

«Meinst du, jemand habe Nanas Schädel ausgegraben? War wohl darum kein Kopf auf diesem ... diesem Ding, das sie sah? Dabei wird das Grab bewacht!»

Das Gespräch schien Gosine peinlich zu sein. Er zuckte wieder die Achseln, richtete sich dann mühevoll auf und starrte verlegen in den Himmel. Gewitterwolken türmten sich über der Bucht. «Ich denke, wir werden bald Regen haben.» Er schüttelte den Kopf und begab sich wieder in seine Hütte. «Ich spiele nicht mit diesen Geistersachen», meinte er noch, als er unter dem niedrigen Eingang den Kopf einzog, «ist ein Teufelszeug.»

Ein Blitz durchzuckte den Himmel. Der Regen prasselte in Strömen auf mich herab, als ich heimrannte. Furchterregend rollte der Donner. Vielleicht waren die Götter zornig.

Kapitel 5

Der junge Guru

Durchs offene Fenster drang das Dröhnen der Trommeln bis ins Schulzimmer. Die Schüler konnten kaum noch still sitzen. Riesige Trommeln, die man meilenweit hören konnte, wurden für das Ram-leela-Fest in Dow Village, wo unsere Schule war, aufgewärmt und gestimmt. Das einwöchige Schauspiel stellte das vollständige Epos der Ramayana dar. Ich träumte gerade von Indien und versuchte mir das Dorf vorzustellen, in welchem ich nach Angabe eines Pandit in einem früheren Leben gewohnt hatte. Der rhythmische Schlag der Trommeln spornte meine Phantasie noch weiter an. Ich sah mich als Rama, dann als Hanuman, den Gott-Affen, im Kampf gegen den bösen Ravana. Die Schule schien dagegen so langweilig. Warum musste ich, Herr des Universums und eins mit Brahman, schon wieder eine Stunde englische Grammatik über mich ergehen lassen? Ich hörte kaum ein Wort von den Darlegungen des Lehrers.

Ich war erst elf und schon verneigten sich viele vor mir, legten zu meinen Füßen Gaben von Geld, Baumwollstoff und andere Kostbarkeiten. An religiösen Feiern hängten sie mir Blumenkränze um den Hals. Wäre es nicht besser, die Schule aufzugeben, um stattdessen im Tempel weitere Unterweisung zu bekommen? Nanee und Tante Revati waren zwar dagegen, doch blieb der Gedanke sehr verlockend – besonders an solch heißen Nachmittagen in einem schwülen Schulzimmer. Meine langen Stunden der Meditation und der übrigen religiösen Verpflichtungen ließen mir ohnehin nur wenig Zeit und Aufwand für die Schule.

Als es endlich läutete, rannte ich freudig aus dem Schulzimmer. Von mehreren Verehrern begleitet eilte ich zum Marktplatz, begierig, unter den Ersten zu sein, die den Festplatz erreichten. Das Dröhnen der Trommeln wurde immer lauter.

«Rabi, ich will dich als Guru haben!», erklärte Ramjit ernst. Seine Eltern gehörten zur Kshatriya-Kaste gleich wie Nana. Sein Vater war Vorarbeiter auf den Zuckerrohrfeldern und trug voller Stolz den Khaki-Korkhut des Aufsehers.

«Ich auch», schloss sich Mohan an. Er war ein sehr religiöser Junge, der regelmäßig die Sandhya-Klassen besuchte, wo ich junge Hindus in ihren religiösen Pflichten unterweisen half. Mohans Vater war ein Vaisya und ein reicher Zuckerhändler in der nahen Fabrik, wo mein Vater vor der Ehe als Ingenieur gearbeitet hatte.

Ich lächelte, stolz über ihren Eifer. «Ich kann mich nicht beim Laufen darüber unterhalten», keuchte ich zwischen den Atemzügen. Seit kurzem verspürte ich Schmerzen in der Brust. Ich wusste auch, dass es vom vielen Rauchen kam. «Wir reden nachher darüber.» Viele in unserem Städtchen suchten bei mir geistliche Hilfe. Ich würde eines Tages Tausenden ein Guru sein.

In den schmalen, von Holzhütten umsäumten Straßen von Dow Village wimmelte es schon von Menschen. Wir drängten uns an den bunt geschmückten Läden vorbei, bis wir den großen, offenen Dorfplatz erreichten. Hier wurde jeden Abend ein Teil der Ramayana aufgeführt. Straßenverkäufer, die lautstark ihre Waren im lärmigen Gewühl anpriesen, verkauften an Ständen und Karren, auf Platten und aus riesigen Töpfen Getränke und würzige Speisen wie Bara und Mango Chutney, Curry Channa, geröstete Channa und verschiedene indische Süßigkeiten wie Jilabi und Rashgulla. Da und dort kauerten Handlinienleser und Wahrsager, umgeben von ganzen Trauben Neugieriger. Sie breiteten Karten und Diagramme der Hand am Boden aus.

Ich hatte eine Menge Geld zum Ausgeben bei mir. In

einem Verschlussfach bewahrte ich die Summen auf, die Verehrer mir zu Füßen legten. Einige Pandits gehörten zu den reichsten Hindus. Auch ich machte die Erfahrung, wie schnell und mühelos sich Geld ansammelte. Die ärmeren Leute aus niedrigeren Kasten bildeten nicht selten die Haupteinnahmequelle eines Panditen. Ein mir bekannter Pandit hatte sich auf Glücks-Pujas spezialisiert, die dem Bezahlenden Gewinn bei Lotterien und Wettspielen zusicherten oder ganz einfach Reichtum versprachen. Die Armen, die regelmäßig ihre Abgaben darbrachten, blieben arm, während der Pandit immer reicher wurde und so sich selbst als den besten Beweis hinstellen konnte, dass seine Magie wirksam sei.

Ich stand in der vordersten Reihe, als der Pandit an jenem Abend aus einer Seemuschel ein langes, tiefes Signal zur Eröffnung des Schauspiels blies. Die feindlichen Heere standen einander in ihren farbigen Kostümen auf beiden Seiten des Dorfplatzes gegenüber. Schon näherten sie sich tanzend im Takt mit den dröhnenden Trommeln. Der böse Ravana hatte Sita, Ramas Frau, gestohlen. Sie wurde von einem jungen Mann in grellfarbigem Sari gespielt, weil Frauen am Spiel nicht teilnehmen durften. Hanuman, der Affenkönig und wahre Held der Geschichte, hatte herausgefunden, wo man Sita gefangen hielt. Rama hatte sich mit Brüdern und Gehilfen, verstärkt durch Hanuman und sein Affenheer, in Schlachtordnung gegen Ravana und seine Horden aufgestellt. Welch eindrückliches, farbenprächtiges Schauspiel! Der Kampf wogte hin und her, begleitet vom kriegerischen Rhythmus der riesigen Tassa und den gellenden Rufen der Zuschauer. Ich genoss jeden Augenblick und vergaß schnell, dass ich mich in der Schule oft als ein Mahatma Gandhi aufspielte, der zwischen Hindus und Moslems, die sich öfters mit Schimpfnamen und Fäusten bekämpften, zu schlichten versuchte. «Gewaltlosigkeit ist die Pflicht aller Kasten!», belehrte ich oft die Hindus. Gewöhnlich gehorchten sie mir als ihrem geistlichen Anführer. Aber am Ram-leela Fest jubelte ich – zusammen mit Hunderten anderer Vegetarier und Befürworter der Gewaltlosigkeit – über die Ausfälle Hanumans und Ramas auf dem Schlachtfeld. Je wilder die Schauspieler den Kampf darzustellen vermochten, desto besser gefiel es uns.

Mutter hatte mir die geistliche Botschaft des Epos gründlich beigebracht: Rama symbolisiert das Gute und Ravana das Böse. Ihr Kampf war ein Bild des dauernden Kampfes zwischen Gut und Böse, der im Herzen eines jeden Menschen tobt. Die spannungsgeladene Luft auf dem Festplatz ließ mich für einige Augenblicke vergessen, aber als ich spät am Abend mit Shanti, Sandra, Ananda und Amar zurückkehrte, war ich wieder in den Kampf zwischen Gut und Böse hineingestellt, der in meinem Herzen ausgefochten wurde. Warum war ich denn diesem Kampf unterworfen, wenn alles eins ist? Ich war verwirrt. Brahman war die einzige Realität, alles andere Illusion. Dann war gewiss der böse Ravana auch Brahma, gleich Rama, dem Avatara. Und gleich mir. In der Trance des Yoga war ich der Herr des Universums, aller Sorgen, Unruhe und Ungewissheit enthoben. Es galt nur, dieses Bewusstsein der Transzendenz auch dann zu behalten, wenn ich nicht meditierte. Vielleicht war die einzige Hoffnung, es Vater gleichzutun, sich von dieser Welt der Illusion völlig zurückzuziehen. Wie aber könnte ich dann Guru werden und andere lehren?

Tante Revatis jüngster Sohn, Amar, war einer meiner eifrigsten Schüler. Mit seinen fünf Jahren erinnerte er mich sehr an mich, als ich noch in diesem Alter war. Vielleicht mochte ich ihn deshalb so sehr. Er vollzog schon seine eigene Puja, indem er jeden Morgen der Sonne Wasser opferte. Er zeigte auch sonst ungewöhnlichen religiösen Eifer. Ich unterwies ihn in der Meditation und brachte ihm besondere Mantras bei, dafür hielt er mich hoch in Ehren.

«Du siehst nicht gut aus in letzter Zeit, Rabi! Ich mach'
mir Sorgen um deine Gesundheit», eröffnete mir Ma
ernst, als ich mich am nächsten Morgen zu ihr setzte. «Du
bist so bleich und hustest immer!»

«Mir fehlt nichts, Ma!», behauptete ich, «alles in Ordnung ...» Ein plötzlicher Hustenanfall unterbrach mich.
«Rabi! Onkel Kumar muss dich zum Arzt bringen, bevor
er nach England fährt.»

«Mir fehlt schon nichts, Ma», brachte ich gequält heraus und schnappte nach Luft. Wie mir die Brust
schmerzte, besonders in der Herzgegend!

«Seit Wochen hustest du dauernd. Ich höre dich jede
Nacht!»

«Ist nichts Schlimmes, mach dir keine Sorgen, Ma. Jeder hustet hin und wieder. Wie geht es dir denn heute?»
Ich versuchte das Thema zu wechseln, damit Nanee nicht
noch dahinterkäme. Seit Monaten war ich ein geheimer
Raucher, da ich überzeugt war, dass Nanee und die andern es mir in meinem Alter noch nicht erlaubt hätten.
Jetzt war ich hoffnungslos an die Zigarette gebunden.
Ich wunderte mich oft, dass ich nicht die Kraft aufbrachte, mit dem Rauchen zu brechen, obwohl mir klar war,
dass ich meine Lungen ruinierte. Sonst war ich doch mit
meiner vegetarischen Diät so streng – ich weigerte mich
sogar, Käse zu essen, wenn er im Geschäft mit einem
Messer geschnitten worden war, das auch für Fleisch verwendet wurde. Allein auf einem Feld rauchte ich meine
Zigaretten, eine nach der andern, wobei ich jeden Zug
tief inhalierte. Das Schlimmste war, dass ich die Zigaretten stehlen musste, um meine Gewohnheit geheimzuhal-
ten, obwohl ich Geld hatte ... und das plagte mein Gewissen am meisten. Der Kampf zwischen Rama und Ravana
tobte wahrlich in meinem Herzen und ich war völlig unfähig, dessen Ausgang günstig zu beeinflussen. Ravana
behielt trotz meiner inbrünstigen Gebete zu Hanuman
die Oberhand.

Erstmals verspürte ich an jenem Morgen eine Leere, als ich auf dem Schulweg von Verehrern in der gewöhnlichen Weise begrüßt wurde: «Sita-Ram, Pandit Ji.» Nicht das Gespräch mit Ma, bei dem ich gelogen hatte machte mir zu schaffen, nein, es war ein Erlebnis am frühen Morgen, das mich beschäftigte.

Ich hatte einen kleinen Bronzekrug, eine Lota, mit heiligem Wasser für ein Reinigungsopfer in der einen Hand gehalten, mit der anderen hatte ich der Kuh wie immer eine Hibiskusblüte auf den Kopf gelegt. Anbetend beugte ich mich nieder ... als plötzlich das große, schwarze Tier mit einem warnenden Schnauben den Kopf senkte und zu einem Stoß ausholte. Ich sprang zurück und konnte so den Hörnern im letzten Augenblick noch ausweichen. Ich ließ die Lota und Gebetskette fallen und jagte davon.

Mein Gott griff mich an! Es war mein Glück, dass ich die Kuh noch nicht losgebunden hatte. Der Strick hielt ihren Kopf jäh zurück, gerade als ich dachte, ihre Hörner würden mich aufspießen. Erschüttert und atemlos blickte ich von der zusammengedrückten Lota, der Gebetskette und den wütend trampelnden Klauen zu jenen großen, braunen Augen, die mich hasserfüllt anglotzten. Von meinem Gott angegriffen! Dabei hatte ich sie seit Jahren jeden Tag treu angebetet.

Als ich zwei Stunden später auf dem Schulweg war, zitterte ich immer noch innerlich, allerdings nicht mehr vor Angst, sondern vor fassungsloser Trauer. Warum? Vor Shiva und Kali und auch vor andern Göttern hatte ich mich oft geängstigt, aber die Kuh, die hatte ich immer bewundert. Ich liebte nichts so sehr, wie sie zur Weide zu führen und nach ihr zu sehen. Immer hatte ich sie wie alle übrigen Tiere mit äußerster Freundlichkeit behandelt. Warum nur griff mich dieser Gott an? Die Frage sollte mir zukünftig keine Ruhe mehr lassen. Selbst Gosine hatte hierauf keine Antwort.

Kapitel 6

Shiva und ich

In den frühen Dreißigerjahren war Nana einmal für viel Geld dem besten Fotografen der Insel Modell gesessen. Es war nicht leicht gewesen, Nana zufrieden zu stellen. Als Entgelt dafür musste er ein gepfeffertes Honorar bezahlen. Das Bild von Nana – in patriarchalischer Haltung und mit stechendem Blick – kam dann schließlich doch zustande. Es wurde hinter einen teuren, vergoldeten Rahmen gepasst und im Wohnzimmer aufgehängt. Von welcher Seite man den Raum auch betrat, immer starrten einem Nanas Augen entgegen. Es gab keine andere Möglichkeit, in die anderen Räume des Hauses zu gelangen, als durchs Wohnzimmer. Nanas Augen schienen uns überall zu verfolgen. Es war, als ob sein Geist feststellen wollte, was sich in dem Haus abspielte, das er mit seinem geheimnisvoll erworbenen Geld gebaut hatte. Ich wagte nicht, in diese Augen zu schauen. Sie ließen mir keine Ruhe.

Ähnliches empfand ich Shiva gegenüber, dem Gott, den ich am meisten fürchtete und darum auch am eifrigsten anbetete, um ihn versöhnlich zu stimmen. Nanas Geist allerdings ließ sich nicht besänftigen. Weiterhin erschreckte er uns durch wildes Umherrennen mit stampfenden Tritten – die von einem unangenehmen Geruch begleitet waren, der noch lange in der Luft hing – und durch Gegenstände, die manchmal vor unseren Augen von Tischen und Schränken gefegt wurden.

Obwohl ich eifrig bemüht war, Shiva zu versöhnen, wurde ich das Gefühl seines wachsenden Missbehagens nicht los. Was ich auch unternahm, weder Mantras noch Rituale noch Anbetung, verschafften mir Frieden mit diesem furchterregenden Gott, dem Zerstörer. In tiefer

Meditation gelangte ich oft in andere Welten, wo ich allein mit Shiva war. Seine Erscheinung war immer bedrohlich. Als ich eines Tages durch Tante Sumitras Hof eilte, durchbohrte ein Nagel meinen nackten Fuß. Als ich dann mit Fieber im Bett lag, wurde ich den Eindruck nicht los, dass Shiva den langen Nagel hingelegt und meinen Fuß darauf gelenkt hatte. Ich versuchte dieses Gefühl als bloßen Aberglauben abzuschütteln, bis ich es meinem Vetter Krishna erzählte. Er schaute mich verstehend an. Auch er war der Meinung, dass Shiva ihm nachstelle. Als er eines Nachts spät über seinen Schulbüchern saß, wurde er von unsichtbaren Händen so heftig geschlagen, dass er hinfiel. Am andern Morgen konnten wir alle noch die Spuren der Schläge im Gesicht sehen. In einer anderen Nacht hatten ihn unsichtbare Hände im Bett gewürgt, und wiederum hatte er gefühlt, dass es Shiva war. Auch ich war Zielscheibe weiterer Angriffe, doch konnten weder Krishna noch ich verstehen, warum uns diese Dinge begegneten. Auch Gosine konnte uns nicht weiterhelfen. Er sprach nicht gerne über solche Sachen – ich wusste auch warum.

Die geheimnisvollen physischen Angriffe und die beständigen Heimsuchungen durch Nanas Geist entnervten uns zusehends. Unter der Oberfläche schwelten Spannungen, die unweigerlich unsere gegenseitigen Beziehungen beeinträchtigen mussten. So gerieten besonders Tante Revati und ich aneinander. Einst hatten wir uns so gut verstanden und jetzt konnten wir uns fast nicht mehr ausstehen. Manchmal zankten wir uns sogar inmitten der Familienpuja. Meine Mutter war inzwischen schon seit sechs Jahren fort, und ich hatte es satt, von Tante Revati wie ein eigenes Kind behandelt zu werden. Sie hatte ein rundes Gesicht und ein herzliches Lachen, aber sie war launisch. Oft verteilte sie den Kindern Süßigkeiten und im nächsten Augenblick Prügel. Ihr heiteres Wesen zog zwar einen ständigen Strom von Freunden ins Haus, aber ich hatte den Verdacht, dass sich unter der fröhlichen Oberfläche ein äußerst unglückliches Gemüt verbarg – kein Wunder bei der brutalen Behandlung, die sie unter ihrem ehemaligen Gatten hatte erdulden müssen. Ich stellte mir vor, sie sei in ihrem vorigen Leben ein Weiberschläger gewesen. Wollte Karma ihr darum mit gleicher Münze heimzahlen?

Als ich jünger war, hatte Tante Revati die religiöse Führung im Haus innegehabt, aber jetzt musste sie sich meiner geistlichen Autorität beugen. Dadurch wuchsen die Spannungen zwischen uns noch mehr. Ich vermutete bei ihr keine geringe Eifersucht. Sie verbrachte täglich einige Stunden im Gebetsraum und versank in der Meditation und in der Anbetung von Sonne und Kuh. Dafür vernachlässigte sie ihre Hausarbeiten. Das störte sie natürlich und wir bekamen entsprechend ihre Reizbarkeit zu spüren – besonders ich. Ich nahm es ihr übel, dass sie von mir die Verrichtung von Hausarbeiten verlangte, die unter meiner Würde und Berufung waren. Es ging nicht an, dass ich meine Zeit statt für religiöse Obliegenheiten an niedrige Arbeiten verschwendete, die andere erledigen konnten. Einzig die Kuh führte ich ohne Widerrede auf die Weide, denn für sie zu sorgen, wirkte sich günstig auf das Karma aus. Seit sie mich damals angegriffen hatte, war meine Begeisterung allerdings auch für diesen Dienst verschwunden. Selbst mit der Anbetung der Kuh war es nun aus.

Es beunruhigte mich zutiefst, dass der Zustand glückseligen Friedens, den ich in der Meditation erreicht hatte, sofort zerstört wurde, wenn meine Tante mich wegen Faulheit oder Nachlässigkeit in den Hausarbeiten tadelte. Das ließ mich, der ich sonst so ruhig war, aufbrausen und grob werden. Zuweilen vermutete ich beinahe, dass Nanas zorniger Geist mich gepackt hätte. Ich benahm mich dann gerade wie er und tobte mich mit einer Rute an einer Betonsäule aus, welche die Veranda trug, bis ich erschöpft innehielt und das Strichmuster im rauhen Zement anstarrte und mich wunderte, was in mich gefahren sei. Einmal fasste ich Nanas alten Lederriemen, mit dem er öfters die Familie verprügelt hatte, und zog ihn mehrere Male einigen jüngeren Cousinen über den Rücken, um mich dann verwirrt und schamerfüllt abzuwenden. Die Begebenheit war praktisch identisch mit Nanas Zornausbrüchen. Nach solchen Zwischenfällen schienen Nanas Augen mich auszulachen – wenn ich den Fehler beging und sie anguckte – als ob sie von einem Geheimnis wüssten. Ich erschauderte darob und schaute schnell weg, aber die Erinnerung blieb. Er war gewiss hinter uns her, und zwar nicht nur durch die polternden Schritte, sondern auch durch mich. Warum sollte ausgerechnet ich, der Religiöseste im Haus, Träger seines Geistes sein, damit er noch lange nach seinem Tod die Familie belästigen konnte? Ich wagte der Frage nicht auf den Grund zu gehen, denn offensichtlich berührte sie alles, woran ich glaubte.

Ich versuchte diese Zwischenfälle zu vergessen und lebte ganz für die religiösen Zeremonien. Ich war stets der Mittelpunkt der Aufmerksamkeit und wurde von Freunden und Verwandten bewundert. Dabei liebte ich es, durch die Zuschauer zu schreiten, um heiliges Wasser auf die Anbetenden zu sprengen, ihre Stirn mit der Sandelpaste zu bestreichen oder das Opfer einzusammeln, bis sich auf dem Bronzeteller, den ich trug, ein hoher Berg von blauen, roten und grünen Banknoten auftürmte. Am liebsten aber saß ich als Gegenstand bewundernder Augen beim diensttuenden Panditen neben dem Altar. Wie ich den intensiven Duft der Blumenkränze genoss, die man mir bei solchen Anlässen um den Hals hängte! Ich sonnte mich in der Bewunderung der Anbetenden, die sich nach der Zeremonie vor mir niederbeugten, um ihre Opfergaben zu meinen Füßen zu legen!

Der Friede, den ich während der Meditation erlebte, verließ mich zwar schnell, aber die okkulten Kräfte, die durch meine Yogaübungen gefördert wurden, blieben mir und begannen schon in der Öffentlichkeit wirksam zu werden. Da ich wusste, dass ich ohne solche Kundgebungen des Übernatürlichen nie eine große Anhängerschaft gewinnen würde, freute ich mich über meine wachsende geistliche Macht. Oft nahmen Menschen, die sich vor mir verneigten, einen Glanz um mich wahr und erlebten eine Art innerlicher Erleuchtung, wenn ich sie segnend an der Stirn berührte. Ich war erst dreizehn und schon verabreichte ich den unter Gurus berühmten «Shakti Pat», ein Zeichen der Echtheit meiner Berufung! Shakti ist ein Name Kalis, der mordlustigen, bluttrinkenden Gattin Shivas. Sie ist die Muttergöttin der Macht. Sie ist es auch, welche die Urkraft austeilt, die im Herzen des Universums fließt. Ich war begeistert, ein Kanal ihrer Macht zu sein!

Während ich in tiefe Meditation versenkt war, wurden oft die Götter sichtbar und sprachen mit mir. Zuweilen schien ich durch Astralprojektion auf andere Planeten und in Welten anderer Dimensionen versetzt. Erst Jahre danach erfuhr ich, dass solche Erfahrungen in Labors durch LSD und durch Hypnose unter der Anleitung von Parapsychologen nachgemacht wurden. In der Trance war ich meistens allein mit Shiva, dem Zerstörer. Schreckerfüllt saß ich zu seinen Füßen, während die riesige Kobra, die sich um seinen Nacken wand, mich mit den Augen fixierte, zischte und drohend die Zunge herausschnellen ließ. Ich fragte mich manchmal, warum keiner der Götter, denen ich begegnete, freundlich, sanft und liebevoll war. Wenigstens waren sie wirklich, daran zweifelte ich keinen Augenblick, und nicht nur Sagenfiguren, wie der Weihnachtsmann, dieser Gott der Christen.

Das war ein glücklicher Tag, als Onkel Deonarine, Nanas ältester Sohn, endlich von England zurückkehrte, nachdem er an der Universität London mit Auszeichnung abgeschlossen hatte. Als Onkel Kumar vor einigen Monaten nach London gezogen war, hatten wir Tante Revatis patriarchalische Autorität über das Haus verstärkt zu spüren bekommen; da Deonarine wieder zurück war, würde wieder ein Mann dem Haus vorstehen. Niemand war mir je mehr Vater gewesen als er, und vielleicht würde sein Beispiel auch Mutter ermutigen, wieder nach Hause zu kommen. Noch immer schrieb sie alle paar Monate, nur versprach sie nicht mehr, «nächstes Jahr» zurückzukehren. Kurz nach seiner Heimkehr nahm mich Onkel Deonarine auf die Seite. «Ich habe soeben einen neuen Wagen gekauft, Rabi, und ich möchte dich bitten, ihn zu segnen», eröffnete er mir ernst. «Ich werde ihn ohne deinen Segen nicht fahren.»

Ich strahlte! Meine Angst, er könnte in London den Hinduismus aufgegeben haben, war also unbegründet. Deonarine zeigte schon seit Jahren wenig Interesse an der Religion. Nun war er offensichtlich doch ein überzeugter Hindu geworden. «Einen Augenblick bitte», antwortete ich, um ein korrektes Englisch bemüht. «Ich muss noch einige Sachen holen. Ich komme gleich.»

Ich verpasste dem Wagen einen zünftigen Segen. Jeden bösen Geist trieb ich aus und flehte dafür den Schutz der mächtigsten Götter auf das Fahrzeug herab. Onkel Deonarine zahlte mir obendrein noch eine stattliche Gebühr, obwohl ich nichts annehmen wollte. Schließlich gab ich doch nach, da ich ihm den Segen nicht vorenthalten wollte, welcher jedem gewiss ist, der einen Brahmanen beschenkt.

«Rabi, du musst auch auf die Mittelschule!», meinte Deonarine, als wir beide eines Morgens Ma besuchten. Bald würde ich mit der Schule in Dow Village fertig sein, und ich hatte davon gesprochen, wieder in den Tempel von Felicity oder vielleicht in den großen Tempel in Port of Spain zu gehen.

«Du brauchst eine höhere Ausbildung, Rabi», fuhr er mit Ernst fort und Ma nickte bekräftigend. «Ich meine auch Universität. Das ist wichtig, wenn man seine Gedanken andern mitteilen will. Du magst noch so erleuchtet sein, aber wenn du deine Gedanken nicht verständlich darlegen kannst, wirst du nie ein guter Lehrer. Neben einer gründlichen Kenntnis der Veden brauchst du auch Allgemeinbildung.»

«Vielleicht hast du Recht», pflichtete ich widerwillig bei und ließ enttäuscht den Kopf hängen. Ich hatte mich darauf gefreut, bald von der quälenden Schulbank erlöst zu sein. Aber seine Logik war zu einleuchtend. Ich beschloss, mich zur Aufnahmeprüfung derselben Mittelschule im Süden zu melden, die mein Vetter Krishna besuchte. Onkel Nandi, den ich sehr schätzte, würde mich bestimmt in seinem Heim aufnehmen.

«Da kommt Rabi! Da kommt Rabi!», rief Daadi. Wie immer kündigte sie mein Kommen an, noch lange bevor ich das Haus erreicht hatte.

Schwitzend eilte ich mit einem kleinen Koffer in der Hand den Weg von der Busstation zum Haus von Nandi Maharaj hinauf. Es war drückend heiß. Nandi war Vaters älterer Bruder. Ich freute mich stets auf meine regelmäßigen Besuche bei seiner Familie.

Daadi, seine Frau, war eine herzliche, begeisterungsfähige Person, die mich immer mit freudigen Rufen empfing, sobald sie mich von weitem kommen sah. Diesmal freilich lag ein Anflug von Schreck in ihrer Stimme. Bald kannte ich den Grund. Als ich das Haus betrat, stieg mir sofort der befremdende Geruch von Ziegen-Curry in die Nase. Nie hätte ich angenommen, meine Verwandten würden Fleisch essen. Welche schockierende Ernüchterung!

«Oh, wir wussten nicht, dass du heute schon kommst!» Onkel Nandi schien nach Worten zu suchen, um seine Verlegenheit zu verbergen.

«Ich wollte euch überraschen», erklärte ich mit schwacher Stimme. Ich empfand seine Betretenheit unangenehm und wusste selbst nicht, wohin ich schauen sollte. Welche Schande! Ein Brahmane, der Fleisch isst!

Mein Onkel versuchte mich durch Erkundigungen über Mas Gesundheit und sonstige Neuigkeiten der Familie abzulenken, aber ich antwortete ihm kühl und versuchte gar nicht, mein Missfallen zu verbergen. Schließlich versandete das Gespräch. Wissend, was in mir vorging, versuchte sich Onkel Nandi zu rechtfertigen. «Weißt du, warum die Christen Fleisch essen, Rabi?», fragte er mich.

Eigenartige Frage, dachte ich. Was gingen uns die Ausreden der Christen an, die meinen Gott, die Kuh, misshandelten? Ich schüttelte den Kopf. Mir war zu übel, um noch etwas zu sagen. Hätte ich mich doch nur nicht für einen Überraschungsbesuch entschieden!

«Gott ließ ein großes Tuch vom Himmel herab mit allerlei Tieren darin ...»

«Woher hast du das?», wollte ich wissen.

«Aus der Bibel, Junge, aus dem Christenbuch.»

«Und das liest du?»

«Nicht ich selber, aber ich höre davon.»

«Und was geschah dann mit dem großen Tuch?» Ich wurde immer zorniger und enttäuschter. Dieses Buches wegen hatte Nana Ma die Treppe hinuntergeworfen. Das Buch der Christen, der Kuhfresser! Und das war der Bruder meines Vaters!

«Da waren allerlei Tiere drin, und weißt du, was Gott zu Petrus sagte? Er solle schlachten und davon essen.» Er blickte mich triumphierend an, als ob er sich mit dieser Erklärung völlig für diesen schrecklichen Geruch von Gewalt und Tod in seinem Haus gerechtfertigt hätte.

«Kann sein», versetzte ich bissig, «aber dir hat er's nicht gesagt!»

«Aber wir tun es im Namen der Kali», verteidigte sich

Nandi. «Der Tempelpriester schlachtet jeden Morgen sechzehn Ziegen im berühmten Kali-Tempel in Kalkutta.» Meine Tante nickte zustimmend von der Küche her, wohin sie sich vor meinem Zorn geflüchtet hatte. «Aber die Brahmanen essen sie nicht!», korrigierte ich ihn energisch.

Den ganzen Tag über rührte ich nichts auf ihrem Tisch an. Allein der Geruch von dem Fleisch hatte das ganze Haus verunreinigt. Ich war geachtet als einer, der sich an seine Grundsätze hielt. Zu Hause hatte ich meinen eigenen Teller und mein eigenes Besteck, ja sogar meine eigene Bettwäsche. Niemand durfte es wagen, sie zu benutzen. Ich aß kein Brot und keinen Kuchen, der mit Ei gebacken war. Das wusste auch Nandi. Früher hatten wir uns immer so viel zu sagen. Jetzt saßen wir einander schweigend gegenüber. Die beklemmende Stille wurde nur hie und da durch einen nichtssagenden Satz unterbrochen. Meine Tante blieb mit den Kindern lieber ganz weg. Schließlich schlug mein Onkel vor, einen holländischen Tanker im Hafen zu besichtigen, der am Vortag eingefahren war. Ich war einverstanden, dankbar für einen Vorwand, das Haus mit diesem unreinen Geruch verlassen zu können.

Der Holländer war eine Schönheit, schnittig, lang und größer als alle Tanker, die ich bisher gesehen hatte. Man konnte beinahe zusehen, wie er immer tiefer sank, während die mächtigen Röhren von den Lastkähnen, die ihn im Pendelverkehr vom Ufer aus bedienten, einen stetigen Strom von schwarzem Gold ausspieen. Neben uns am Kai wurde ein großer Laster geladen. Lange Kranausleger schwenkten herüber, weit übers Dock hinaus. Die Winden quietschten, als schwere Ladungen in die Luft gehisst wurden. Fleißige Hafenarbeiter mit nacktem Oberkörper schwitzten in der glühenden Sonne. Ich besuchte den Hafen immer mit großem Vergnügen. Das geschäftige Treiben ließ in mir eine Welle der Begeisterung hochschlagen und die fremdländischen Schiffsnamen waren stets wie ein verlockender Ruf in ferne Länder. Nandi mochte den Hafen nicht weniger als ich. Unbemerkt ließ die Spannung zwischen uns nach und wir gerieten in ein angenehmes Gespräch über meine Pläne, nächsten Herbst die nahe Mittelschule zu besuchen, was mir die Gelegenheit zu häufigeren Besuchen bieten würde. Es schien ihm zu gefallen, denn er bestärkte mich in meinem Entschluss und meinte, Vater hätte gewiss auch zugestimmt.

«Warum arbeitet niemand auf diesem Schiff?», fragte ich, als wir neben dem hohen Rumpf eines abgetakelten Schiffes vorbeischlenderten. Es schien völlig verlassen.

«Das ist wirklich seltsam», antwortete mein Onkel nachdenklich, während er mit den Augen das Schiff absuchte.

«Schau mal!» rief ich und packte einen schweren Strick, der von einem herausragenden Baum fast bis auf den Boden herunterhing. Ich prüfte seine Festigkeit mit meinem eigenen Körpergewicht. Der schien Tonnen tragen zu können. «Ich mach' dir mal was vor, wie Tarzan!» Ich heulte und schwang mich mit einem kräftigen Anlauf in die Luft. In einem Riesenbogen pendelte ich hoch übers Dock hinauf und sauste dann dicht an Onkel Nandi vorbei zurück. Er lachte und freute sich mit. Da geschah es. Urplötzlich, wie von einem Messer abgeschnitten, löste sich das Seil im toten Punkt.

«Pass auf, Rabi!»

Kaum hatte ich seinen Schrei vernommen, als ich erkannte, was geschah. Ich stellte erschrocken fest, dass ich stracks auf die schmale Öffnung zwischen Schiff und Dock zustürzte. Meine fuchtelnden Hände bekamen die Hafenmauer zu fassen, und da hing ich, halb betäubt, in dieser gefahrvollen Stellung. Nandi packte mich am Arm und hievte mich hoch. Kaum war ich in Sicherheit, als das Schiff mit der gemächlichen Bewegung des Wassers schlingerte und gegen das Dock dröhnte.

«Das war vielleicht ein Glück, Junge!», atmete Nandi mit zitternder Stimme auf.

Ich wäre beinahe zermalmt worden! Seine Lippen bebten und alle Farbe war aus seinem Gesicht gewichen.

Meine Knie zitterten, dass ich fast nicht stehen konnte. Sprachlos starrten wir beide auf das zusammengerollte lose Seil auf dem Bock und dann hoch zum Baum über unseren Köpfen. Das Ganze war völlig unerklärlich. Eben war das Seil noch sicher gewesen und im nächsten Augenblick schien es, als hätte eine unsichtbare Hand es losgemacht. Unwillkürlich lief mir ein kalter Schauer über den Rücken. Eine Flut von Erinnerungen über-schwemmte mich: jene unsichtbaren Hände, die mich von einem fahrenden Lastwagen gefegt hatten, wobei ich mich ernsthaft verletzt hatte; oder dieser unvergessliche Nachmittag, an dem etwas Unsichtbares meinen Fuß festgehalten hatte, sodass ich ihn nicht aus der Bahn ei-ner herannahenden Straßenwalze ziehen konnte. Mein Fuß wurde zerquetscht ... Weitere «Unfälle» von dieser Sorte folgten. Auch jetzt fühlte ich im Schatten dieses seltsam verlassenen Schiffes Shivas drohende Gegen-wart, die mir so wohlbekannt war. Hatte er das Seil losge-bunden? Aus Furcht vor Shivas Zorn versuchte ich den lästerlichen Gedanken abzuweisen, aber der Eindruck seiner Gegenwart ließ sich nicht verflüchtigen. Warum nur? Ich hatte schließlich kein Fleisch gegessen!

Ernüchtert gingen wir langsam unseren Weg nach Hause zurück, in ernstes Schweigen und in Gedanken versunken. Wenn das mein Karma aufgrund eines frühe-ren Lebens war, dann fand ich das höchst ungerecht. Warum sollte ich für eine alte Sünde, an die ich mich nicht einmal erinnern konnte, bestraft werden?

Kapitel 7

Heilige Kuh

«Großartige Nachricht, Rabi! Ich werde am Queen's Royal College in Port of Spain Unterricht geben! Warum kommst du nicht an diese Schule, anstatt in den Süden zu gehen?» Onkel Deonarine zeigte mir den Brief, der ihm die Anstellung soeben bestätigt hatte.

«Meinst du ...?» Ich schreckte vor dem Gedanken zurück, eine so große und renommierte Schule zu besuchen. «Natürlich! Du kannst jeden Tag mit mir zur Schule fahren und mir Gesellschaft leisten. Wie findest du das?»

Onkel Deonarine war mir wirklich lieb. Es wäre prächtig, jeden Tag mit ihm zur Schule zu fahren. Man könnte über so vieles reden ... und so willigte ich ein.

Es war ein aufregendes Erlebnis, an jenem ersten Tag die breiten Straßen von Port of Spain entlang zu fahren. Vorbei an großen Geschäften, rotbedachten Häusern, großzügigen Parkanlagen mit leuchtend grünen Fußball- und Kricketplätzen, bis wir die eindrücklichen Baulichkeiten des Queen's College erreichten. Es schien Onkel Deonarine kein bisschen weniger zu gefallen als mir. Stolz stellte er mich gleich mehreren Lehrkräften als seinen «jungen Neffen, den Brahmanen» vor.

Die ganze Schule versammelte sich als erstes in der großen Aula, wo sie der Rektor in einer langen, für mich völlig unverständlichen Begrüßungsrede willkommen hieß. Ich hatte nur selten einen Engländer gehört und das meiste nie verstanden; aber das hier war schlimmer als alles Bisherige. Ich verstand kaum ein Wort.

«He, was hat er gesagt?», flüsterte ich einem Nachbarn zu, als es vorbei war. Ich würde einen Dolmetscher an dieser Schule benötigen!

Er schaute mich verdutzt an. «Bist du taub?», wollte er laut wissen.

«Nee, ich bin nicht taub, aber was hat er gesagt?»

«Ach, Schulregeln und so Zeugs. Du kommst wohl aus dem Süden ... vom Land?»

Ich nickte beschämt und wünschte schon, ich wäre doch an die andere Schule mit Krishna gegangen. Bevor der Tag um war, wünschte ich es noch mehr. In jenem Teil der Insel, wo wir zu Hause waren, lebten fast nur Inder, aber in Port of Spain war die große Mehrheit der Bevölkerung schwarz. Das löste keinen geringen Konflikt in mir aus.

Mein ganzes bisheriges Leben hatte ich eine tiefe Abneigung gegen die Schwarzen gehegt, weil sie meinen Gott, die Kuh, aßen. Sie waren in meinen Augen niedriger als die niedrigste Kaste. Es war für mich undenkbar, neben einem Schwarzen in der Schulbank zu sitzen, von ihnen im gefüllten Korridor gedrängt zu werden oder mit ihnen Fußball zu spielen. An jenem ersten Tag erhielten meine Vorurteile und mein Stolz einen tüchtigen Knacks. Die einzigen Schwarzen, die ich je gekannt hatte, waren die Kinder armer Arbeiter gewesen. Hier in der Hauptstadt waren sie anders. Viele kamen aus guten Familien und sprachen besser Englisch als ich. Belustigt über meinen ländlichen Dialekt, die verkehrte Aussprache und die fehlerhafte Grammatik, verbargen sich meine Klassenkameraden hinter den Büchern und kicherten, wenn ich mit Vorlesen an der Reihe war. Ich strengte mich deshalb ungeheuer an, mein Englisch zu verbessern, weil ich nicht mehr ausgelacht werden wollte.

In den folgenden Wochen bedeutete der tägliche Kontakt mit den vielen Schwarzen, mit Orientalen, bleichen Engländern und anderen eine ernsthafte Herausforderung für meine Glaubensgrundsätze. Das Kastensystem ist für den Hinduismus grundlegend. Brahma selbst hatte die vier Kasten aus seinem eigenen Leib geschaffen.

96

Diese Aussage der Veden konnte keine Regierungserklärung der Welt rückgängig machen. Folglich gab es keine Grundlage für die Existenz von Menschen, die nicht zu einer der vier Kasten gehörten. Aber die Welt war in der Tat voller Menschen, die sich völlig außerhalb des Kastensystems befanden. Wie waren sie denn ins Dasein gerufen worden? Warum sagten die Hinduschriften darüber nichts aus? Warum konnten sie nicht durch Yoga und Reinkarnation erlöst werden? Nach meiner Religion waren sie völlig ohne Hoffnung. Und doch waren sie mir in keiner Weise unterlegen, vielmehr waren etliche von ihnen bessere Schüler als ich. In meinem Teil der Insel wurde ich vergöttert. Auch ich hatte die völlige Gewissheit, dass ich Gott sei. Aber diese unerleuchteten Jungen am Queen's College behandelten mich einfach als ihresgleichen, und nicht einmal das. Auch die Fragen die sie stellten – manchmal ironisch, manchmal ernst – erschütterten mich in meinem Glauben.

«Stimmt es, dass die Hindus glauben, alles sei Gott?» Ich nickte, während ich unsicher die Jungen verschiedener Rassen und Religionen um mich ansah, die mich wieder einmal zu fangen versuchten. Es war schon fast eine Gewohnheit geworden. Die übrigen Hindus ließen mich schmachvoll im Stich und vermieden es sorgfältig, mich in den Auseinandersetzungen zu unterstützen.

«Du willst also sagen, eine Fliege sei Gott oder eine Ameise oder eine Wanze?» Ein Lachen ging durch die Gruppe.

«Ihr lacht, weil ihr nichts versteht», gab ich tapfer zurück. «Ihr seid von der Illusion völlig gefangen und könnt die eine Realität, Brahman, nicht erkennen.»

«Bist du Gott?» fragte ein Portugiese ungläubig. Es war das beste, mit den Antworten nicht zu zögern oder auszuweichen; sonst wäre ich nur noch mehr verlacht worden. «Ja», antwortete ich bestimmt, «wie alle Hindus. Man muß es nur verwirklichen.»

«Wie kannst du verwirklichen, was nicht wahr ist?», schnauzte er höhnisch zurück. «Du hast die Welt nicht geschaffen.»

Ein Junge aus England schien über den Hinduismus Bescheid zu wissen. «Du sollst Vegetarier sein, hab' ich gehört. Also glaubst du, dass es nicht richtig ist, Leben zu nehmen ...»

«Ich glaube an Gewaltlosigkeit, wie Ghandi. Er wird von allen geachtet. Er war ein großer Hindu. Es ist verkehrt, Leben zu nehmen!»

«Jegliches Leben?» Ich merkte nicht, dass er mich in eine Falle locken wollte. Ich nickte energisch. «Alles Leben ist heilig. Das sagen die Veden.» Hilfesuchend schaute ich zu einigen Chinesen in der Gruppe, die Buddhisten waren. Sie waren ja auch meiner Überzeugung, warum gaben sie es jetzt nicht zu? Ich war in Schwierigkeiten und hoffte, sie würden mir in diesem Punkt Schützenhilfe leisten, obwohl ich in vielen andern Punkten ihr Gegner war. Im Biologieunterricht lernte ich die sieben Eigenschaften des Lebens: Atmung, Nahrungsaufnahme, Ausscheidung, Reizbarkeit, Wachstum, Vermehrung und Bewegung. Ich wusste nur allzugut, dass auch Gemüse diese Eigenschaften aufwies. Wenn ich eine Banane oder eine Mango pflückte und aß, nahm ich Leben. Ich konnte es nicht leugnen, auch Vegetarier nehmen Leben, aber ich war entschlossen, den Unterschied zwischen pflanzlichem und tierischem Leben zu verteidigen.

Mein Gegenspieler wandte sich an seine Freunde: «Wisst ihr nicht, dass sogar Gemüse die sieben Eigenschaften des Lebens aufweist?», fragte er. «Auch Vegetarier nehmen Leben.» Ich öffnete den Mund, um den Unterschied zwischen tierischem und pflanzlichem Leben darzulegen, aber jemand kam mir zuvor. «Und was geschieht, wenn er sein Teewasser kocht? Denkt doch an die Millionen von Bakterien, die er dann tötet. Kleine Tiere, ja, genau das. Und die entwickeln sich ja höher und erscheinen eines Tages als Menschen und Kühe!»

Ein allgemeines Gelächter brach aus. «Mensch, er ist ja ein Dauermörder?», schrie jemand links neben mir. «Wen wundert's, dass er so dünn ist», hetzte jemand, «immer nur Gemüse! Du brauchst Fleisch, Junge!»

«Ihr versteht das nicht», protestierte ich tapfer. Meine Wangen brannten. Ich war innerlich aufgerieben und verstört.

«Versuche nicht, den Hinduismus logisch oder wissenschaftlich zu erklären», riet mir Onkel Deonarine, als wir am gleichen Abend nach Hause fuhren. «Es ist eine Religion, etwas, woran man glaubt oder nicht glaubt. Beweisen kann man es nicht.»

«Aber Wahrheit ist Wahrheit!» Darauf beharrte ich. «Die Hindu-Schriften sind die Wahrheit!»

«Vieles ist reine Mythologie», antwortete Deonarine in gönnerhaftem Ton. «Krishna hat nie existiert, auch Rama nicht. Die Bhagavadgita und die Ramayana sind Mythen, schöne Geschichten.» Es war natürlich aussichtslos, mit Onkel Deonarine darüber zu streiten. Er hatte nie genügend Interesse für seine Religion aufgebracht, um Yoga zu praktizieren. Darum konnte er nicht verstehen, was ich wusste. Er war nicht wie ich den Göttern begegnet. Vielleicht war es sein Karma, in diesem Leben nicht zu verstehen. Er würde in weiteren Wiedergeburten Gelegenheit haben, zur Erkenntnis zu kommen.

Als ich an jenem Abend die Kuh unter den Kokospalmen hinter Gosines Hütte weidete, passte ich genau auf, wie immer, seit sie mich damals angegriffen hatte. Es war natürlich nicht recht, diesem großen Gott zu misstrauen, aber man musste auch nüchtern sein. Im Alltagsleben durfte man es mit seiner Religion einfach nicht zu genau nehmen. Aus rein praktischen Gründen hatte ich aufgehört, die Kuh anzubeten, denn man konnte nicht gleichzeitig anbeten und sich vor einem Angriff in Acht nehmen. Aber ich glaubte trotzdem noch an die Kuh als einen großen, heiligen Gott. Ich war sogar davon überzeugt, dass es einen großen Schritt aufwärts, hin zur Vereinigung mit Brahman, bedeuten würde, im nächsten Leben als Kuh geboren zu werden, falls ich in diesem Leben Moksha nicht erreichen sollte.

«Du bist ein Gott, nicht wahr?», fragte ich die Kuh in allem Ernst. Sie graste tüchtig vom satten Grün und kaute es langsam, voll tiefer Befriedigung. Es war kaum zu fassen, dass sie mich so bösartig angegriffen hatte, aber die Erinnerung daran war nicht auszutilgen.

«Natürlich bist du ein Gott. Ich weiß es. Stimmt doch, nicht wahr?» Sie schaute hoch und glotzte mich mit müden Augen an, langsam und friedlich weiterkauend. «Muuh!», verkündigte sie feierlich. «Muuh! Muuh!»

Kapitel 8

Reicher Mann, armer Mann

«Wie gelangte Nana zu seinem Reichtum?», fragte ich
Onkel Deonarine an einem Abend. Die Mutmaßungen
darüber fesselten mich und andere noch immer, aber ich
hatte Onkel Deonarine nie darüber sprechen hören. Wir
standen auf der Veranda und genossen die Aussicht
über die hell erleuchteten Häuser des Städtchens. Jede
Hindufamilie schien mit dem Nachbarn zu wetteifern,
wer zum jährlichen Divalifest am meisten Deyas aufstel-
len konnte.

«Die Pandits meinen, es seien Geister gewesen, die
ihm Gold gaben.» Deonarine zuckte verlegen die Schultern. «Natürlich hat Nana hart gearbeitet. Obwohl er ein
Kshatriya war, begann er als Bauernjunge, der für zehn
Cents am Tag Para-Gras schnitt. Irgendwie erstand er
sich von einem Chinesen einen Schuppen und stellte
Schmuck her. Eines Nachts brannte ihm der Schuppen
auf geheimnisvolle Weise ab ... und seither war er Mil-
lionär, was allerdings nur wenige außerhalb der Familie
wissen.»

Es war inzwischen Nacht geworden, was die heiligen
Lichter heller aufleuchten ließ. Welch wunderschöner
Anblick! Divali war einer meiner liebsten Feiertage. Mit
Genugtuung stellte ich fest, dass jedes Hinduheim weit
leuchtender erstrahlte als die Häuser der Christen an
Weihnachten – und nicht von elektrischen Glühbirnen,
sondern vom lebendigen Licht der ghigetränkten Doch-
te. Die Deyas flackerten auf den Fenstersimsen, Tischen,
Verandageländern und entlang der Treppen – jedes
Licht zur Ehre Lakshmis, der Göttin von Reichtum und
Wohlstand.

Mit seiner Hand auf ein besonders hell erleuchtetes

Haus zeigend, fuhr Onkel Deonarine fort: «Nana hielt jedesmal an Divali zwei Sonderpujas an Lakshmi und zwar ganz allein vor seinem großen Stahltresor. Auch andere geheimnisvolle Riten wurden in jenem Raum vollzogen, aber niemand durfte dabei sein.»

«Was meinst du, hat ihn Lakshmi so reich gemacht oder waren es die Geister?», fragte ich. Von Zeit zu Zeit durchschritt unser Familienpandit mit einer brennenden Deya jedes Zimmer unseres Hauses. Er verehrte das Haus und die Geister, besonders Nanas Geist, denn er hatte das Haus gebaut. Den Geistern waren wir gleich ergeben wie den Göttern, so dass wir manchmal Schwierigkeiten hatten, sie auseinanderzuhalten.

«Ist doch egal, wie man es nennen will! Es gibt ja nur eine Kraft im Universum.» Ich nickte mit feierlicher Miene. «Es gibt nur eine Realität – Brahman. Alles andere ist Illusion, Maya.»

Schweigend schauten wir die Lichter an. Man konnte die Gegenwart Lakshmis beinahe spüren, wissend, dass sie sehr befriedigt sein musste. Noch eine Frage brannte auf meinen Lippen. Schließlich brach ich das Schweigen.

«Es wird behauptet, dieselben Geister, die Nanas Vermögen bewachten, hätten ihn umgebracht, bevor er es ausgeben konnte. Ich verstehe das nicht. Was hältst du davon?»

Onkel Deonarine schwieg lange, während ich ungeduldig wartete. Als er schließlich antwortete, bemerkte ich ein gewisses Unbehagen in seiner Stimme. «Ich weiß nicht. Jedes Jahr an Divali denke ich wieder an Vaters Reichtum, den er so geheimnisvoll erworben und ebenso geheimnisvoll verborgen hatte ... und an seinen viel zu frühen Tod.» Er räusperte sich nervös und wollte gehen. «Ich spreche nicht gerne von diesen Dingen», fügte er noch leise über die Schulter hinzu, bevor er im Haus verschwand.

Ich blieb noch lange stehen und genoss den großartigen Anblick der vielen Lichter. Gleichzeitig versuchte ich, das Geheimnis der vielen Götter und der «Einen Realität» zu ergründen.

«Die Lichter werden Lakshmi angezündet; dazu werden ihr besondere Pujas gewidmet. Sie ist die Göttin von Reichtum und Wohlstand.» Ich erklärte einem Moslemjungen während unseres gemeinsamen Mittagessens das Divalifest. Er schien interessiert zu sein, aber wie üblich hatte sich auch eine ganze Anzahl von störenden Fragestellern um uns geschart.

«Wenn Lakshmi die Göttin des Reichtums ist, wie kommt es dann, dass die meisten Hindus so arm sind?», wollte ein langer, schwarzer Junge wissen. «Sie anzubeten ist pure Zeitverschwendung!»

«Du verstehst Karma und Reinkarnation nicht!», gab ich heftig zurück. «Ein Mensch kann in einem Leben arm sein und im nächsten wieder reich.»

«Wie viele Reinkarnationen braucht es dazu? Schau doch, die meisten Inder arbeiten auf den Zuckerrohrfeldern und leben in ärmlichen Häusern ...»

«Unsere Familie ist nicht arm!»

«Er meint die Inder ganz allgemein», half ihm ein schmaler Jüngling aus England. «Nehmen wir Indien – es ist das ärmste Land der Welt!»

«Wer sagt das?»

«Mein Vater. Er lebte dort, bevor ich geboren wurde. Es gibt dort mehr Ratten als Menschen; und diese Armut und die Seuchen!»

«Das mag stimmen, solange die Engländer noch da waren, aber seit der Unabhängigkeit hat sich alles geändert!» Eine kurze Welle der Zustimmung ging durch die Gruppe, die sich dicht um uns drängte. Trinidad kämpfte um die Freiheit vom britischen Joch, so dass Unabhängigkeit ein Schlagwort war, das jedes Patriotenherz aufflammen ließ.

«Die Menschen verhungern in Indien, während die Ratten fett werden und die Kühe an Altersschwäche sterben!», mischte sich noch jemand ein. «Das haben die Götter und die Reinkarnation in Indien fertiggebracht. Ich bin Atheist. Solche Götter, die könnten mich ...!»

«Das stimmt ja gar nicht! Meine Mutter lebt dort und sie hat uns noch nie von solchen Dingen geschrieben.»

Ich wusste, dass meine Gegner Recht hatten, aber ich wollte es nicht zugeben. Mutter mied es stets sorgfältig, in ihren Briefen die Armut in Indien zu erwähnen. Sie schilderte die Gärten, die grell gefiederten Vögel und die exotischen Tiere, die Tempel und die Feste und sie schwärmte von ihrem Guru. Aber unerwähnt blieb der Zustand des Volkes. Bücher, die ich gelesen hatte, ließen jedoch keinen Zweifel mehr zu, dass das Land meiner Religion schrecklich arm war. Sollte das die Folge sein von Jahrhunderten Yoga, besser werdendem Karma und sich aufwärtsentwickelnden Wiedergeburten zur Einheit mit Brahman? Warum scheuten sich die indischen Filme, die ich gesehen hatte, ein ehrliches Bild ihres Landes zu vermitteln? Und warum hielt ich in meinen Auseinandersetzungen mit den Schulkameraden hartnäckig an Behauptungen fest, die eindeutig falsch waren? Hatte ich Angst vor der Wahrheit? Das konnte ich nie zugeben – die Folgen wären zu schwerwiegend!

«Wie kommst du darauf, das sei die einzige Welt, die es gibt?», antwortete Gosine auf meine vorsichtige Frage, warum so viele Hindus arm und leidend seien. Während Divali ließ er die Deya in seiner Lehmhütte Tag und Nacht brennen, obwohl sein Karma Armut war. «Die Veden sagen, es gebe viele Welten. Vielleicht sind nur in dieser Welt arme Hindus. Nach einem besseren Karma wechseln sie in eine höhere Welt über.»

«Ja, aber gibt es denn hier nicht auch reiche Hindus, wie Nana und die Pandits?»

Gosine nickte ernst. «Was ich sagen will, Bhai, vielleicht wirkt das nicht bei allen gleich ... aber in anderen Welten sind vielleicht nur Reiche.»

«Schon möglich, aber in der Gita sagt Krishna, dass man wieder hierher zurückkommt, wenn man in der anderen Welt das Karma abverdient hat.»

«Es ist nicht immer leicht zu begreifen ...» Verrieten Gosines Augen einen Schimmer von Zweifel? Er fing sich schnell wieder. «Für den Yogi ist reich und arm das gleiche. Yogis wie dein Vater kommen nie mehr in diese Welt zurück. In den Upanishaden steht, dass alle Unwissenheit verschwindet, wenn man über Brahman meditiert. Dann findet man OM. Nur Yogis erreichen diese Erleuchtung.»

Indem sich Gosine auf die Vedanta bezog, hatte er wohl mein höchstes Ziel zum Ausdruck gebracht. Ein Buch über Yoga, das mir Mutter aus Indien geschickt hatte, war etwas vom Kostbarsten, das ich besaß. Es enthielt Techniken, die ich, aufbauend auf der Grundlage, die ich mir im Tempel angeeignet hatte, verwenden konnte. Krishna hatte Arjuna gelehrt, dass nichts wichtiger sei als die fleißige Übung des Yoga. Auf diesem «göttlichen Floß» gelangte man über das Meer der Unwissenheit und selbst der greulichsten Sünden hinüber in ewige Glückseligkeit. Seit ich zehn war, hatte ich neben der täglichen Meditation jede Nacht, während die andern schliefen, von zwölf bis halb zwei Uhr auf der Veranda Yoga geübt – die Stellungen, die Atemübungen und die Versenkung. Ich machte entweder Brumadhya Drishti oder Madhyama Drishti. In Verbindung mit den Atemübungen versetzten sie mich in Bewusstseinsbereiche, die in keiner Beziehung zur Umwelt standen.

Durch Yoga erfuhr ich zunehmend die Gegenwart von Geistwesen, die mich leiteten und mir psychische Kräfte verliehen. Die Götter waren real! Daran konnten alle Einwände meiner Schulkameraden nichts ändern. Manchmal war ich von diesen Erfahrungen zu aufgeregt, um noch schlafen zu können, wenn ich mich endlich wieder zu Bett legte. Wenn ich doch nur Onkel Deonarine und andere Hindus überreden könnte, Yoga und Meditation zu praktizieren, dann würden auch sie die Wahrheit über ihre Religion verstehen! Ich wollte Nirwana nicht allein erreichen, denn ein Guru ist ein Lehrer, der andere zur ewigen Glückseligkeit führt.

«Rabi! Rabi!»

Ich saß allein im Gebetsraum vor der kleinen Figur Krishnas. Tief und rhythmisch atmend versuchte ich zugleich Krishnas Lächeln nachzuahmen. Tante Revati und ich hatten uns am Morgen wieder heftig gezankt, dabei konnte ich mich nicht einmal mehr entsinnen, wie es angefangen hatte. Jetzt versuchte ich durch Meditation das Gefühl des inneren Friedens, das in letzter Zeit so trügerisch schien, wiederherzustellen. «Was ist denn, Ma?», rief ich zurück. «Jemand steht im Hof und ruft. Schau nach, wer es ist.»

Die Familie war an den Strand zum jährlichen Kartiknahanfest gegangen. Die meisten Hindus in Trinidad badeten bei dieser Gelegenheit in den Flüssen und Buchten in der Hoffnung, geistlich gereinigt zu werden. Für die Pandits gab es keinen geschäftigeren oder einträglicheren Tag als diesen. Sie eilten von einer Puja zur andern, sammelten die Geldopfer und Gaben ein und genossen das Essen, das ihnen überall serviert wurde. Dieser Tag bot großartige Gelegenheiten, sein Karma durch Bewirten von Brahmanen zu verbessern. Bereits damals stellte ich den Nutzen solcher Rituale in Frage. Nichts konnte das Karma verändern, auf alle Fälle kein Bad an Kartiknahan. Kaum trocken, kehrten viele dieser Hindus zurück, um gleich wieder Fleisch zu essen und ihre Frauen zu prügeln. Diese Feste hatten gewiss ihre Berechtigung, aber wie Krishna gesagt hatte, war dem Yogi alles andere bedeutungslos; so hatte ich meine kostbare Zeit für etwas Besseres gegeben.

«In Ordnung, Ma», rief ich zurück. Schweren Herzens wickelte ich Krishna in das geheiligte Tuch und legte ihn beiseite. Als ich die Veranda betrat, hörte ich jemanden am Vordereingang anklopfen. Ich lehnte mich über das Geländer und sah unten einen älteren, indischen Bettler zu mir hochblicken.

«Was willst du?», fragte ich ihn.

«Roti, Baba», antwortete er mit bittend ausgestreckter Hand. Wollte er mich ehren, als er «Baba» sagte oder sich einfach als armer Mann beim Reichen einschmeicheln?

«Also komm herauf! Mal sehen, was ich finde.» Betteln war eine ehrenhafte Sache.

Er schüttelte den Kopf und zeigte auf seine nackten Füße. «Das schaff ich nicht, dort hoch zu kommen.»

«Also gut, dann komm anders rum durch die Hintertür.» Ich zeigte ihm den Weg.

Er sah aus wie ein Unberührbarer mit sehr dunkler Haut. Ich wollte ihm eigentlich gar nicht nahekommen – für einen Brahmanen ist das verunreinigend. Aber als ich den alten Bettler beobachtete, wie er sich mühsam auf seinen Stock stützend voranschleppte, hinkend und stolpernd, hatte ich Mitleid mit ihm. Auch er war ein Mensch. Das einzugestehen, gab mir ein gutes Gefühl. Ich eilte die Hintertreppe hinab und öffnete das Tor. Ich grüßte ihn mit einem warmen Lächeln und führte ihn in den kleinen, offenen Hof unter der Küche.

«Setz dich hier hin», sagte ich und wies ihm einen Stuhl an einem Tisch. Er schaute mich mit großen, runden Augen kalt und ohne zu blinzeln an. Mit einem Stöhnen plumpste er auf den Stuhl. Am Wasser, das ich ihm zum Waschen der Hände hingestellt hatte, schien er nicht interessiert. «Ich hole etwas zu essen für dich», sagte ich freundlich.

Als ich die Küche durchsuchte, entdeckte ich einige Reste vom Frühstück: Dünnes, fladenartiges Roti und etwas gekochten Spinat mit scharfen Gewürzen, genannt Bhaji. Ich stellte ihm das Essen hin und setzte mich, um ihn voller Interesse zu beobachten. Er war einer jener

107

heiligen Wanderbettler, die jeglichen Besitz aufgegeben haben. Die meisten hatten ohnehin wenig aufzugeben. Sein langes, graues Haar war ungekämmt und steif vor Schmutz und in seinem wilden Bart klebten noch Überreste von vor kurzem erbettelten Mahlzeiten. Sein ehemals weißes Dhoti war inzwischen grau und ausgefranst und vorne voller Kleckse von verschiedenen Soßen und Currys. Ich musste meinen Stuhl weiter wegrücken; sein Geruch war mir unerträglich! Und doch fühlte ich zunehmendes Mitleid für diesen ekelerregenden Burschen. Solch tugendhaftes Verhalten verbesserte bestimmt mein Karma.

«Bist du heute weit gereist?», wollte ich von ihm wissen, um ein Gespräch in Gang zu bringen.

Unverdrossen gierig weiterkauend antwortete er mir nur mit einem finsteren Blick. Stück für Stück riss er vom Roti ab und schaufelte sich damit tüchtig vom Bhaji in den Mund. Er genoss offensichtlich jeden einzelnen Bissen. Ich war überzeugt, dass ich zu viel hingestellt hatte – aber er aß den Teller blank. Er kippte noch ein großes Glas Wasser hinunter, lehnte sich, während er mich anglotzte, auf dem Stuhl zurück und rülpste laut. Schließlich wischte er sich mit einem Zipfel vom Dhoti den Mund, wodurch sein Gewand zu den alten noch einen weiteren Farbfleck bekam.

«Abort!», knurrte er plötzlich, wobei seine Augen verzweifelt um sich schauten, als hätte er es eilig. Ich stand auf, um ihm zu helfen. Er packte mich an der Schulter und zog sich vom Stuhl hoch. Halb auf mich und halb auf den Stock gestützt schlurfte er den Weg zu der Latrine, die wir für solche Fälle im Hinterhof stehen hatten. Als er sich unbeholfen hineingeschafft hatte, befahl er mir zu warten. Gleich konnte ich ihn «Ai, ja! Ajja!» stöhnen hören. Es klang verzweifelt.

«Äää, was willst du?», fragte ich unsicher.

«Komm, hilf!»

Zögernd öffnete ich die Tür. Er konnte sich nicht vom Sitz erheben. Jene kalten Augen schienen mich zu verlachen. Bemüht, den Atem anzuhalten, lehnte ich mich über ihn, fasste ihn unter den Armen und zog mit aller Kraft, während er laut ächzte, aber wenig half. Endlich stand er wieder unsicher auf den Füßen und tastete nach seinem Stock. Er schien nicht sprechen zu können. Durch Zeichen und Grunzer begriff ich, dass er sich nicht so tief bücken konnte. Befangen beugte ich mich über sein Dhoti und zog es hinauf. Längst konnte ich den Atem nicht mehr anhalten, so dass ich trotz des grässlichen Geruchs tief atmen musste. Der Mann hatte bestimmt seit Monaten nicht mehr gebadet! Aber er war ein Mensch, und darum wollte ich ihm trotz seiner Unfreundlichkeit und seines kalten Blickes helfen. Damit bewies ich, dass ich gar nicht selbstsüchtig und auch kein Drückeberger war, wie Tante Revati immer behauptete. Ich fühlte mich so gut wie schon lange nicht mehr, da ich all diese Unannehmlichkeiten auf mich nahm.

Ich zeigte ihm den Wasserhahn, um die Hände zu waschen, aber danach schien er gar nicht zu fragen. Er grunzte nur empört. Dabei flammten seine Augen zornig auf. Ich hätte es eigentlich merken müssen, dass dieser Zorn die ganze Zeit unter der Oberfläche geschwelt hatte. Er versetzte mir einen Stoß und schlurfte wie ein verwundetes Tier hinkend und auf seinen Stock gestützt zum Tor.

Ich kam ihm zuvor und hielt ihm das Tor auf. Er humpelte an mir vorbei, drehte sich um und spuckte mir vor die Füße. Der bisher fast Stumme spie mit einem Mal eine wahre Sturzflut im schmutzigsten Englisch und Hindi heraus: Er hasste mich, weil ich besaß, was er aufgegeben hatte. Hasste er mich, weil er dachte, ich sei reich und er arm? Ich war verstört ... und platt. Nicht einmal ein «Dankeschön» für den erwiesenen Dienst?

Mechanisch schloss ich das Tor und ging, um mich sofort gründlich zu waschen. Dann stieg ich wie benebelt die Treppen zur Veranda hoch. Erschüttert wie ich war, kehrte ich nicht mehr zur Gebetskammer zurück. Krishnas seliges Lächeln war vergessen. Ich sank in meinem Zimmer mit hängendem Kopf aufs Bett. Der Bettler hatte Recht: Armut war geistlicher, denn Reichtümer gehören zu der Illusion der Unwissenheit. Warum aber konnte dann Lakshmi die Göttin des Reichtums und des Wohlstandes sein, wenn Besitztum böse oder nur Maya war? Warum hatte sie Nana mit Millionen belohnt? Und wo war dieses Gold jetzt? Waren etwa die Götter selbst, gleich allen Tempeln, die man zu ihrer Ehre errichtet hatte, nichts als Teil einer großen Illusion?

Als die Familie munter und fröhlich von ihrem seelenreinigenden Ausflug an den Strand zurückkehrte, saß ich immer noch auf dem Bett. Den Kopf in meine Hände gestützt versuchte ich mit all den Fragen fertig zu werden, die dieser alptraumartige Besuch hinterlassen hatte.

Kapitel 9

Der unbekannte Gott

Als ich mein zweites Schuljahr am Queen's Royal College abgeschlossen hatte, verbrachte ich wie üblich mehrere Wochen auf dem Gut meiner Tante Sumitra in Guara Cara, im Zentralgebirge. Ich besuchte diese Familie immer gerne, denn sie behandelten mich wie einen Fürsten. Es gab nichts, das Tante Sumitra nicht für mich getan hätte. Ihr Gatte war ein gewissenhafter und strebsamer Mann, zugleich aber auch ein schwerer Trinker. Er beaufsichtigte die große Kakaoplantage und den familieneigenen Steinbruch. Sharma, ihr Sohn, war ein Jahr älter als ich. Während der Schulzeit hatte er bei uns gewohnt und wir waren die besten Freunde geworden.

Ich war zwar immer gerne bei meinen acht Cousinen und Vettern, doch liebte ich nichts so sehr wie die Schönheit und Stille der Berge. Es war eine Wohltat, vom pausenlosen Lärm der Musikautomaten, Motorräder und Autohupen wegzukommen, die mir in Port of Spain so oft die Ruhe raubten. Wie ich mich an der Natur erfreute! Mein tiefes Bewusstsein der Einheit mit dem Universum weckte in mir ein mystisches Gefühl der Wesensgleichheit mit allem Lebendigen: mit den grell leuchtenden Blumen, der unendlichen Vielfalt zwitschernder Vögel, den glitzernden Blättern im Urwald nach einem Gewitterregen. Ich war alles und zugleich jedes dieser Tiere, welche die Wildbahn bevölkerten. Jedes existierte als einer meiner vielen Leiber und ich war ihr höheres Bewusstsein. Die langen Spaziergänge, die mich täglich in dieses Paradies um das Gutshaus führten, schufen in mir ein äußerstes Hochgefühl. Ich war Brahman, und dies war meine Welt, geschaffen durch meine Gedanken.

Nach der langen, heißen Autofahrt machte ich mich

111

auch diesmal zu einem erholsamen Spaziergang auf. Bald gelangte ich tief im Dschungel an einen vorstehenden Felsen. Ich schaute herab auf einen Wald von rosafarbenen Immortellen, die im Tal unter mir ihre Kronen gleich einem königlichen Baldachin über den Kakaobäumen ausbreiteten. Jenseits der Kakaoplantage schwankten hohe, schlanke Bambusbäume im Wind. Weit dahinter dehnten sich die wogenden Zuckerrohrfelder aus. Einem grünen Teppich gleich, schienen sie in weiter Ferne mit der blauen See zusammenzustoßen. Hinter mir flatterten zwitschernd und schimpfend Papageien, Kiskadees, Sittiche, Corn Birds (Kornvögel) und andere farbenprächtige Vögel in den Baumkronen hin und her. Es war mir, als sänge das ganze Universum das gleiche Lied. Jedes Atom im kleinsten Bakterium bis zur größten Sonne und zum entferntesten Stern war ein Ausfluss derselben Quelle. Alle waren ein Teil derselben großen Wirklichkeit. Ich war mit allem eins – wir waren alle Ausdruck Brahmans. Die Natur war mein Gott und mein Freund. Ich geriet in Ekstase vor Freude über diese allumfassende Bruderschaft aller Dinge und Wesen.

Das «OM namah Ahivaya» singend – man durfte natürlich nie seine Pflicht gegenüber dem Zerstörer vernachlässigen – drehte ich eine skorpionartige Orchidee zwischen meinen Fingern. Dabei bewunderte ich ihre bleiche, zarte Musterung und die unglaubliche Tiefe ihrer Farbe, die eine Tür in andere Welten öffnete. Durch ein vielsagendes, rasselndes Geräusch hinter mir im Unterholz erschreckt, drehte ich mich ruckartig um. Zu meinem Entsetzen sah ich eine große, dicke Schlange, die mich mit gläsernen Augen fixierte und direkt auf mich zukroch. Ich war wie hypnotisiert, gelähmt, unfähig mich zu bewegen. Es gab keinen Fluchtweg – hinter mir der abstürzende Fels und vor mir die Schlange. Obwohl das hässliche Reptil nicht den breiten Kopf der Kobra hatte, glich es doch der Schlange, die Shiva stets um seinen

Nacken trug. Auch fühlte ich seine Gegenwart wie bei den Begegnungen, die ich während der Meditation mit ihm hatte, als ich in einer fremden Welt ihm zu Füßen saß und seine Kobra mich drohend anfauchte und die Zunge hervorschnellen ließ. Meine Lage glich einer zuvorbestimmten Erfüllung dieser Visionen. Diesmal würde ich dem Zerstörer nicht entkommen.

Die Schlange war schon so nahe, dass ich sie hätte berühren können. Da hob sie ihren keilförmigen Kopf übers Gras und begann rückwärts zum Schlagen auszuholen. In jenem Augenblick starren Schreckens vernahm ich, gleichsam aus weit zurückliegender Vergangenheit, Mutters Stimme längst vergessene Worte wiederholen: «Rabi, wenn du je in wirklicher Gefahr sein solltest und nichts anderes hilft, dann gibt es noch einen Gott, zu dem du beten kannst. Sein Name ist Jesus.»

«Jesus, hilf!», versuchte ich zu schreien, aber der verzweifelte Ruf kam nur erstickt und kaum hörbar über meine Lippen.

Ich war fassungslos, als die Schlange plötzlich ihren Kopf sinken ließ, sich abdrehte und schnell ins Unterholz zurückkroch. Mit zitternden Beinen machte ich einen weiten Bogen um die Stelle, wo die Schlange verschwunden war und taumelte durch den dichten Urwald zum Pfad zurück, der zum Haus führte. Noch immer atemlos und bebend, aber voller Dankbarkeit gegenüber diesem wundersamen Gott, berichtete ich meinem Vetter Sharma von dem Abenteuer. Allerdings wagte ich ihm nichts von dem Gott Jesus zu sagen.

Meine Gedanken kreisten noch lange um die Frage, wer dieser Jesus eigentlich sei. Ich kannte seinen Namen von den Weihnachtsliedern im Radio und so nahm ich an, dass er ein Christengott sein müsse. Warum nur hörte ich in der christlich geführten Primarschule nie etwas von diesem Jesus? Ich wusste wenig über den christlichen Glauben.

Tagelang dachte ich über dieses Erlebnis nach. Jesus war ein mächtiger, wundersamer Gott. Wie schnell er geantwortet hatte! Aber was für ein Gott war er? Der Gott des Schutzes vielleicht? Warum hatte mir Mutter – oder der Swami im Tempel – nicht mehr von ihm gesagt? Auch Gosine konnte mir meine Frage nicht beantworten.

Kapitel 10

«Und das bist du!»

Während meines dritten Jahres am College ging ich durch einen tiefer werdenden Konflikt. In meinem Innersten wusste ich, dass Gott Schöpfer ist. Das widersprach der Auffassung, die mich der Hinduismus gelehrt hatte, nämlich, dass Gott alles sei, Schöpfer und Schöpfung zugleich. Ich wurde zwischen diesen Auffassungen hin- und hergerissen. Was ich in der Meditation erlebte, entsprach den vedischen Lehren über Brahman, aber die alltäglichen Lebenserfahrungen schienen dem zu widersprechen. In der Trance des Yoga fühlte ich das Einssein mit dem ganzen Universum. Ich war in keiner Weise verschieden von einem Käfer, einer Kuh oder einem fernen Stern. Wir alle waren wesensgleich. Alles war Brahman und Brahman war alles. «Und das bist du!», sagten die Veden. Das bedeutet, dass Brahman mein wahres Ich sei, der Gott in mir, den ich vor einem Spiegel sitzend anbetete.

Es war schwierig, nach stundenlanger Trance das Alltagsleben wieder zu meistern, denn der Widerstreit zwischen diesen zwei Welten schien unlösbar. Die höheren Bewusstseinsstufen, die ich in der Meditation erklomm, brachten mich angeblich der wahren Wirklichkeit immer näher; und doch musste ich mich mit meiner alltäglichen Welt auseinandersetzen. Da waren Freuden und Leiden, Lust und Schmerz, Geburt und Tod, Ängste und Zweifel oder die bitteren Auseinandersetzungen mit Tante Revati, die unlösbaren Fragen meiner Klassenkameraden am Queen's Royal College mit ihren heiligen Männern, die stanken und fluchten und die Brahmacharyas, die sich verliebten. Das war die Welt, mit der ich es zu tun hatte.

Ich konnte sie nicht einfach als Illusion abtun, es sei

denn, dass ich Wahnsinn wahre Erleuchtung nennen wollte. Meine Religion war theoretisch wunderbar, aber ich hatte ernsthafte Schwierigkeiten, sie im Alltagsleben anzuwenden.

Der Kampf gegen meine inneren Visionen drehte sich nicht allein um meine fünf Sinne. Es war ebenso eine Sache der Vernunft. Der eigentliche Konflikt bestand in den zwei gegensätzlichen Gottesauffassungen: War alles Seiende Gott – oder konnte er einen Felsen oder einen Menschen schaffen, ohne dass er selbst Bestandteil davon war? Wenn es nur eine Wirklichkeit gab, dann war Brahman sowohl Gut als auch Böse, Liebe und Hass, Leben und Tod. Das ließ aber alles sinnlos werden, alles Leben wäre absurd. Es war nicht einfach, den gesunden Menschenverstand beizubehalten und zugleich die Auffassung zu vertreten, dass Gut und Böse, Liebe und Hass, Leben und Tod eine Wirklichkeit seien. Falls Gut und Böse dasselbe wäre, dann wäre auch jedes Karma dasselbe und alles wäre egal. Wozu also alle religiösen Anstrengungen? Es schien vernunftwidrig. Gosine erinnerte mich jedoch daran, dass man sich auf die Vernunft nicht verlassen dürfe, denn auch sie sei der Illusion unterworfen.

Wenn die Vernunft auch Maya war, wie die Veden lehrten, dann durfte ich überhaupt keiner Auffassung trauen, auch der Vorstellung nicht, dass alles Maya und nur Brahman wirklich sei. Wie konnte ich dann sicher sein, dass die Glückseligkeit, die ich suchte, nicht auch eine Illusion war? Ich durfte ja meiner Wahrnehmung und Vernunft nicht trauen. Um die Lehren meiner Religion anzunehmen, musste ich die Vernunft leugnen. Und was war mit den andern Religionen? Wenn alles eins war, dann waren sie ja alle gleich. Ich war verwirrt.

Meine einzige Hoffnung war Yoga. Krishna hatte in der Gita verheißen, alle Unwissenheit werde durch die Erkenntnis, dass ich Gott bin, vertrieben. Es gab Zeiten, da war ich von dieser inneren Vision geblendet und restlos begeistert. Ich glaubte mich so nahe an der Selbstverwirklichung, dass ich mir einredete, Gott zu sein. Trotzdem war ich diesen inneren Konflikt nie los geworden, diese Stimme, die mich vor Selbstbetrug warnte. Ich hatte gegen diese letzten Überbleibsel der ursprünglichen Unwissenheit angekämpft und zuweilen auch geahnt, dass ich nahe daran war, diese Illusion zu überwinden, wie Vater es getan hatte. Aber ich hatte es nie ganz geschafft, die Kluft, die mich und die ganze Schöpfung vom Schöpfer trennte, zu überbrücken.

Ich begann an den Schöpfer als den wahren Gott zu denken, im Gegensatz zu den vielen Hindugöttern, denen ich in der Trance begegnete. Zunehmend wurde mir der Unterschied bewusst. Die Hindugötter flößten mir Furcht und Schrecken ein, dagegen war ich innerlich gewiss, dass der wahre Gott liebevoll und gütig sei. Von keinem der Hindugötter hatte ich den Eindruck, dass ich ihm vertrauen könnte. Da war keiner, der mich liebte. Mein Hunger nach dem Schöpfer wuchs, aber ich kannte keine Mantras an ihn. Zudem hatte ich das quälende Gefühl, mein Jagen nach der Selbstverwirklichung bringe mich ihm überhaupt nicht näher, sondern vergrößere die Kluft. Es machte mir auch sehr zu schaffen, dass der Friede, den ich in der Meditation erreichte, im Alltagsleben nie lange anhielt, besonders wenn ich Tante Revati in die Quere kam.

«Rabi Maharaj! Wo bist du gewesen?», tadelte sie mich wieder in zänkischem Ton – wie immer, wenn sie sich in letzter Zeit an mich wandte. «Ich hatte dich gebeten, die Treppe zu fegen!» Sie stand in der Küchentüre, gerade als ich nach zwei Stunden Meditation aus dem Gebetsraum kam. Das glückselige Gefühl inneren Friedens, das ich in dieser kurzen Zeit der Einsamkeit genossen hatte, wurde durch diese Stimme zerschlagen. «Ich komme ja schon! Du brauchst mich gar nicht anzuschreien!»

«Sonst hörst du ja nichts. Du lebst ja immer in einer andern Welt.» «Lieber dort, als in deiner Welt!», brummte ich vor mich hin, doch gerade laut genug, dass sie es hören konnte.

«Pass auf, was du sagst!»

«Danke, gleichfalls!», schoss ich zurück, doch diesmal so, dass sie es nicht hören konnte.

Draußen die Treppe fegen, dachte ich vor mich hin, Herr des Universums, der du Brahman bist! In der Meditation scheint das alles so wirklich, aber mit dem Besen in der Hand ...?

«Hallo Rabi! Wir gehen nach dem Essen zum Strand. Kommst du mit?» Mein Vetter Krishna, mit dem ich mich auch nicht besonders vertrug – er hing zu sehr an seiner Mutter – schrubbte die Stühle und den Tisch im Hinterhof, wo ich mehrere Wochen zuvor den Bettler bewirtet hatte. Mit dem Besen auf der Schulter schlenderte ich müßig zu ihm hinüber.

«Vielleicht», antwortete ich tonlos, «falls ihre königliche Majestät nicht verlangt, dass ich das Dach auch noch fege.»

«Pass auf dein loses Mundwerk auf, verstanden!» Tante Revati war die Treppe herabgekommen, um meine Arbeit zu überprüfen und hatte sich leise neben mich gestellt. «Du gehst besser hin und fegst die Treppe noch einmal – alles ist noch voll von schwarzem Staub.»

«Ich kann dem Wind nicht verbieten, den Staub zurückzuwehen!», gab ich zornig zurück. Ein leichter Wind trug das feine Pulver von der nahen Zuckerfabrik zurück auf die Treppe, sobald ich sie gefegt hatte. Ich konnte wirklich nichts dafür. Warum ließ sie mich denn nie in Ruhe?

«Du Faulpelz!», tadelte sie weiter. «Genau wie dein Vater!» Wie mein Vater? Ich stieß einen gequälten Schrei aus, der mich selbst erschreckte. So durfte niemand über ihn reden! Jahre schwelenden Hasses brachen jetzt wie ein Vulkan aus. Mein Blick fiel auf die Hantel, mit der Nana geübt hatte. Sie lag am üblichen Ort, nur einen Schritt von mir entfernt. Blind vor Wut bückte ich mich ... und als ich mich aufrichtete, hatte ich die Hantel wie einen Kricketschläger an einem Ende aufgehoben. Ich holte weit nach hinten aus und zielte auf Revatis Kopf. Da warf sich Krishna mit einem verzweifelten Satz in meine Arme. Der Bann war gebrochen, meine übermenschliche Kraft verließ mich und die Hantel schlug mit solcher Wucht auf den Boden, dass sie tiefe Risse hinterließ.

Mir war, als sei ich eine Ewigkeit dagestanden und hätte in Tante Revatis aschfahles Gesicht gestarrt. Ihr Mund war halb geöffnet, mit einem lautlosen Schrei auf den Lippen erstarrt. Meine Augen flogen zur Hantel, die sich in den Boden eingegraben hatte, dann zu Krishna, der schwer atmend und mit vor Schreck geweiteten Augen hinter mir stand und wieder zurück zu meiner völlig benommenen Tante. Laut schluchzend rannte ich die Treppe hoch. In meinem Zimmer schlug ich die Tür zu und schloss hinter mir ab. Ich fiel aufs Bett, leise vor mich hinweinend. Ich konnte nicht fassen, was geschehen war.

Meine Welt war zusammengebrochen. Nie mehr würde ich meiner Tante oder einem andern Menschen in die Augen schauen können.

Ich glaubte an Gewaltlosigkeit und hatte sie meinen jungen Freunden wie ein Ghandi gepredigt. Selbst war ich der strengste Vegetarier, weil mir alles Leben heilig war.

Sorgfältig achtete ich darauf, nie eine Ameise oder einen Käfer zu zertreten. Wie konnte ich nur meine Hand gegen einen Menschen, ja sogar gegen die Schwester meiner Mutter, erheben? Und wie hatte ich es fertiggebracht, jene schweren Gewichte wie eine Keule über meinem Kopf zu schwingen?

Nach Mitternacht, als jedermann schlief, hätte ich auf der Veranda sitzen und die Glückseligkeit durch Yoga suchen sollen – nicht aber diese Nacht! Ich schlich leise aus meinem Zimmer durch die Küche und die Treppe hinunter in den Hinterhof. In der Dunkelheit tastete ich mich an den Wänden entlang, bis ich auf die Hantel stieß. Sie lag da, wo ich sie fallen ließ. Ich wollte ganz sicher sein. Mich bückend fasste ich die Hantel mit beiden Händen und versuchte sie mit ganzer Kraft hochzustemmen. Trotz aller Anstrengung gelang es mir nicht, sie auch nur einen Zentimeter vom Boden zu heben. Mit einem krampfartigen Schluchzen wandte ich mich wieder zur Treppe.

Zurück im Zimmer fiel ich wieder auf mein Bett und weinte ins Kissen hinein. Woher war diese unglaubliche Kraft gekommen, mit der ich diese Eisengewichte wie eine Feder aufgehoben hatte? Zorn allein, auch der wildeste, brachte das nicht fertig. Hatte einer der Geister, denen ich in der Meditation begegnete, von mir Besitz ergriffen? Wer es auch gewesen sein mochte, es war eine böse Macht, welche die Hantel gehoben hatte, daran zweifelte ich nicht. Aber ich hatte doch nach der Vereinigung mit Brahman getrachtet! War er also doch gut und böse, Tod und Leben? War das jetzt die Antwort? War das mein wahres Ich – dieses bösartige, machtvolle Wesen, das für einen kurzen Augenblick den frommen Anstrich der Religion hatte fallen lassen? Nein! Das durfte nicht wahr sein! Ich war entsetzt. Wie konnte ich wissen, ob diese böse Macht nicht wieder von mir Besitz ergreifen würde – und mit noch tragischeren Folgen?

Die Frage quälte mich. Wer waren diese Götter, denen ich durch Nyasa, Yoga und Meditation Einlass gewährt hatte? Waren sie gut oder böse oder beides? Oder war alles Maya und ich ein Wahnsinniger, der dahinter noch einen Sinn zu finden suchte? Trotz aller Überredungskünste blieb ich mehrere Tage ohne zu essen und zu trinken in meinem Zimmer. Und als ich mich der Welt wieder stellte, jener Welt, die angeblich nicht war und mir dennoch so zu schaffen machte, konnte ich ihr kaum in die Augen schauen. Ich sprach kaum mit jemandem. Tante Revati ging ich aus dem Weg. Sie gab mir auch keine Befehle zu Hausarbeiten mehr. Selbst meine morgendlichen Besuche bei Ma waren kurz und gespannt.

Schließlich geschah doch, was ich gehofft hatte: Die Zeit verhüllte auch diese entsetzliche Phase meines Lebens hinter dem wohltuend entschärfenden Schleier der Ferne. Noch immer versuchten Tante Revati und ich uns zu meiden, doch immerhin konnte ich, wenn es die Umstände forderten, das Nötige in einigermaßen freundlichem Ton sagen. Auch ihr konnte man keinen Groll mehr anmerken – äußerlich wenigstens nicht. Was mich am längsten belastete war, mich selbst zu überzeugen, dass ich Brahman sei ... und eine tiefe, unlösbare Ungewissheit darüber, wer oder was Brahman und die vielen Götter, die ich anbetete, in Wirklichkeit waren. Und wer war ich?

In meinem Trachten nach Selbstverwirklichung erlitt ich einen schweren Rückschlag.

Kapitel 11

Guru Puja

«Es gibt zu viele Heuchler! Die ganze Zeit reden sie von Selbstverwirklichung ... und dabei werden sie immer selbstsüchtiger!» Ich blieb vor Mas Zimmer stehen. Onkel Deonarines zornige Worte, die man von ihm nicht gewohnt war, schockierten mich. So hatte ich ihn in meiner Gegenwart nie gehört. Meinte er etwa mich?

«Es gibt viele gute Pandits», antwortete Ma ruhig. «Denk nur an Baba!»

«Woher weiß ich, ob er nicht auch ein Heuchler ist? Alle machen ein Geschäft aus der Religion – nichts machen sie kostenlos. Nichts!» Der Zorn in seiner Stimme schnitt mich wie ein Messer. Ich hatte nicht geahnt, dass er so tiefe Abscheu hegte. Warum bat er mich wohl, seinen Wagen zu segnen, und warum bestand er auf Bezahlung für diesen Dienst?

«Du wirst als Lehrer auch bezahlt. Warum sollten die Pandits gratis arbeiten?»

«Aber einige Pandits sind viel zu reich! Sie verdienen solche Mengen und das meiste stammt von den Armen. Wie viele Glückspujas werden nicht für eine Lotterie verrichtet und wie viele sind wirklich Gewinner? Die Pandits wissen genau, dass nicht alle gewinnen können, aber das Geld nehmen sie doch von allen! Wenn es nicht im Namen der Religion geschähe, würde man diese Heuchler wegen Betrug ins Gefängnis stecken!»

«Und was ist mit den armen Pandits?», fragte Ma. «Die Leute rufen sie um Pujas, und sie kommen.»

«Klar, das ist schließlich ihr Geschäft. Und wenn dann die meisten Leute nicht gewinnen – wie das bei Lotterien nun einmal so ist – sagen die Pandits, das sei eben ihr Karma, noch eine alte Schuld aus ihrer letzten Janma.

Wenn du dich auf Babas Pujas verlässt, dann sind deine Chancen, in den Himmel zu kommen, gleich groß, wie in der nächsten Lotterie zu gewinnen!»

«Psch! Du sprichst zu laut. Jemand könnte dich hören.» «Die ganze Welt sollte mich vielleicht hören», antwortete er etwas ruhiger.

Von diesem Angriff meines Onkels auf das Herz meiner Religion erschüttert, schlich ich auf den Zehen wieder weg. Ich hatte gedacht, Onkel Deonarine beginne sich dem Hinduismus wieder mehr zu öffnen, denn mir gegenüber hatte er noch nie solche Andeutungen gemacht. Er versuchte allzu logisch zu sein, beging also genau den Fehler, vor dem er mich gewarnt hatte. Man durfte aus der Religion einfach keine Wissenschaft machen. Könnte ich ihn doch nur überreden, mit täglichen Meditationsübungen zu beginnen! Das wäre der einzige Ausweg. Krishna hatte natürlich Recht: Wenn man wirklich Yoga übt, dann zählt alles andere nicht.

Auf dem Schulweg an jenem Morgen ging Onkel Deonarine jedoch völlig auf in einem utopischen Geschwätz über die wunderwirkende Umwälzung, die ein fortschrittliches Schulsystem in Trinidad auslösen würde. Das war die Art Erleuchtung, an die er glaubte. Es war mir völlig unmöglich, das Gesprächsthema auf Yoga zu lenken. Klarer als je zuvor wurde mir deutlich, dass wir in zwei völlig verschiedenen Welten lebten. Er war bestrebt, mit Problemen in einer Welt fertig zu werden, die ich als Maya abtat – Probleme, welche gemäß den Veden nur gelöst werden konnten, indem man sie leugnete und als reine Illusion behandelte. Begeistert befürwortete er die Bildung der Massen in den westlichen Wissenschaften. Technologie pries er als den einzigen Weg Trinidads zum Wohlstand, wenn einmal die Unabhängigkeit erreicht wäre. Wie konnte ich mit einem solchen Menschen über die innere Erleuchtung sprechen, die der Guru erreichen musste, um sie dann seinen Nachfolgern weiterzugeben? An jenem Morgen meinte ich unter den Spannungen zusammenzubrechen. Ich lebte zwischen zwei Welten – der Meditation und dem Alltag. Ich wusste nicht, wie ich meinen inneren Konflikt Onkel Deonarine hätte mitteilen können – so hörte ich einfach ruhig zu und dachte über seine Worte nach.

In den Schulstunden konnte ich meinen tiefen seelischen Kampf beinahe vergessen. Äußerlich betrachtet war ich recht glücklich in der Schule. Ich hatte jetzt eine ganze Reihe von Freunden. Auch versuchte mich niemand mehr mit schwierigen religiösen Fragen blosszustellen. Wie jeder andere Trinidader spielte ich gerne Kricket und Fußball und machte begeistert bei den täglichen Spielen mit, obwohl ich bei diesen Kämpfen mit «Nicht-Hindus» in körperliche Berührung kam. Nach den Veden haben diese Menschen gar kein Existenzrecht und sind noch geringer als die Unberührbaren. Natürlich kriegte ich von meinen Kameraden auch Kratzer und Prellungen ab, wie das bei herzhaftem Sport stets der Fall ist. Eines Nachmittags aber geschah etwas Unerwartetes. Bei einem Fußballspiel jagte ich gerade hinter dem Ball her, als mich ein jäher, rasender Schmerz in meinem Unterleib überfiel. Zusammengekrümmt lag ich auf dem Rasen. Sofort scharten sich Lehrer und Klassenkameraden um mich.

«Niemand hat ihn getreten, warum fiel er plötzlich hin? Was ist los?», fragte jemand. Ich konnte nur mit Stöhnen antworten. «Bringt ihn in den Schatten!», befahl der Lehrer. In ein Meer von Schmerzen gebadet, fühlte ich Hände, die mich aufhoben. Dann wurde alles schwarz.

Die Fahrt in Onkel Deonarines Wagen glich einem Alptraum. Im Sprechzimmer des Arztes verlor ich jedes Gefühl für Zeit. Bevor die Stimmen um mich her untergingen, hörte ich den Arzt sagen: «Noch wenige Minuten und der Blinddarm wäre geplatzt.» Stunden später erwachte ich ohne Blinddarm unter sauberen, weißen Laken in einem Spitalzimmer. Der Schmerz war noch immer da, aber er pulsierte jetzt in einem sanfteren Rhythmus.

«Du hattest Glück, Rabi!», rief Onkel Deonarine sichtlich erleichtert, als er mich am folgenden Tag besuchte. «Der Arzt meinte, du seiest gerade noch davongekommen.»

Nach drei Tagen ging es mir schon so viel besser, dass ich selbständig auf die Toilette gehen konnte. Als ich die Badezimmertür öffnete, um ins Bett zurückzukehren, schoss plötzlich ein stechender Schmerz durch meine rechte Seite. Alles begann sich wie verrückt zu drehen und dunkler zu werden. Gegen die Bewusstlosigkeit ankämpfend fuchtelte ich verzweifelt nach dem Türgriff, aber ich konnte ihn nicht finden. Die blasse Erinnerung an eine Waldlichtung bei einem Felsabsprung und etwas, das mir Mutter vor Jahren beigebracht hatte, kam mir wieder zurück.

«Jesus, hilf mir!», schrie ich.

Da fühlte ich eine Hand um meinen Arm, die mich stützte, obwohl ich wusste, dass niemand im Badezimmer war. Die Dunkelheit schwand, das Zimmer stand wieder still und ich sah klar. Jeglicher Schmerz war verschwunden, dafür durchströmte mich ein Gefühl des Wohlbefindens und der Kraft.

Lange lag ich bewegungslos im Bett und versuchte zu begreifen, was geschehen war. Ich konnte es kaum glauben und doch war es geschehen. Eine eigenartige Stille war im Zimmer eingezogen. Ich sank in tiefen Schlaf. Als ich erwachte, merkte ich, dass jemand neben mich ein kleines christliches Traktat auf den Tisch gelegt hatte. Es war das erste Traktat, das ich je gesehen hatte. Der Verfasser hieß Oswald J. Smith und es handelte von einem jungen Mann, der ein Nachfolger von Christus geworden war. Es beeindruckte mich tief, doch war mein Kopf von der Welt des Hinduismus so angefüllt, dass ich es nicht verstand.

Bald hatte ich Jesus wieder vergessen. Ich musste schon so vielen Göttern die gebührende Ehre erweisen, dass ein weiterer in der Liste nur noch eine Belastung gewesen wäre. Es war schon schwer genug zu entscheiden, welchen Gott ich am meisten anbeten sollte. Ich fürchtete sie alle, aber ich teilte meist meine Aufmerksamkeit zwischen Shiva und Krishna.

Jeden Abend nach der Schule zog ich mich in die Gebetskammer, mein Heiligtum, zurück. Genau um 18 Uhr entzündete ich feierlich und ergriffen, fast als ob ich Leben erschaffen würde, die heilige Deya-Flamme auf der zweiten Stufe in der Mitte des Altars. Bevor ich mich auf den Boden in Lotusstellung hinsetzte, vollführte ich mein Arti: Ich läutete eine kleine Glocke mit der linken Hand. In der rechten balancierte ich einen großen Bronzeteller mit der Deya in der Mitte und frischen Blumen darum her. Dreimal ließ ich ihn im Uhrzeigersinn um jede Gottheit kreisen, während ich das betreffende Mantra hersagte. Eines Abends ereignete sich etwas Entsetzliches: Gerade als ich vor Shiva die Arti vollzog, stieß ich aus Versehen Krishna mit dem Ellbogen vom Altar!

Entsetzt hob ich die kleine Bronzefigur schnell wieder auf. Sie sanft streichelnd stellte ich bestürzt fest, dass der Sturz Krishnas Arm und Flöte verbogen hatte. Lähmender Schrecken durchströmte mich. Ich drückte Krishna an meine Brust, um zu zeigen, dass es mir so leid tat. Doch ich wusste, dass keine Entschuldigung angenommen werden konnte. Vergebung war unmöglich; das unabänderliche Gesetz Karmas verbot sie. Womit ich für dieses gemeine Verbrechen im nächsten – oder vielleicht schon in diesem – Leben büßen würde, wagte ich mir nicht auszudenken. Die Strafe würde schwer sein, das stand fest. Und doch – wenn diese kleine Bronzefigur solch große Macht besaß, warum fiel sie dann so leicht zu Boden? Angesichts der offenkundigen Hilflosigkeit dieser kleinen Götzen schien meine kriecherische Angst vor ihnen absurd.

Trotz aller unbeantworteten Fragen und meiner inneren Konflikte jagte ich jede wache Minute, die ich nicht in der Schule oder hinter den Schulbüchern saß, meinen religiösen Zielen nach. Meine einzige Hoffnung war, dass meine beständige Treue belohnt würde, seit mir die Selbstverwirklichung mehr Traum als echte Hoffnung geworden war. Ich meditierte so viel wie eh und je und erlebte noch immer himmlische Musik, psychedelische Farben, Astralreisen und Heimsuchungen von Geistern.

Aber das Bewusstsein, das mich jahrelang begeistert hatte, Brahman, Herr des Universums, der große Geist in den vielen Körpern zu sein, wollte mir jetzt nicht mehr aufleuchten. Moksha schien mir im gegenwärtigen Leben ein unerreichbares Ziel. Ich befürchtete, dass ich bis dahin noch viele Reinkarnationen benötigen würde. Warum musste die Zukunft so ungewiss sein?

Ich bewunderte Vaters Errungenschaften mit größerer Ehrfurcht als je. Er muss wahrlich ein Avatara gewesen sein. Ich war offensichtlich keiner. Darum war ich entschlossen, ein großer Guru zu werden, was ich in den Augen vieler bereits war. Aber in diesem Leben würde ich Nirwana noch nicht erreichen. Meine andere Hoffnung, als Kuh, das heiligste aller Geschöpfe, wiedergeboren zu werden, hatte sich auch zerschlagen. Nichts war gewiss. Allerdings ließ ich niemanden meine Zweifel wissen. Ich schien nach außen meiner Religion so sicher wie immer zu sein, auch wuchs mein Ansehen unter den Hindus weiterhin.

Am Ende meines dritten Jahres an der Mittelschule luden Tante Revati und Ma eine große Anzahl von Nachbarn und Verwandten zu einer Puja in unser Haus ein. Die Gäste kamen, verneigten sich ehrerbietig vor mir und priesen dann gegenseitig die Größe meines Vaters. Ihre Bemerkungen über mich, die ich hörte, bestätigten die Bewunderung, die ich in ihren Augen las: Ich war ein Yogi, der unserem Städtchen zu Ruhm und Ansehen verhel-

fen würde, ein Guru, der eines Tages Scharen von Nachfolgern um sich versammeln würde. Im Genuss der Anbetung vergaß ich meine inneren Konflikte völlig. Obwohl
ich erst knapp fünfzehn war, hatte ich eine Stufe unter
Hindus erreicht, um die mich viele Pandits beneideten.

Ich war froh, dass ich nicht zu den Heuchlern zählte,
die Onkel Deonarine so verachtete.

Unser Baba, Pandit Jankhi Prasad Sharma Maharaj,
mein geistlicher Ratgeber und größtes Vorbild, der aner-
kannte Hinduführer von ganz Trinidad, leitete die ausgeklügelte Zeremonie und ich war sein stolzer Helfer! Es
war ein großer Anlass für mich.

Mit einem prächtigen Kranz duftender Blumen stand
ich neben dem Altar, um nach der Zeremonie die Gäste
zu grüßen. Eine Nachbarin legte ein Geldstück nach dem
andern vor meine Füße und verneigte sich, um meinen
Segen zu empfangen – den Shakti Pat, den jeder Verehrer seiner übernatürlichen Wirkung wegen begehrte. Ich
kannte sie als eine arme Witwe, die für ihre langen Stunden harter Arbeit erbärmlich wenig verdiente.

Die Opfer, die ich bei einer Zeremonie einheimste,
überstiegen bei weitem ihren ganzen Monatslohn. Die
Götter hatten dieses System, den Brahmanen zu geben,
festgelegt; und die Veden lehrten, dass der Geber reich
gesegnet werde. Also bestand kein Grund, sich irgendwie schuldig zu fühlen. Da stiegen Onkel Deonarines
gehässige Worte wieder lebendig in mir auf: «Alle machen sie ein Geschäft daraus, nichts ist kostenlos ...
hauptsächlich von den Armen!» Beklommen blickte ich
auf ihr bescheidenes Geldopfer.

Ich konnte ihr natürlich als Entgelt viel mehr geben.
Als ich die Hand ausstreckte, um ihr meinen Segen zu
verabreichen, hielt ich erschreckt inne. Ich vernahm eine
Stimme, die sprach: «Rabi, du bist nicht Gott!» Mein Arm
erstarrte auf halbem Weg. «Du ... bist ... nicht ... Gott!» Die
Worte trafen mich wie Peitschenhiebe.

129

Instinktiv wusste ich, dass der wahre Gott, der Schöpfer der Welt, diese Worte gesprochen hatte. Ich begann zu beben. Es war Betrug, offene Irreführung, vorzugeben, diese Frau zu segnen. Ich zog meine Hand zurück, obwohl mir peinlich bewusst war, dass viele Augen verwundert das Geschehen verfolgten. Ich spürte, dass ich eigentlich dem wahren Gott zu Füßen fallen und ihn um Vergebung bitten müsste – aber wie könnte ich das all den Leuten erklären? Ich drehte mich ruckartig um und drängte mich durch die Menge, während mir jene arme Frau entsetzt nachstarrte. In meinem Zimmer riss ich den Blumenkranz vom Hals und schmiss ihn auf den Boden. Dann stürzte ich mich schluchzend aufs Bett.

Ma hatte mich verschwinden sehen und mir mitleidig nachgeblickt, obwohl ich von ihr bestimmt kein Mitleid verdiente. Seit beinahe einem Monat hatte ich nicht mehr mit ihr gesprochen. In ihrer liebenswürdigen Art hatte sie mich äußerst behutsam wegen eines lauten Streites mit Revati zurechtgewiesen. Dennoch hatte ich Mas ernsthafte Bitte, mich zu entschuldigen, zurückgewiesen. Stattdessen war ich aus ihrem Zimmer gerast und hatte gebrüllt, ich würde nie mehr mit ihr sprechen. Sie hatte eine Cousine nach der andern mit Früchten und anderen Geschenken zu mir geschickt und mich um Aussöhnung angefleht, aber ich hatte jedes Angebot verächtlich abgewiesen. Diese bittere Erinnerung plagte mich jetzt, als ich unter der Rüge des wahren Gottes zerschlagen und im Gewissen gepeinigt am Boden lag. Ich hatte es gewagt, die Anbetung entgegenzunehmen, die nur ihm zustand. Meine ganze stolze Welt brach zusammen.

Ich wollte diesem Gott sagen, dass mir so vieles leid tat: die Art und Weise, in der ich meine Tante und Nanee und noch viele andere behandelt hatte, und am allermeisten, dass ich Anbetung von Menschen annahm, die nur er verdiente. Wie sollte ich mich nur an ihn wenden?

Bestimmt durfte ich keine Vergebung erwarten: Das Gesetz von Karma würde mir nach meinem Verdienst vergelten. Meine nächste Reinkarnation würde nach einem solchen Verbrechen natürlich eine Katastrophe sein. Tausende von Wiedergeburten könnten nötig sein, bis ich wieder die Brahmanenkaste erreichte oder gar Millionen. Wer vermochte den mühseligen Pfad zu ermessen, auf dem ich nach einem so tiefen Fall wieder aufsteigen müsste?

So schrecklich die Zukunft sich präsentierte, der Gegenwart in die Augen zu schauen, war noch qualvoller. Nie wieder konnte ich die Anbetung von Menschen annehmen und doch wurde es von mir erwartet. Wie könnte ich dem aus dem Wege gehen? Würde ich jemals den Mut aufbringen, jenen, die mich aufs Podest erhoben hatten, zu bekennen, dass ich ein Dieb sei, der dem die Ehre gestohlen hatte, der allein Herr über uns alle ist? Ich sah keine Möglichkeit, mein Zimmer je wieder zu verlassen, um der Hindugemeinde gegenüberzutreten. Wer würde meinen Erklärungen Glauben schenken, dass kein Mensch Gott ist und deshalb der Anbetung würdig wäre? Und wie könnte ich ihnen die erbärmliche Wahrheit über mich selbst sagen? Die Schande wäre zu groß. Doch war es mir unmöglich, weiter in dieser Lüge zu leben. Es schien sich nur ein Weg zu öffnen – Selbstmord. Wieder und wieder kam ich zu diesem furchtbaren Schluss. War dies der einzige Ausweg? Wie das mein nächstes Leben beeinflussen würde, wagte ich nur zu erraten. Doch die Angst vor der Gegenwart war noch größer. Tagelang blieb ich in meinem Zimmer, ohne zu essen und zu trinken. Rastlos und händeringend schritt ich auf und ab und fiel dann erschöpft aufs Bett, um einige Augenblicke einzuschlafen. Darauf nahm ich meine Wanderung im Zimmer wieder auf oder setzte mich auf die Bettkante. Den Kopf in die Hände gestützt weinte ich und wünschte voll Selbstmitleid, ich wäre nie zur Welt gekommen. So viel war in meinem Leben schief gegangen. Ich hatte nie die liebevolle Fürsorge der Eltern genossen. Mein Vater hatte nie mit mir gesprochen und war gestorben, als ich ein Kind war. Seit acht Jahren hatte ich meine Mutter nicht mehr gesehen. Auch meine Großeltern hatte ich verloren, alle außer Nanee. Und ich war einst stolz über mein gutes Karma gewesen! Warum musste es so schlecht sein? Es war ungerecht, mich für vergangene Leben zu bestrafen, aus denen ich keine einzige Erinnerung besaß – obwohl ich das manchmal behauptet hatte.

In diesen langen, einsamen Stunden dachte ich so weit zurück in meinem Leben, wie meine Erinnerung reichte. Ich wunderte mich über meine Blindheit. Wie konnte man nur glauben, eine Kuh, eine Schlange oder ich selbst sei Gott? Wie hätte die Schöpfung sich selbst schaffen können? Wie könnten alle Dinge vom gleichen göttlichen Wesen sein? Das leugnete ja den grundlegenden Unterschied zwischen einer Person und einem Gegenstand. Mir war klar, dass dieser Unterschied bestand, wenngleich Krishna und die Veden etwas anderes lehrten. War ich gleichen Wesens mit dem Zuckerrohr, dann bestand auch kein wesenhafter Unterschied zwischen dem Zuckerrohr und mir – und das wäre unsinnig. Diese Einheit aller Dinge, die ich in der Meditation erlebt hatte, erschien mir nun völlig lächerlich. Nichts als Stolz hatte mich verblendet. Ich wollte so sehr Herr des Universums sein, dass ich bereit gewesen war, eine offensichtliche Lüge zu glauben. Kann man sich größere Bosheit vorstellen? Das war Heuchelei von der übelsten Sorte!

Ich, der ich mich einst an der Grenze der Selbstverwirklichung wähnte, kroch jetzt tagelang in düsterster Selbstverwerfung dahin. Ich dachte an all die Zigaretten, die ich gestohlen hatte, an die Lügen, den Stolz, den Egoismus, meinen Hass gegen Tante Revati und andere. Wie oft hatte ich gewünscht, sie wäre tot. Gleichzeitig predigte ich Gewaltlosigkeit! Auf keiner gerechten Waage würden meine guten Taten die schlechten wieder aufheben. Ich erschauderte beim Gedanken an die Reinkarnation, da ich gewiss war, dass mein Karma mich an die unterste Sprosse der Leiter stürzen würde. Wenn ich nur den wahren Gott finden könnte! Ich würde ihm sagen, wie leid mir alles tat – allein, was wäre damit erreicht, da Karma doch nicht geändert werden kann? Oder wer weiß, vielleicht würde er gnädig sein?

Jetzt hatte ich Angst vor den Astralreisen und den Heimsuchungen der Geister, über die ich einst innerlich gejubelt hatte. Aber ich kannte keinen anderen Weg zu Gott als durch Yoga. Meine Religion, meine Unterweisung, meine Erfahrungen in der Meditation – sie alle hatten mich gelehrt, dass ich die Wahrheit nur durch Suchen in mir selbst finden könnte. Also versuchte ich es noch einmal. Aber anstatt Gott zu finden, entdeckte ich mehr Bosheit, so dass ich die völlige Verderbtheit meines Herzens nur noch klarer erkannte. Mein Elend wuchs, bis das Gefühl meiner Schuld und Schande zu einer schier unerträglichen Last geworden war.

Würde ich diesen Gott nicht bald finden, bliebe als einziger Ausweg nur Selbstmord, wie schwerwiegend sich eine so feige Handlung auch auf meine Zukunft auswirken mochte. Doch ein Leben ohne den wahren Gott war sinnlos. Dennoch hatte ich Angst vor Selbstmord. Mein nächstes Leben könnte ja ärger sein als das gegenwärtige. Also musste ich in der Gegenwart eine Lösung finden.

Am fünften Tag badete ich, aß ein wenig zum Frühstück und kehrte wieder zurück auf mein Zimmer, ohne mit jemandem zu sprechen. Erstmals ließ ich die Tür offen. Ich hoffte, die Familie würde diese Geste verstehen, diesen Schritt zur Versöhnung, der zwar vorsichtig und schwach war, aber gerade das beste, was ein sehr stolzer und selbstgerechter Mensch ohne Hilfe fertigbrachte.

Kapitel 12

Karma und Gnade

«Rabi, jemand möchte mit dir reden.» Shanti stand in meinem Zimmer. Ich hatte sie gar nicht kommen hören.

«Wer ist es?»

«Eine Schulfreundin von mir.»

Ein junges Mädchen von etwa achzehn Jahren saß im Wohnzimmer und wartete auf mich. Zögernd blieb ich unter der Tür stehen und schaute sie etwas kritisch an. Als sie mich sah, erhob sie sich sofort mit einem herzlichen Lächeln. Sie hat wohl noch nichts vom Leben begriffen, sonst wäre sie nicht so glücklich, dachte ich.

«Hallo Rabi, ich heiße Molli», begrüßte sie mich mit warmer Stimme. «Ich habe viel von dir gehört und wollte schon lange mit dir sprechen.»

«So, worüber denn?», fragte ich. «Setz dich», fügte ich ungeduldig hinzu und ließ mich ihr gegenüber am Tisch nieder. Mir fehlte die Zeit, was wollte sie nur? Und warum war Shanti nicht bei ihr geblieben? Sie war anscheinend in die Küche gegangen. Molli lachte gemütlich über meinen ärgerlichen Gesichtsausdruck. «Ich habe gehört, wie religiös du bist, darum wollte ich dich kennen lernen.»

Sie stellte einige Fragen über mich und wollte außerdem wissen, ob ich in der Religion Erfüllung finde. Ich versuchte meine Leere hinter vielen gelehrten Worten zu verbergen. Ich log, dass ich sehr glücklich und dass meine Religion die Wahrheit sei. Geduldig hörte sie meinen großspurigen und manchmal hochnäsigen Ausführungen zu.

Ohne zu widersprechen oder zu diskutieren, stellte sie mit freundlichen Fragen meine Leere bloß. Schließlich wollte sie wissen: «Verfolgst du mit deiner Religion ein bestimmtes Ziel?»

«Ja, ich will zu Gott gelangen!»

«Kennst du ihn?»

«Ja!», log ich wiederum, bemüht, meine Unsicherheit zu verbergen. Ich wusste um seine Existenz. Allerdings besaß ich kein Bild von ihm, wusste von keinem Mantra an ihn, noch war ich ihm durch Yoga begegnet. «Bist du auch ein religiöser Hindu?», wollte ich nun wissen, um die Aufmerksamkeit von meiner eigenen Person abzulenken. Sie betete bestimmt die Götter fleißig an, dass sie einen solchen Frieden hatte.

«Das war ich früher, aber jetzt bin ich Christ.»

«Was bist du?» Ich war schockiert.

«Christ. Ich habe entdeckt, dass man Gott kennen und ihm nahen kann durch Jesus Christus.»

«Ich komme durch meine eigene Religion zu Gott!», rief ich heftig aus, obwohl ich zutiefst wusste, dass ich log. Ja, ich hatte sogar festgestellt, dass jeder Schritt näher zu den Hindugöttern uns weiter wegführt vom wahren Gott. Aber das würde ich nie zugeben – am allerwenigsten einer Christin! Es war nicht der Name «Jesus Christus» der mich ärgerte, sondern das Wörtchen «Christ», und dass sie es geworden war. Die Christen essen meinen Gott, die Kuh. Zudem führten die Christen, die ich kannte, einen solchen Lebenswandel, dass ich mit ihrer Religion nichts zu tun haben wollte.

Ich stand auf, um sie zu verabschieden. Es war sinnlos, das Gespräch weiterzuführen. Da sagte sie ganz leise: «Die Bibel lehrt, dass Gott ein Gott der Liebe ist. Ich möchte dir gerne erzählen, wie ich zu ihm fand.» Ich war platt. Noch nie in meinem ganzen Leben hatte ich als Hindu von einem Gott der Liebe gehört. Voller Verwunderung hörte ich zu.

«Weil er uns liebt, will er uns zu sich ziehen.» Das machte mich noch stutziger. Als Hindu wollte ich durch eigene Anstrengung zu Gott gelangen und Molli erklärte mir, dass Gott in seiner Liebe mich zu sich ziehen will!

«Die Bibel lehrt nicht nur, dass die Sünde uns hindert, Gott zu nahen, sondern auch ihn überhaupt zu erkennen. Darum sandte Gott Jesus Christus, um für unsere Sünden zu sterben. Wenn wir seine Vergebung annehmen, können wir ihn erkennen.» «Halt!», unterbrach ich sie. Wollte sie mich bekehren? «Ich glaube an Karma. Was du säst, musst du ernten, daran kann nichts geändert werden. Ich glaube nicht an Vergebung. Das ist unmöglich. Was geschehen ist, ist geschehen!»

«Aber Gott kann alles», versicherte Molli. «Er hat uns einen Weg zur Vergebung bereitet. Jesus sagt: 'Ich bin der Weg, die Wahrheit und das Leben; niemand kommt zum Vater als nur durch mich.' Jesus ist der Weg. Weil er für unsere Sünden starb, kann Gott uns vergeben!»

Das konnte ich nicht glauben! Früher bestand ich darauf, dass der Hinduismus der einzige Weg sei, aber jetzt behauptete ich, dass alle Wege ans gleiche Ziel führen, alles Handeln des Menschen, auch des religionslosen, ihn durch Karma und Reinkarnation schließlich zu Krishna bringen würde. So lehrte es die Gita. War es vielleicht weniger dogmatisch zu behaupten, Krishna sei das einzige Ziel, als zu sagen, Christus sei der einzige Weg? Und war es Krishna, den ich wirklich suchte? Nein. Zutiefst in meinem Herzen war ich überzeugt, dass er nicht der lebendige Gott sei, den ich suchte. Aber ich war viel zu stolz, um das einzugestehen. So ereiferte ich mich weiter für die vielen widersprüchlichen Grundsätze des Hinduismus. Ich wollte mein Gesicht nicht verlieren. Trotz ihrer Geduld – oder vielleicht gerade deswegen – verlor ich die Fassung, hob die Stimme und gestikulierte zornig. Ich ließ mich doch nicht von diesem Mädchen kleinkriegen! Aber sie war so ruhig, ihrer Beziehung zu Gott so gewiss, dass ich schließlich ihr Geheimnis wissen wollte.

«Warum bist du so glücklich?», fragte ich sie unerwartet. «Du meditierst sicher viel!»

«Früher schon», antwortete Molli, «aber jetzt nicht

mehr. Seit Jesus der Herr meines Lebens geworden ist, hat er mich völlig verändert. Er hat mir einen Frieden und eine Freude gegeben, die ich früher nie gekannt habe.» Dann schaute sie mir in die Augen und sagte: «Rabi, du siehst nicht glücklich aus.»

Ich schaute mich hastig um. In der Küche hörte man Geschirr klappern. Da gestand ich ihr mit leiser Stimme: «Du hast Recht, ich bin nicht glücklich. Ich wünsche mir deine Freude.» Hatte ich das gesagt? Immer dachte ich, dieses Geheimnis könne ich niemandem anvertrauen, nicht einmal Ma – und siehe da, einer Fremden hatte ich es anvertraut. Aber wie sollte sie mir helfen können? Ich brauchte mehr als Freude. Ich brauchte Gott! «Freude kannst du nicht machen», belehrte mich Molli. «Wenn kein echter Grund dazu besteht, wird sie auch nie echt und dauernd sein. Ich freue mich, weil meine Sünden vergeben sind. Das hat mein ganzes Leben verändert.»

Molli war so entspannt und sprach mit ruhiger Zuversicht. Wie anders war meine Haltung dagegen! Ich konnte nie dieses Vertrauen zu meinen Hindugöttern aufbringen, das sie zu diesem Gott Jesus hatte. Sie sprach von ihm wie von einem persönlichen Freund.

Wir unterhielten uns einige Stunden und merkten nicht, wie die Zeit verstrich. Ich diskutierte heftig, verlor oft die Fassung und wurde laut. Sie ließ sich dadurch nicht stören, sondern blieb ruhig und fest. Hartnäckig führte ich immer wieder die Hindugötter ins Feld und versuchte mit den Philosophien der alten Seher aufzutrumpfen. Aber ich hatte keine Argumente gegen das, was sie war. Ich wollte ihren Frieden und ihre Freude, aber um keinen Preis würde ich etwas von meiner Religion aufgeben! Sie hatte zwar nichts gesagt, aber ich verstand, dass alles, wofür ich als Hindu bisher gelebt hatte, sinnlos wäre, wenn ich glaubte, dass Jesus Gott sei, dass er für mich gestorben war und er meine Sünden vergeben konnte.

«Ich muss jetzt gehen», sagte sie schließlich und stand auf. Auch ich erhob mich hastig, um ihr zu beteuern, dass sie mich nicht überzeugt habe. Ihr Besuch war eine Beleidigung! Ich, ein Brahmane, hatte mich herabgelassen, mit einer Abtrünnigen zu sprechen – und sie hatte sich noch erkühnt, mich, einen Yogi, zum Christentum bekehren zu wollen!

«Ich hasse die Christen!», rief ich laut und zornig, dass man es in der Küche auch hören konnte. «Nie werde ich Christ – selbst auf meinem Totenbett nicht! Ich wurde als Hindu geboren, und ich werde als Hindu sterben!» Sie schaute mich voll Mitgefühl an. «Bevor du heute Abend ins Bett gehst, Rabi, geh bitte auf deine Knie und bitte Gott, dass er dir die Wahrheit zeigen möge. Ich werde für dich beten!» Sie winkte und weg war sie.

Durch die offene Tür sah ich die Sonne über der Bucht tiefer sinken. Bald würde sie hinter Punta Penas an der Nordspitze Venezuelas verschwinden und die Nacht würde hereinbrechen. Ich schaute auf meine Hände und stellte fest, dass sie zur Faust geballt waren. Die Fingernägel hatten sich tief in die Handflächen eingegraben.

Wieder allein in meinem Zimmer begann ich auf und ab zu gehen, während ein Kampf zwischen zwei Herren in mir tobte. Solch heftigen Konflikt hatte ich noch nie erlebt. Es schien um eine Entscheidung zwischen Leben und Tod zu gehen. Die beiden Mächte rissen mich hin und her. Während des Gesprächs mit Molli war ich die Überzeugung nicht mehr los geworden, dass der wahre Gott heilig und rein sein muß. Wie könnte er mit mir etwas zu tun haben wollen? Zu gut kannte ich inzwischen mein finsteres Herz. Ich musste mir endlich eingestehen, dass alle heiligen Waschungen und Pujas daran nichts änderten.

«Friede und Freude kommen durch Christus, wenn man ihn kennt.»

«Hör auf mit Jesus!», unterbrach ich sie ungeduldig.

«Er ist nur einer der vielen Millionen Götter und zudem ist er ein Gott der Christen. Ich will den wahren Gott kennen lernen, den Schöpfer des Universums!» «Genau das ist Jesus. Darum konnte er für deine Sünden sterben – nur Gott konnte die Schuld bezahlen.»

Hatte Molli etwa doch Recht? War Jesus wirklich für meine Sünden gestorben, um mir zu vergeben und mich zu reinigen? Dadurch würde die Gemeinschaft mit dem Schöpfer möglich. Ich wollte es gerne glauben – aber Jesus war ein Gott der Christen und ich würde niemals Christ werden. Meine Familie würde das nie verstehen und akzeptieren. Allerdings war das Leben, wenn alles beim Alten blieb, auch nicht auszuhalten. Ich hatte um die Selbstverwirklichung gerungen, in mich geschaut, um zu erkennen, dass ich Gott sei und dabei nur erkannt, wie hoffnungslos verloren ich war.

«Die ganze Zeit reden sie von Selbstverwirklichung ... dabei werden sie immer selbstsüchtiger!» Onkel Deonarines Worte ließen mir keine Ruhe. Er hatte damit die entsetzliche Wahrheit ausgesprochen! Es verwunderte mich nicht, dass Ajah in der Enttäuschung über den Hinduismus keinen anderen Ausweg gesehen hatte, als zur Flasche zu greifen. Ich hatte das nie glauben wollen, aber jetzt verstand ich es. Nur noch die Angst vor dem Ungewissen hielt mich vom Selbstmord zurück.

Molli hatte fest behauptet, dass Gott mich liebe und dass sie seine Liebe erfahren habe. Ich beneidete sie darum – hasste sie aber, weil sie Christ geworden war. Mein Stolz verlangte, dass ich alles, was sie gesagt hatte, abwies. Aber ich war jetzt zu verzweifelt, um mein Gesicht um jeden Preis zu wahren. Ich fiel vor meinem Bett auf die Knie. Damit kam ich Mollis Bitte nach. Betete sie etwa gerade in diesem Augenblick für mich?

«Gott, wahrer Gott und Schöpfer, bitte, zeige mir die Wahrheit! Bitte, Gott!» Ich brachte es nicht ohne weiteres über die Lippen, aber es war meine letzte Hoffnung. Etwas in mir riss durch, wie ein hoher Bambus, der im Sturm geknickt wird. Zum ersten Mal in meinem Leben war ich sicher, dass ich gebetet hatte und durchgedrungen war – und zwar nicht zu einer unpersönlichen Kraft, sondern zum wahren Gott, der lebt und liebt. Zu müde, um noch etwas zu denken, kroch ich ins Bett und schlief unmittelbar darauf ein. Mein letzter Gedanke war, dass er mein Gebet gehört habe und auch beantworten werde.

Kapitel 13

Erleuchtung!

«Hallo, Rabi!», rief Krishna, als er in die Küche kam, wo ich mich mit einer meiner jüngeren Tanten unterhalten hatte. Sein Auftreten und sein Gesichtsausdruck waren so anders. Er schien erfreut, mich gefunden zu haben. «Hast du gewusst, dass eine Wiedergeburt nötig ist, um in den Himmel zu kommen?», fragte er.

Ich wollte schon antworten: Natürlich. Ich werde als Kuh wiedergeboren werden. Das ist mein Himmel! Als ich aber Krishnas ernste Miene sah, schluckte ich meinen Spott hinunter. «Warum fragst du mich das?», wollte ich skeptisch wissen. Mir fiel ein kleines, schwarzes Buch in seiner Hand auf. Er begann darin zu blättern, als suche er etwas.

«Es steht in der Bibel. Warte, ich zeig es dir.» Er blätterte langsam weiter, wie einer, der Neuland auskundschaftet. «... Markus ... Lukas ... Johannes. Da haben wir's, im dritten Kapitel. Hör gut zu! 'Jesus antwortete und sprach zu ihm: Wahrlich, wahrlich, ich sage dir: Es sei denn, dass jemand von neuem geboren werde, so kann er das Reich Gottes nicht sehen.' Was denkst du darüber?»

Was sollte ich davon halten? War das etwa derselbe Jesus, von dem mir Mutter vor Jahren erzählt hatte, und derselbe, von dem Molli behauptete, er sei der wahre Gott, der für unsere Sünden gestorben sei? Es musste der gleiche sein!

«Zeig mal her!», antwortete ich aufgeregt. Krishna hielt mir das Büchlein hin. Während ich las, begriff ich endlich, wonach ich in den drei Wochen seit Mollis Besuch vergeblich gesucht hatte. Meine ganze Welt war auseinandergefallen und jetzt schien alles wieder ins Lot zu kommen. «Von neuem geboren werden!»

143

Das war es, was ich brauchte. Ich hatte begriffen, was Jesus meinte. Er sprach nicht von Reinkarnation, sondern von einer geistlichen Geburt, die Nikodemus von innen verändern würde, anstatt ihm einen neuen Körper zu geben.

Jetzt war ich wirklich begeistert. Warum hatte ich das früher nie erkannt? Was nützen tausend physische Geburten? In der Reinkarnation würde ich einen neuen Leib bekommen, aber nicht das benötigte ich. Eine bessere leibliche Geburt als die jetzige könnte ich mir nicht wünschen. Ich war in die höchste Hindukaste hineingeboren worden, in eine reiche Familie, Sohn eines Yogi, und ich hatte alle Vorzüge der Bildung und religiösen Unterweisung genossen – und doch nichts erreicht! Es war Wahnsinn zu glauben, dass ich mich durch weitere Geburten in neuen Körpern verbessern würde!

Jede Silvesternacht fasste ich wie jedermann meine guten Vorsätze fürs nächste Jahr. Zuoberst auf der Liste stand immer das Rauchen. Mein Husten war noch ärger geworden, aber ich konnte mit meiner Sucht nicht brechen. Jeden Januar begann ich mit dem Vorsatz, es dieses Jahr besser zu machen. Aber schon am 2. Januar war alles beim Alten. Es dauerte nie lange, bis mein unbeherrschtes Gemüt wieder explodierte – oft gerade, nachdem ich stundenlang in tiefer Meditation versunken Frieden gesucht hatte. Mit mir stimmte etwas nicht. Daran würde ein neuer Körper auch nichts ändern.

Wie herrlich, wenn Gott mir vergeben könnte, aber nur Vergebung befriedigte mich nicht, ich sehnte mich nach mehr. Seit ich Gott darum gebeten hatte, mir die Wahrheit zu zeigen, hatte ich mich mehr und mehr in einem völlig neuen Licht gesehen. Die ganze Welt hatte sich stets nur um mich gedreht. Von allen verlangte ich, dass sie sich meinen Wünschen anpassten. Dabei wollte ich wie ein Gott behandelt und verehrt werden. Ich war ein verwöhnter kleiner Tyrann, aber nicht Gott! Ich würde es auch nie werden! Es war eine große Erleichterung, das einzugestehen. Ich wollte nicht mehr Gott sein. Aber ich wollte neu werden. Wenn Christus mich nicht völlig verändern konnte, dann scherte ich mich auch nicht um seine Vergebung.

Früher hatte ich durch mystische Erlebnisse dem Alltagsleben zu entfliehen gesucht, dieser Welt, die der Hinduismus Maya – eine Illusion – nennt. Jetzt sehnte ich mich nach der Kraft, das Leben zu meistern, das Leben zu führen, das Gott für mich geplant hatte. Ich sehnte mich nach einer Veränderung meines ganzen Wesens, und nicht nur nach einem Gefühl des oberflächlichen Friedens, das mich im nächsten Augenblick in einem Zornausbruch wieder im Stich ließ: Das hatte ich in der Meditation zur Genüge erlebt. Ich musste von neuem geboren werden und zwar nicht leiblich, sondern geistlich.

Das Gesprächsthema beim Abendbrot drehte sich um einen Brief von Onkel Lari aus Montreal, Kanada, wo er an der McGill Universität Philosophie studierte. Er hatte damals die Mittelschule mit den besten Zensuren in ganz Trinidad abgeschlossen. Jetzt waren wir gespannt zu erfahren, wie es ihm an der Uni ergangen war.

Von Lari wechselte das Gespräch auf Krishnas Zukunft über. Onkel Deonarine riet ihm, den gleichen Weg wie Lari einzuschlagen. Vielleicht könnte er sogar ein Stipendium für ein Studium an der Universität London bekommen. Ich war von meinen eigenen Gedanken zu sehr beansprucht, um mich noch am Familiengespräch beteiligen zu können. Ich musste ihnen etwas sagen und suchte nach den passenden Worten. In weniger als einer Woche würde mein fünfzehnter Geburtstag sein, der geeignetste Tag, um den lebendigen Gott zu bitten, mein Leben zu verändern.

Man begann schon vom Tisch aufzustehen, während ich noch nach Worten rang. Deonarine und Krishna wollten eben Ma ins Wohnzimmer tragen. Jetzt war der geeignete Zeitpunkt, doch die Angst schnürte mir die Kehle zu. Nun, ich wollte ihnen jetzt noch nicht alles sagen – noch nicht.

«Ma!»

«Ja, Rabi?» Sie schaute mich erwartungsvoll an. War das endlich ein erster Schritt zur Aussöhnung? Wurde ich langsam weich? Wenn sie wüsste, wie sehr ich es wünschte.

«Ich will an meinem Geburtstag keine Feier haben.»

«Rabi!», protestierte Shanti, «das ist doch nicht dein Ernst?»

«Warum denn nicht?», fragte Ma freundlich. «Du weißt, wie wir alle uns das ganze Jahr auf deinen Geburtstag freuen.» In ihren Augen las ich Liebe und Verständnis. Sie dachte bestimmt, mein Wunsch rühre von dem Problem zwischen uns beiden her.

«Es ist nicht so, wie du denkst», antwortete ich, «ich will dieses Jahr einfach anders sein.» Damit war die Sache beendet. Mein Wort war Gesetz in allen religiösen und zeremoniellen Angelegenheiten.

Die wenigen Tage bis zu meinem Geburtstag schlichen nur langsam vorbei. An meinem Fest kam ich nicht einmal in die Nähe der Gebetskammer. Die Familie muss sich darüber gewundert haben, doch wagte ich ihnen keine Erklärung abzugeben. Ich hatte nämlich vor, Jesus in mein Leben aufzunehmen, um wiedergeboren zu werden. Etwas Großartigeres könnte man sich für einen Geburtstag nicht vorstellen.

Es blieb aber beim Vorsatz. Ich fand nicht den Mut, ihn zu verwirklichen. Denn, was würde Mutter denken, wenn ich Christ werden würde? Und die Pandits, die mich ermutigt und unterwiesen hatten, oder die Hindus, die mich angebetet und beschenkt hatten, im Vertrauen, ich würde ihnen den Weg zu höheren Reinkarnationen weisen? Ich durfte sie doch nicht einfach verraten. Und was würde Gosine sagen? Und die vielen Nachbarn, die mich als Vorbild für ihre Kinder hinstellten?

Christus als meinen Herrn und Retter annehmen, würde mich alles kosten: meinen Stand als Brahmane, mein Ansehen als junger Yogi, die Segnungen der Hindugötter, das Wohlwollen meiner Familie. Ich wäre unweigerlich ein Ausgestoßener der Hindugemeinschaft, niedriger als der Niedrigste. Und, falls Jesus Sünden nicht vergeben und mein Leben doch nicht verändern konnte, was dann? Angenommen, ich würde Gott durch ihn nicht erkennen? Ich durfte nicht so viel riskieren, wenn ich nicht ganz sicher war.

Und so kam und ging mein Geburtstag und noch immer hatte ich mein Herz Jesus nicht geöffnet. Als ich am Abend einschlief, war mir elender als je zuvor.

Kapitel 14

Der Tod eines Guru

«Namahste, namahste, Yogi Rabindra Maharaj!»

Ich schaute von meinem Buch auf – «Warum ich kein Christ bin» von Bertrand Russel – als sich die lange, magere Gestalt von Bhaju Radhaj Govinda vor mir verneigte, um dann die Hintertreppe hoch ins Haus zu eilen. Ich war froh, dass er die Veranda auf der ich saß, nur durchs Haus erreichen konnte. Dort würde er bestimmt mit Ma oder Tante Revati in ein Gespräch verwickelt werden und mich gar nicht mehr erreichen. Govinda vom nahen Kali Bay war ein guter Freund der Familie, der uns oft besuchte und sich am liebsten mit mir über den Hinduismus unterhielt. Aber dazu war ich heute gar nicht aufgelegt.

Mit seinem langen, weißen Haar und Bart war der alte Herr in seinem Saffran-Dhoti das Urbild des Hinduheiligen und er spielte seine Rolle mit entsprechender Theatralik bis zum äußersten – obwohl er auch ein ernsthafter Hindu war. Ich grüßte zurück und beobachtete schmunzelnd, wie er die Treppe hochstieg und bei jedem Tritt seinen eindrücklichen Stock, den er mehr der Wirkung wegen als aus Notwendigkeit benutzte, auf den Stein schlug. Wie üblich sang er aus voller Kehle, als er im Haus verschwand.

«Warum ich kein Christ bin» hatte mich enttäuscht. Ich lieh es aus der Schulbibliothek in der Hoffnung, es würde mich überzeugen, ein Hindu zu bleiben. Aber Russels Argumente waren schwach und gesucht. Je mehr ich las, warum er nicht Christ geworden war, desto überzeugter wurde ich, dass dies der Weg für mich sei – die Tatsachen sprachen für sich. Ich legte das Buch beiseite und guckte in den blauen Himmel mit den vereinzelten

Wolkenfetzen. Ich dachte scharf nach. Wie lange konnte ich Christus noch abweisen, wenn ich doch genau wusste, dass er der wahre Gott ist, der Retter, der für meine Sünden in den Tod gegangen war? Ich war in einer elenden Lage. Was mich allein aufhielt, war die Angst, mein Ansehen unter den Hindus und das Wohlwollen der Familie zu verlieren. Aber waren nicht die Wahrheit und meine Beziehung zu Gott wichtiger? Bestimmt, aber die Furcht blieb.

Krishna kam auf die Veranda. «Da bist du ja, Rabi. Ich habe dich gesucht. Heute Abend ist in Couva eine Veranstaltung, die du unbedingt besuchen musst.» Er schien begeistert.

«Worum geht es denn?»

«Es ist eine kleine Zusammenkunft von Christen. Sie sprechen über die Bibel.»

Krishna hatte sich in letzter Zeit verändert; er wirkte froh und man kam so gut mit ihm aus. Und jetzt wollte er mich zu einer christlichen Veranstaltung einladen. Ahnte er, was in mir vorging? Ich würde nur zu gerne gehen! Aber es brauchte mich nur jemand zu ertappen und schon wären allerlei Gerüchte im Umlauf.

«Wie wär's, Rabi? Ich würde mich wirklich freuen, wenn du kommen könntest. Ich gehe um halb sieben.» «Warum nicht?», antwortete ich, selbst am meisten verblüfft. «Ja, warum nicht?»

Auf dem Weg nach Couva schloss Ramkair sich uns an, ein neuer Bekannter Krishnas. Ich sah ihn auch schon in der Stadt. Er wusste offensichtlich eine Menge über mich. «Hast du eine Ahnung, was bei dieser Veranstaltung heute Abend geboten wird?», fragte ich ihn neugierig.

«Nicht groß, ich bin erst vor kurzem Christ geworden.»

«Christ?» Ich traute meinen Ohren kaum. «Sag mal, hat Jesus dein Leben tatsächlich verändert?»

Ramkair strahlte übers ganze Gesicht. «Das kann man wohl sagen.»

«Kennst du Gott?», drang ich in ihn.

«Ja, seit Jesus der Herr meines Lebens ist.» «Das stimmt wirklich, Rab!», mischte sich Krishna begeistert ein. «Ich bin auch Christ geworden – vor wenigen Tagen nur.» Zum ersten Mal nannte er mich Rab, wie es nur meine engsten Freunde taten.

«Das dachte ich mir!», rief ich, verblüfft, dass ich mich für ihn freute. Aber meine Freude wendete sich plötzlich in Schrecken. Was war denn in die Hindus gefahren? Molli, Ramkair und jetzt auch noch Krishna! Ich hatte in meinem Leben noch nie Derartiges gehört. War ich etwa der nächste?

Nach einem einstündigen Marsch erreichten wir Couva und bogen gleich in eine schmale Seitenstraße eines ärmlichen Viertels ein. Asphalt von Trinidads berühmtem Pechsee war für Straßen in beinahe allen Teilen der Welt verwendet worden, aber dieses Sträßchen schien seit Jahren vernachläßigt worden zu sein. Der schwarze Belag war voller Risse und Löcher mit wucherndem Gras. Nur drei Gebäude standen an der Straße, wovon das ärmlichste von allen gleich meine Aufmerksamkeit auf sich zog:

Eine baufällige Bude, die auf allen Seiten von hohem Unkraut umgeben war. Die rauhen Bretterwände mit dem wackligen Wellblechdach zeigten keinerlei Spuren von ehemaliger Farbe oder Beize. Verblichene, kaum lesbare Buchstaben verkündigten wie ein Echo aus besseren Tagen: Herz und Hand Halle. Keine Tafel oder Inschrift mit einer Bekanntmachung ließ auf eine Veranstaltung schließen. Aber das war auch nicht nötig. Lautes Singen – zwar ein bisschen falsch, dafür umso überzeugter und freudiger – klang durch die offenen Fenster. Kein Zweifel, wir waren am Ziel!

Als ich zögernd die wenigen brüchigen Zementstufen

hinaufstieg, platzte ich beinahe vor Aufregung. Als ich aber drinnen war, hatte ich ernsthafte Schwierigkeiten, meinen Augen zu trauen. Da waren nicht mehr als ein Dutzend Leute und das Orchester, das ich draußen noch erwartet hatte, bestand aus einem vielleicht sechsjährigen kleinen Mädchen, das vorne stand und ein billiges Tamburin schlug. So wenige – aber welche Begeisterung! Solchen Gesang hatte ich noch nie gehört. Wir blieben noch eine Weile zögernd stehen. Meine Augen wanderten über den staubigen Boden, die Spinnweben, die von den Balken hingen, die Trauben von schlafenden Fledermäusen da und dort unter dem Dachstuhl und schließlich zu den unbemalten Wänden, die mit uralten unleserlichen Plakaten behangen waren. Die winzige Gruppe von Christen war alles andere als eindrücklich: einige ältere Inder und Schwarze mit einer Handvoll Jugendlichen und Kindern.

Obwohl ich keinen Einzigen von ihnen kannte, war ich überzeugt, dass jedermann mich sofort erkennen würde. Wenn sie das nur ihren Hindunachbarn nicht erzählten!

Unter so wenig Leuten konnte man natürlich unmöglich unerkannt bleiben. Kurz entschlossen schritt ich mutig durch den schmalen Gang zwischen den leeren Holzbänken, dicht gefolgt von Ramkair und Krishna. Unbeirrt ging ich stracks zur vordersten Bank, trotz der neugierigen Blicke und der Köpfe, die tuschelnd zusammengesteckt wurden. Immer wieder wurde mit großer Begeisterung dasselbe einfache, kurze Lied gesungen:

«Den ganzen Weg nach Golgatha ging er allein, ging er allein, ging er allein. Den ganzen Weg nach Golgatha ging er allein, er starb, mich zu befrei'n. Und meiner Sünden große, große Zahl – Jesus trug sie weg dort ein für allemal. Den ganzen Weg nach Golgatha ging er allein, er starb, mich zu befrei'n.»

Das war das erste christliche Lied, das ich jemals gehört hatte. «Golgatha» war offensichtlich der Platz, wo

Jesus für die Sünden der Welt – und auch für meine – starb. Dann existierte dieser Platz also wirklich, dachte ich. Und wie gefühlvoll sie sangen! Man spürte ihre Liebe zu Jesus.

Das kleine Mädchen lächelte schüchtern, während es unverdrossen mit seinem Tamburin weiterrasselte. Das Lied wurde nochmal gesungen und nochmal. Überrascht stellte ich fest, dass wir drei bald kräftig und nicht minder begeistert mitsangen. Es war keine ungewöhnliche Sache, an Hindufesten zu singen, aber nie geschah es mit der übersprudelnden Freude dieser Christen.

Die kleine Gesangsleiterin hielt das Tamburin in die Luft. Es folgte eine kurze Pause, dann schlug sie wieder drauf und eine neues Lied wurde angestimmt. Auch dieses wurde mehrere Male hintereinander gesungen und bald stimmte ich wieder mit ein. Wer sollte nicht begeistert sein, wenn das zutraf, was wir sangen?!

«Wunderbar, wunderbar, Jesus ist der Herr! Wunderrat, starker Gott, Friedefürst ist er. Rettet mich, schützet mich vor des Feindes Macht, wunderbar ist Jesus, der mir Sieg gebracht!»

Noch niemand hatte bisher gepredigt und schon hatte ich so viel gelernt. Der Gegensatz zwischen der Beziehung, die diese Christen mit Jesus hatten, und den starren rituellen Bemühungen der Hindus, ihre Götter versöhnlich zu stimmen, war gewaltig. Nie hörte ich von einem Hindugott sagen, er sei «wunderbar» oder ein «Wunderrat». Es würde niemandem einfallen, solches über Shiva oder über Kali, seine blutrünstige Frau, oder über ihren Lieblingssohn Ganesha, der halb Mensch halb Elefant ist, zu singen. Und sie nannten Jesus den Friedefürsten! Es wunderte mich nicht mehr, dass Molli kein Yoga mehr brauchte, um dadurch Frieden zu finden. Die Worte dieses schlichten Liedes gruben sich tief in mein verlangendes Herz hinein. Jesus rettet nicht nur, sondern er schützt auch vor der Macht des Feindes. Welche Freudenbotschaft! Die Leute mussten das erfahren haben, sonst hätten sie nicht so freudig davon singen können.

Während wir mehrere solcher Lieder anstimmten, kamen noch mehr Leute herein. Jetzt waren wir etwa fünfzehn in der Versammlung. Das kleine Mädchen setzte sich. Ein junger Mann, den ich bisher übersehen hatte, ging nach vorn. «Wir heißen sie alle herzlich willkommen zu unserer heutigen Evangelisation», verkündigte er freundlich.

«Wir singen Lied Nummer zehn auf dem Blatt, bitte.» Es war das letzte Lied auf der Rückseite.

Ich traute meinen Augen kaum. Der junge Mann war der größte Raufbold in der Primarschule gewesen und ich konnte ihn nie ausstehen. Überdies war er ein Moslem! Er wirkte völlig verändert! Das Lied, das er vorgeschlagen hatte, beeindruckte mich, besonders der Kehrreim:

«Sonnenschein, Sonnenschein, strahlet in mein Herz. Sonnenschein, Sonnenschein, weist mich himmelwärts. Der Heiland kam und fand mich, wusch mich von Sünden rein, sein Sonnenschein der Liebe, strahlt jetzt in mich hinein.»

Diese einfachen Worte übten einen ungeheuren Eindruck auf mich aus. Obwohl ich die Sonne täglich eine Stunde anbetete, war es finster und kalt in meinem Herzen geblieben. Aber diese Leute sangen von Sonnenschein in ihren Herzen! Und erst noch vom Sonnenschein der Liebe! Ich konnte mein Erstaunen kaum mehr verbergen. Der Sonnenschein seiner Liebe in meinem Herzen! Ich hatte gar keine Liebe zu besingen. So viele Menschen hasste ich trotz meines religiösen Eifers. Mir war bekannt, dass die meisten Hinduheiligen eine Menge Hass und Bitterkeit in ihrem Herzen hegten. Unter Pandits herrschte viel Eifersucht und gewiss hassten die Hindus die Moslems. Schließlich hatten sie in Indien

Tausende unmittelbar nach der Unabhängigkeit hingeschlachtet. Und da sangen diese Christen von der Liebe
Jesu, die in ihnen war, so rein, hell und echt. Ja, diese Liebe hätte ich auch gern in meinem Herzen!

Nach einigen weiteren Liedern ging der Prediger, Abdul Hamid, wieder nach vorne, während ein Kollekten-
teller herumgereicht wurde. Ich warf einen Penny hinein
und hörte noch einige weitere Münzen hineinfallen, bis
der Teller die Runde durch die kleine Zuhörerschaft gemacht hatte. Wie erbärmlich, dachte ich, verglichen mit
den fetten Opfern, die ich an den Pujas einstrich. Der
Prediger wird entrüstet sein!

Aber ich hatte mich geirrt. Als ihm die wenigen Münzen gebracht wurden, schloss Abdul Hamid die Augen
und betete: «Wir danken dir, himmlischer Vater, für diesen Segen, den wir aus deiner Hand empfangen. Hilf
uns, dieses Geld verantwortungsvoll und unter Gebet für
deinen Dienst und zu deiner Ehre zu verwenden. Wir beten in Jesu Namen. Amen.»

Ich musste beinahe lachen bei dem Gedanken, dieses
Geld «verantwortungsvoll und unter Gebet» zu verwenden. Welcher Pandit würde je auf den Gedanken kommen, das Opfer einer Puja zur Ehre Hanumas oder irgendeines anderen Gottes zu verwenden? Er würde mit
dem Geld tun, was ihm beliebte. Wie gierig und selbstsüchtig war ich mit dem Geld umgegangen, das man mir
zu Füßen gelegt hatte! Ramkair flüsterte mir und Krishna zu, dass der Prediger mit Frau und drei Kindern seine
gut bezahlte Stelle als Lehrer aufgegeben hätte, um als
unbezahlter Evangelist zu arbeiten. Das war für mich
einfach unfassbar.

Die Predigt über den Psalm 23 war sehr einfach, aber
tief. Mit großer Gewissheit und geistlicher Kraft, wie ich
das noch nie erleben durfte, legte der Prediger seine Gedanken dar. Jedes Wort schien an mich gerichtet. Ich
fragte mich, woher dieser Mann meine inneren Kämpfe

und die quälenden Fragen kannte, die mich bewegten. Wie hätte er wissen können, dass ich diese Versammlung besuchen würde?

«Der Herr ist mein Hirte, mir wird nichts mangeln.» Mein Herz frohlockte bei diesen Worten. Es war mir, als ob mich eine innere Stimme mahnte, den wahren Gott als meinen Hirten anzunehmen. Aber da war auch eine andere Stimme, die allem widersprach, was der Prediger sagte. Du wirst alles verlieren, warnte sie mich, und sie erinnerte mich an das Ansehen, das ich als großer Pandit wie Jankhi Prasad Sharma Maharaj genießen würde. Und Mutters Herz würde brechen! Wie könnte ich nur Schande über den guten Namen meines Vaters bringen? Beide kämpften gegeneinander, aber die Stimme, die mich zum guten Hirten zog, warb voller Liebe um mich, während die andere Stimme Hass und Drohungen verwendete. Wahrlich, dieser Hirte, von dem der Verfasser des Psalmes sprach, war der Gott, den ich gesucht hatte! Auch wenn ich alles andere einbüßen sollte, wenn der Schöpfer mein Hirte würde, was mehr könnte ich mir noch wünschen? Wenn er die Macht hatte, das ganze Universum zu erschaffen, dann wäre es ihm doch ein Kleines, für mich zu sorgen.

«Er leitet mich in Pfaden der Gerechtigkeit um seines Namens willen.» Meine Schuld und Sünde drückten mich! Wie nichtig waren meine Anstrengungen gewesen, mich selbst zu reinigen! Auch nach tausend heiligen Waschungen war ich voller Sünde. Aber dieser Gott versprach, mich zur Gerechtigkeit zu weisen. Es war sein Verlangen, mir zu vergeben, damit ich ihm gehöre, obwohl ich es nicht verdient hatte. Dieser Herr würde mir helfen, das Leben zu führen, das er für mich geplant hatte. Er wollte mir *seine* Gerechtigkeit schenken, wenn ich sie annehmen wollte. Langsam begann ich an das Wunder der Gnade zu glauben.

«Auch wenn ich wanderte im Tale des Todesschattens,

fürchte ich kein Unheil, denn du bist bei mir.» Trotz des veralteten Englisch verstand ich das ganz klar. Ich würde von den Ängsten befreit werden, die mich mein Leben lang gejagt hatten – die Angst vor den Geistern, die unsere Familie heimsuchten, die Angst vor den bösen Mächten, die mein Leben beeinflussten, die Angst vor Shiva und den übrigen Göttern, wenn ich sie nicht versöhnlich stimmen konnte. Wenn dieser Gott mein Hirte würde, müsste ich nichts und niemanden mehr fürchten, weil er bei mir wäre, um mir seinen Frieden zu geben und mich zu beschützen.

«Fürwahr, Güte und Huld werden mir folgen alle Tage meines Lebens, und ich werde wohnen im Hause des Herrn auf immerdar.» Eine Wohnung im Himmel! Das war ja weit besser als Selbstverwirklichung!

«Jesus will dein Hirte sein. Hast du seine Stimme gehört? Nach seiner Auferstehung sagte Jesus: 'Siehe, ich stehe vor der Tür und klopfe an' – gemeint ist die Tür deines Herzens – 'wenn jemand meine Stimme hört und die Tür auftut, zu dem werde ich eingehen und das Abendmahl mit ihm essen.' Warum öffnest du ihm dein Herz nicht gerade jetzt? Warte nicht bis morgen, es könnte schon zu spät sein!» Der Prediger schien direkt zu mir zu sprechen. Ich durfte es nicht länger aufschieben!

Ich sprang von meinem Sitz auf, eilte nach vorne und kniete nieder. Er lächelte mir zu und fragte, ob noch jemand seine Herzenstüre öffnen wolle, damit Jesus eintreten könne. Niemand rührte sich. Dann bat er die Christen, nach vorn zu kommen, um mit mir zu beten. Mehrere knieten sich hin und beteten. Jahrelang hatten sich Hindus vor mir verneigt – und jetzt lag ich hier vor einem Christen auf den Knien.

«Du kommst nicht zu mir», erklärte er, «sondern zu Jesus. Keiner außer ihm kann dir vergeben, dich reinigen, dir ein neues Leben geben und dich in eine lebendige Beziehung mit dem lebendigen Gott bringen.» Ohne weitere Erklärungen verstand ich das völlig. Ich wollte nur wissen, wie ich diesen Jesus, von dem er gesprochen hatte, aufnehmen könne.

Laut sprach ich ihm ein Gebet nach, in dem ich Jesus in mein Herz einlud – nur die Worte «mach mich zu einem Christen» ließ ich aus. Jesus ja – aber das nicht! Ich hatte noch nicht begriffen, dass ich schon Christ geworden war, als ich Jesus bat, in mein Leben zu kommen, und dass man auf keine andere Weise Christ werden kann.

Mr. Hamid fragte, ob ich nicht mit meinen eigenen Worten beten wolle. Schwach, vor Erregung zitternd sprach ich: «Herr Jesus, ich habe die Bibel noch nie gelesen und weiß nicht, was alles darin steht, aber ich habe gehört, dass du auf Golgatha gestorben bist, um mir zu vergeben und mich mit Gott zu versöhnen. Bitte, Herr, vergib mir meine Sünden. Komm in mein Herz! Ich will ein neuer Mensch werden!»

Ich weinte Tränen der Buße über mein vergangenes Leben: über allen Zorn, Hass, Egoismus und Stolz, über die Götzen, denen ich gedient hatte und darüber, dass ich Anbetung angenommen hatte, die Gott allein gehört; auch dass ich mir vorstellte, er wäre wie eine Kuh oder wie ein Stern oder ein Mensch. Ich bekannte alles, und noch bevor ich fertig war, wusste ich ganz gewiss, dass Jesus nicht einfach einer unter Millionen anderer Götter war. Er war in der Tat *der* Gott, nach dem ich gedürstet hatte. Durch Glauben war ich Jesus begegnet und jetzt entdeckte ich, dass er selbst der Schöpfer war. Und doch liebte er mich so sehr, dass er Mensch wurde und für meine Sünden in den Tod ging. Mit dieser Erkenntnis schien die Finsternis von mir abzufallen, die meinen Verstand verfinstert hatte. «Der Sonnenschein seiner Liebe» war auch in meinem Herzen aufgegangen!

Astralreisen zu anderen Planeten, überirdische Musik und psychedelische Farben, höhere Bewusstseinsstufen und Visionen in der tiefen Meditation – diese einst so aufregenden Dinge waren zu Schall und Rauch geworden. Was ich eben erlebt hatte, war nicht ein neuer psychischer Trip, davon war ich überzeugt. Molli hatte behauptet, Jesus würde sich als wahr erweisen. Jetzt erkannte ich, was sie damit gemeint hatte: Er lebte jetzt in mir. Er nahm meine Sünden weg und veränderte mich. Noch nie in meinem Leben war ich so glücklich gewesen. Die Tränen der Umkehr wurden zu Tränen der Freude. Jetzt erlebte ich, was wahrer Friede ist. Ich hatte Gemeinschaft mit Gott, war sein Kind! Die kleine Gemeinschaft begann zu singen: «So wie ich bin, so muss es sein, nicht meine Kraft, nur du allein, dein Blut wäscht mich von Flecken rein; o Gottes Lamm, ich komm, ich komm!»

Ich blieb auf den Knien, während ich voller Dankbarkeit für die göttliche Vergebung jedes Wort in mich aufsog. Dieses Lied traf haargenau meine Empfindungen. Bestimmt hatte der Schreiber die gleiche Befreiung aus der Schuld erlebt wie ich. Das Wort «Lamm» wies mich darauf hin, dass Jesus freundlich, sanft und liebevoll ist. Ich erinnerte mich an das, was Molli von der Liebe Jesu gesagt hatte. Diese Liebe wusste ich jetzt in meinem eigenen Herzen.

Aller Stolz, Brahmane zu sein, war verschwunden. Es hatte viel Demut gebraucht, bis ich als Hindu aus hoher Kaste bereit gewesen war, vor diesen Christen auf dem schmutzigen Boden auf die Knie zu fallen; und das war erst der Anfang der Erkenntnis, wie klein ich war und wie groß Gott ist. Ich entdeckte, dass Demut nicht Selbstverachtung bedeutet, sondern einfach das Anerkennen der Wahrheit, dass ich in allem von meinem Schöpfer abhängig war. Dieses Bekenntnis öffnete die Tür zu einem völlig neuen Leben in Christus.

Mit Freudentränen und frohem Lachen drängte sich die kleine Versammlung um mich. Die Leute begannen mich zu umarmen und mir die Hand zu schütteln, als wollten sie mich in der Familie Gottes herzlich willkommen heißen. Noch nie hatten mir Menschen solche Wärme und Anteilnahme bezeugt, nicht einmal meine eigenen Verwandten. Nie hatte ich mich so zu Hause gefühlt wie hier. Man stelle sich meine Freude vor, als Shanti mich umarmte!

Ich wusste gar nicht, dass sie anwesend war. «Ich kam mit einem Freund im Wagen», flüsterte sie. «Rab, ich bin so glücklich, dass du dein Leben Jesus gegeben hast. Etwas Besseres hättest du nie tun können!» Ich spürte gleich die neue Beziehung zu ihr, auch sie gehörte zur Familie Gottes.

Auf dem Heimweg hatte ich beinahe den Eindruck, das hohe Zuckerrohr links und rechts des Weges tanze in der leichten Brise, die vom Ozean wehte. Und die Sterne erst! Ich hatte gar nicht gewusst, dass sie so hell leuchten! Schon immer liebte ich die Natur, aber jetzt schien sie noch zehnmal schöner als zuvor. Die Himmelskörper, die ich einst angebetet hatte, sah ich jetzt in einem ganz neuen Licht. Der große Gott, dem ich eben begegnet war, hatte sie geschaffen. Ich konnte nur über seine Macht und Weisheit staunen, ihn anbeten und ihm für das Leben danken. Jetzt wünschte ich nicht mehr, ich wäre nie geboren worden; nein, ich war glücklich darüber! Wir drei erlebten einen fröhlichen Heimweg. Wieder und wieder sangen wir die Lieder, die wir am Abend gelernt hatten.

Als Krishna und ich zu Hause ankamen, wartete die ganze Familie – außer Onkel Deonarine und seine Frau – auf uns. Offensichtlich hatten sie von Shanti, die mit dem Wagen gekommen war, alles vernommen. Zuerst hatte ich befürchtet, bei der Veranstaltung erkannt zu werden, aber diese Angst verschwand völlig, als ich Jesus mein Leben übergeben hatte. Ich konnte diese Neuigkeit gar nicht mehr für mich behalten; jeder sollte meinen Herrn kennen lernen!

160

«Ich bat Jesus heute Abend, in mein Leben zu kommen!», platzte ich freudig heraus, während ich von einem erschrockenen Gesicht zum andern schaute. «Es ist herrlich. Wenn ich euch nur sagen könnte, wie viel mir Jesus jetzt schon bedeutet! Er hat mich völlig neu gemacht!»

«Ich konnte es nicht glauben, Rabi, aber jetzt höre ich es von dir selbst», sagte Tante Revati mit erstickter Stimme. «Was wird Mutter nur dazu sagen? Es wird sie erschüttern.» Sie verließ das Zimmer, aber nicht im Zorn, wie ich es erwartet hatte. Sie schien vielmehr verletzt und aufgewühlt.

Es tat mir so leid, dass Tante Revati mir keine Zeit zu einer Erklärung gelassen hatte. Ich konnte sie jetzt lieben und ich wünschte auch ihr denselben Frieden. Und Ma – wie würde sie reagieren? Zu meiner Verwunderung strahlte sie über das ganze Gesicht.

«Rabi, das ist großartig!», rief sie voller Freude. «Auch ich will Jesus nachfolgen!»

Ich eilte zu ihr und fiel ihr um den Hals. «Es tut mir leid, dass ich dir so weh getan habe – bitte verzeih mir!» Sie nickte, vor Rührung unfähig zu sprechen.

Shanti weinte vor Freude. «Auch ich habe mich vor einigen Tagen für Jesus entschieden.»

Wir blieben noch lange auf und sprachen aufgeregt über die neue Liebe, die wir in Christus füreinander empfanden. Ma erzählte mir, wie sich Shanti vor einigen Abenden zu dieser Veranstaltung in Couva weggestohlen hatte. Als sie durchs Fenster einsteigen wollte, war sie von Tante Revati ertappt worden. Onkel Deonarine hatte Shanti dafür eine Tracht Prügel verpasst. Ich schilderte darauf Ma die Predigt, die ich gehört hatte. «Der dreiundzwanzigste ist mein Lieblingspsalm», meinte sie. «Bevor Nana meine Bibel zerrissen hatte, las ich mit Freuden in den Psalmen.»

Es war spät geworden, doch es fiel uns schwer, auseinander zu gehen.

Bevor ich mich schlafen legte, zerstörte ich meinen heimlichen Vorrat an Zigaretten. Jedes Verlangen nach ihnen war weg. Am andern Tag benutzte ich die erste Gelegenheit, um mich bei Tante Revati zu entschuldigen. Sie wusste gar nicht, wie sie darauf reagieren sollte. Das war nicht der gleiche Rabi, den sie seit Jahren kannte. Mein Verhalten verunsicherte sie. Sie tat mir richtig leid. Allzu gut verstand ich ihre Kämpfe. Ich lief Onkel Deonarine über den Weg, als er seinen Wagen polierte – denselben, den ich gesegnet hatte. Es fiel mir nicht leicht, ihm offen zu bekennen, dass ich Christ geworden war. Nach meinem Geständnis richtete er sich auf und blickte mich erstaunt und zornig an: «Dein Vater war ein großer Hindu und auch deine Mutter ist von ihrer Religion überzeugt», antwortete er streng. «Sie wird sich ärgern über deine Entscheidung. Überlege dir noch einmal, was du da tust!»

«Ich habe die Kosten bereits überschlagen», gab ich ihm ruhig zurück.

Krishna konnte am besten mit seiner Mutter reden. Dabei bekannte sie, dass auch sie seit Jahren in den religiösen Ritualen keine Erfüllung finde. Sie hatte nur nichts zu sagen gewagt. Er gab ihr die Adresse einer christlichen Gemeinschaft in einem Nachbarstädtchen und am folgenden Sonntag ging sie, wenn auch zögernd, hin. Wir Christen warteten, bis sie spät am Abend zurückkam, gespannt, ob unsere Gebete erhört worden waren. Eine Frage erübrigte sich – ihr Gesichtsausdruck sprach Bände.

Revati und Ma fielen sich in die Arme und weinten. Dann richtete sich Tante Revati auf, trocknete die Tränen und blickte mich an: «Rabi!» Wir umarmten uns und spürten, dass der Haß und die Bitterkeit zwischen uns für immer verschwunden war.

Am nächsten Tag schritten Krishna und ich entschlossen zum Gebetsraum. Zusammen trugen wir alles hinaus

162

in den Hof: den Shiva Lingam und die Götzen aus Holz, Ton und Erz, die wir Götter genannt hatten; die Hinduschriften, die in heiliges Tuch gewickelt waren und alles übrige religiöse Zubehör. Bevor Tante Revati Christ geworden war, fürchtete ich mich, es zu tun, aber jetzt hatten wir alle den gleichen Wunsch. Jedes Band an die Vergangenheit und an die Mächte der Finsternis, die uns so lange geblendet und versklavt hatten, sollte gelöst werden. Gemeinsam schleppten wir den riesigen Altar hinaus. Als der ehemalige Gebetsraum leer war, fegten wir ihn sauber. Darauf durchsuchten wir das Haus nach Glücksbringern, Fetischen, Amuletten und religiösen Bildern. Wir trugen sie alle auf den Haufen hinter dem Garten. Bestürzt beobachteten Onkel Deonarine und seine Frau unser Tun, machten aber keinen Versuch, uns aufzuhalten. Die anderen Familienmitglieder standen hinter uns. Wir waren schon dreizehn in unserer Verwandtschaft, die Christen geworden waren.

Voller Freude über die Befreiung aus der Angst, die uns einst im eisernen Griff hatte, zerschlugen Krishna und ich die Götzen und die religiösen Bilder, mitsamt der Shivafigur. Nur wenige Tage zuvor hätte ich aus Angst vor der schonungslosen Rache des Zerstörers solches nicht einmal im Traum gewagt. Aber die Macht Jesu brach die Ketten der Angst entzwei. Niemand hatte uns zu diesem Handeln angewiesen; der Herr selbst zeigte es uns. Er öffnete uns die Augen. Uns wurde klar, dass ein Kompromiss zwischen Hinduismus und wahrem Christentum undenkbar ist. Es sind zwei Welten: Das eine ist Finsternis, das andere Licht; das eine weist viele Wege zum gleichen Verderben, das andere den einen schmalen Weg zum ewigen Leben.

Als der ganze Abfallhaufen zusammengetragen war, zündeten wir ihn an und schauten zu, wie die Flammen unsere Vergangenheit verzehrten. Die kleinen Figuren, die wir einst als Götter fürchteten, waren bald zu Asche geworden. Wir waren dem Terror der bösen Geister nicht mehr unterworfen. Wir umarmten uns und dankten dem Sohn Gottes, der gestorben war, um uns zu befreien. Unsere neue Freiheit leuchtete uns aus dem Gesicht, als wir dastanden, sangen und beteten und dem wahren Gott Lobpreis darbrachten. Es war ein unvergesslicher Tag.

Während wir die schwelenden Gluten sorgfältig schürten, um alles Vergangene gründlich zu verbrennen, wanderten meine Gedanken zurück: Vor bald acht Jahren war mein Vater verbrannt worden. Wie anders war alles gewesen! Wehklagen untröstlicher Trauer hatte das Opfer meines Vaters an diese Götter begleitet, deren Bruchstücke vor unseren Augen langsam zu Asche wurden. Ich dachte an die dazwischenliegenden Jahre und meinen Vorsatz, Vater nachzueifern. Es schien fast unglaublich, dass ich voller Freude an der Zerstörung der Gegenstände teilnahm, die all das symbolisierten, woran ich einst fanatisch geglaubt hatte. In der Tat, alles, wofür ich gelebt hatte, ging in Flammen unter – und ich pries Gott!

In gewissem Sinn war das meine eigene Verbrennung – das Ende des Menschen, der ich einst gewesen war ... der Tod eines Guru. In den wenigen Tagen seit meiner geistlichen Wiedergeburt lernte ich schon zu verstehen, was es heißt, «von neuem geboren» zu werden: Durch Jesu Tod und Auferstehung für mich war mein altes Ich gestorben und ein neuer Mensch war erstanden. In Christus war der alte Rabi Maharaj tot; ein neuer Rabi, in welchem Christus lebt, war aus dem Grab auferstanden.

Wie anders und wie viel herrlicher als Reinkarnation war Auferstehung. Das alte Leben war vorbei; ich freute mich auf das neue Leben in Jesus, meinem Herrn.

164

Kapitel 15

Neuanfang

Welche Veränderung unsere Familie erfahren hatte! An-
stelle von Zank und Bitterkeit waren Friede und Harmo-
nie eingezogen. Der Hass, der jahrelang zwischen meiner
Tante und mir geschwelt hatte, war gleich einem bösen
Traum, aus dem wir endlich erwacht waren. Die Religion
vergrößerte die Feindschaft zwischen uns nur. Mitten in
einer Familienpuja hatte mir Tante Revati einmal ein
Bronzelota mit heiligem Wasser nachgeschmissen. Aber
jetzt hatte Christus uns beide verändert. Wir liebten uns
herzlich. Wieder war sie mir wie eine Mutter, und Krishna, ihr Sohn, den ich nicht hatte ausstehen können, war
mir mehr als ein Bruder, ja, wir waren Brüder in Christus. Das Alte war vorbei, verzehrt gleich den Götzenbil-
dern, die ein Raub der Flammen geworden waren.

Die Gnade Gottes hatte das bewirkt. Als Hindus hatten wir kein Verständnis für Vergebung, weil Karma keine Vergebung kennt; und so konnten wir uns auch nicht
vergeben. Aber jetzt war dies möglich, weil Gott uns in
Christus vergeben hatte. Christus lehrte uns, wer andern
nicht von Herzen vergeben kann, empfängt vom himmli-
schen Vater auch keine Vergebung. Aber er hatte seinen
Geist in unsere Herzen gelegt, so dass ich gegen niemanden mehr Groll hegen musste. «Es tut mir leid» und «Ich
hab dir schon vergeben» – konnte man jetzt in unserem
Haus immer wieder hören. Dadurch wuchs auch die
Freude in unseren Herzen.

Zu meinem eigenen Erstaunen erledigte ich nun wil-
lig die Hausarbeiten. Wir Jüngeren gingen kräftig ans
Werk, jäteten Unkraut, begossen die Pflanzen und legten
Blumenbeete an. Die verwunderten Nachbarn erlebten
eine gewaltige Veränderung des Hofes mit.

Aber noch eine Veränderung, die von außen zwar nicht gesehen werden konnte, uns aber umso wichtiger war, vollzog sich im Haus. Nanas Fußtritte, die durch den Estrich stürmten oder nachts vor den Schlafzimmertüren umhergeisterten, wurden nie mehr gehört. Auch war der üble Geruch, der diese Erscheinung begleitet hatte, restlos verschwunden. Ebenso wurden keine Gegenstände mehr von den Möbeln auf den Boden geschmettert. Wir verstanden bald, dass nicht Nanas Geist uns verfolgt hatte, sondern Geistwesen, die in der Bibel Dämonen genannt werden. Das sind Engel, die sich Satan in seiner Auflehnung gegen Gott angeschlossen haben und jetzt darauf aus sind, Menschen zu verwirren und sie zu verführen, sich ihrer Auflehnung anzuschließen. Sie sind auch die eigentliche Macht, die hinter jeder Gottheit und jeder Philosophie steht, die dem wahren Gott seine Stellung als Schöpfer und Herr streitig machen. Das waren die Wesen, denen ich in der Trance des Yoga und in der tiefen Meditation begegnet war, die sich allerdings als Shiva oder eine andere Hindugottheit ausgaben.

Durch das Lesen des Neuen Testaments erhielt ich endlich Antwort auf die vielen Fragen, die mich so lange gequält hatten: wer ich bin, warum ich lebe und was Gott mit mir beabsichtigt. Ich bat Gott auf den Knien, mir die Bedeutung der Schrift zu offenbaren. Dann las ich langsam Vers für Vers, im Vertrauen, dass der Heilige Geist mir Verständnis schenken würde. Täglich verbrachte ich Stunden im Gebet und im Lesen des Wortes Gottes. Zeit, die ich früher den hilflosen Götzen auf dem Altar, der Anbetung von Sonne und Kuh, Yoga und der Meditation widmete. In dieser sorgfältigen Weise las ich das Neue Testament mehrmals durch. Auch ins Alte Testament vertiefte ich mich und entdeckte, dass die Bibel nicht ein Buch voll alter und widersprüchlicher Sagen wie Rama und Krishna ist. Vielmehr berich-

166

tet sie über geschichtliche Persönlichkeiten wie Abraham, Daniel, Petrus und Paulus, die alle Gott kennen lernten, und von Nationen wie Israel, Ägypten, Griechenland und dem Römischen Reich. Gott, der Schöpfer, hat für alle Menschen einen Plan. Das wurde mir klar. Er war der Gott der Geschichte, der noch immer im Leben Einzelner und in den Geschicken von Nationen wirkt. Die Bibel lehrte mich auch, dass Gott die Geschichte einem Höhepunkt entgegenführt. So begann ich, aktuelle Ereignisse – im Besonderen die erfüllten Prophezeiungen im Nahen Osten – in neuem Licht zu sehen. Wir erlebten als Familie immer wieder herrliche Momente, wenn wir unsre neu gewonnenen Erkenntnisse aus Gottes Wort austauschten.

Ma las die Bibel in schlichtem, kindlichem Glauben. Wenn sie in diesem von Gott eingegebenen, heiligen Buch eine Verheißung fand, glaubte sie und handelte entsprechend. So einfach war das. Jesus hatte die Kranken geheilt, warum sollte er sie nicht auch heilen? «Du bist mir so nahe, Herr», betete sie. «Vor langer Zeit hast Du diese Wunder vollbracht und Du bist doch heute noch derselbe. Ich möchte wieder gehen können. Danke Herr!» Sie war gewiss, dass er sie heilen würde.

Allmählich vollzog sich das Wunder. Wir konnten täglich eine Besserung feststellen. Langsam wurde sie kräftiger, wagte sich schon erstmals auf die Füße, um dann zögernd die ersten Schritte zu versuchen, während sie sich an Stühlen und Tischen festhielt. Nach einigen Wochen rührte sie sich in der Küche und half beim Kochen. Etwas später konnte sie wieder die Treppen hinauf- und hinuntersteigen. Sie ging im Hof spazieren und freute sich, die Vögel, die sie immer vom Fenster aus bewundert hatte, wieder aus der Nähe zu sehen. «Dem Herrn sei Lob!», rief sie immer wieder. «Was die besten Ärzte und die teuersten Hinduheiler nicht fertig brachten, das vermochte Jesus, mein Herr!»

Vor ihrer Heilung konnte Ma nicht knien. Zu unsrer Freude wurden die Kniescheiben, die im Laufe der Jahre völlig verkümmert waren, auf wundervolle Weise wiederhergestellt. Von da an verbrachte Ma täglich mindestens fünf Stunden auf den Knien im Gebet. Sie tat diesen besonderen Dienst der Fürbitte für die Verwandten, die Nachbarn und ihre Freunde. Ihr Anliegen war, dass sie Christus erkennen möchten, um mit dem lebendigen Gott in Gemeinschaft zu treten. Obwohl sie schon über siebzig war, stand sie um sechs Uhr auf und war um elf gewöhnlich noch auf den Knien. Wenn sie dann ihr Zimmer verließ, lag ein wunderbares Strahlen auf ihrem Gesicht.

Schnell verbreiteten sich die Gerüchte über uns im Städtchen und darüber hinaus. Zuerst glaubten die wenigsten, dass wir wirklich Christen geworden waren. So empfingen wir beständig Besucher, die der Sache selber nachgehen wollten. Einige diskutierten aufgebracht mit uns. Andere schienen zu verblüfft, um noch etwas sagen zu können, und verließen kopfschüttelnd das Haus. Überraschung und Erstaunen aber schlugen bald um in Hass und tätigen Widerstand. Die Menschen, die sich früher vor mir verneigt hatten, schnauzten mich jetzt an und riefen mir Schimpfnamen nach. Maßlos erbittert waren sie, dass wir die Götzen verbrannt hatten. Wir versuchten ihnen geduldig zu erklären, wie ohnmächtig diese falschen Götter sind, und zeugten von dem lebendigen Gott, der in Jesus Mensch geworden ist, um für unsre Sünden zu sterben. Zunächst weigerten sich die Nachbarn beharrlich, diese göttliche Vergebung für sich in Anspruch zu nehmen. Wie gut verstand ich sie! Erst wenn die Wahrheit ihnen wichtiger als die Tradition würde, könnten sie durchdringen.

Durch Molli erfuhr ich, dass sich eine kleine Gemeinschaft von Christen in unserem Städtchen versammelte. Am darauffolgenden Sonntag machte ich mich freudig auf den Weg zu diesen Christen, die sich unter einem

Haus auf Stelzen trafen, das gerade hoch genug war, um einen wirksamen Schutz gegen die brennende Sonne und plötzliche Regengüsse zu bieten.

«Schaut mal, Jesus Christus höchstpersönlich! Da kommt er!», schrie eine Nachbarsfrau, als ich vorbeiging. «Ich bin nicht Jesus Christus», entgegnete ich lächelnd, «aber ich bin froh, sein Jünger zu sein.»

Die kleine Gemeinde bestand nur aus einer Handvoll Christen. Da waren einige Inder aus niedrigen Kasten und mehrere Schwarze, mit denen ich mich früher in keiner Weise zusammengetan hätte. Aber welch herzliche Aufnahme wir erfuhren! Wie seltsam und wie wunderbar, dass ich jetzt solche umarmen konnte, die ich früher verachtet, wenn nicht sogar gehasst hatte. Aber jetzt liebte ich sie mit der Liebe Christi, meines Herrn, und umarmte sie als Geschwister. Ich war von dem trennenden Geist des Kastensystems befreit worden, dem Kernstück jener Religion, die ich einst so eifrig befolgt hatte. Vom Verständnis des Karma und der Reinkarnation bilden die Kasten die verschiedenen Stufen, die man in seiner Aufwärtsentwicklung zu Gott erklimmen muss. Die höheren Bewusstseinsstufen, die in der Meditation gesucht werden, sind eine ausgeklügelte Erweiterung des Kastensystems. Was mir einst so göttlich erschien, erkannte ich jetzt als ein großes Übel, das grausame Schranken zwischen den Menschen aufrichtet, indem es einigen mythische Überlegenheit verleiht, während es andere zu Verachtung und Isolation verdammt.

In den Weihnachtsferien lud mich Nandi, Vaters Bruder, zu sich ein. Kaum war ich angekommen, begann er gleich, mir ernsthaft ins Gewissen zu reden.

«Rabi, ich habe Eigenartiges von dir vernommen. Du weißt genau, wie dein Vater lebte. Er war das vornehmste Beispiel eines wahren Hindu. Auch deine Mutter ist eine sehr heilige Frau, die ihrer Religion äußerst ergeben ist.» In seiner Vorstellung war ich noch immer ein Hindu.

Ich nickte schweigend, da ich seine Besorgnis für mich schätzte. Erinnerte er sich noch daran, wie aufgebracht ich damals war, als er Fleisch gegessen hatte? Als Christ hatte ich angefangen, Eier und auch Fleisch zu essen. Es bekam mir gut, denn bis dahin war ich wegen ständigen Proteinmangels immer kränklich gewesen. Fleisch essen hieß jedoch für meinen Onkel, einen der wichtigsten Grundsätze seiner Religion zu leugnen, nämlich die Einheit aller Dinge, die selbst den niedrigsten Lebensformen Heiligkeit verleiht. Ein Tier zu essen war nicht minder anstößig, als einen Menschen zu verschlingen. So tadelte er mich für mein Abkehren von der Religion, deren Gesetze er selber nicht ernstlich befolgte.

«Du weißt», fuhr er fort, «dass ihr den Hindus in weitem Umkreis ein Vorbild seid. Jedermann bewundert dich, weil du dich so streng an die Hindudiät gehalten hast. Du setzt dein ganzes Ansehen aufs Spiel!»

«Aber ich glaube, dass Jesus der allein wahre Gott ist, der Retter, der für unsere Sünden gestorben ist.» Ich sprach behutsam und respektvoll, da ich ihn auf keinen Fall verletzen wollte; denn ich mochte ihn sehr.

Ehrfürchtig griff Onkel Nandi nach der Bhagavadgita auf dem hohen Regal und wickelte sie sorgfältig aus dem Safran-Tuch.

«Hör, was Krishna im vierten Kapitel sagt: 'Sooft der Menschen Sinn für Recht und Wahrheit verschwinden will und Ungerechtigkeit ihr Haupt erhebt, werde ich aufs Neue geboren, zur rechten Zeit ... Zum Schutze der Guten, aber zum Verderben der Sünder komme ich mitten unter sie.'» Er las die Worte langsam, und achtete dabei auf meine Reaktion.

«Natürlich kam Krishna einmal wieder als Jesus», fuhr er fort, «jeder Hindu, der von ihm gehört hat, glaubt, dass Jesus ein Gott ist, aber nur für solche, die als Christen geboren wurden – du jedoch bist Hindu durch Geburt. Was du auch glaubst, es ändert deine Religion nicht; du musst immer ein Hindu bleiben.»

«Damit kann ich nicht einverstanden sein», antwortete ich höflich, aber bestimmt. «Jesus sagte, er sei der Weg, nicht ein Weg. Damit sind Krishna und alle andern ausgeschlossen. Auch kam er nicht, wie Krishna von sich sagte, um Sünder zu verderben, sondern um Sünder zu retten. Und das konnte niemand außer ihm. Jesus ist nicht einer von vielen Göttern. Er ist der allein wahre Gott, der als Mensch auf diese Erde kam, und zwar nicht nur, um uns zu zeigen, wie wir leben müssen, sondern um für unsere Sünden zu sterben. Das hat Krishna nie getan. Und Jesus ist auferstanden, was man von Krishna oder Rama oder Shiva nicht sagen kann – ja sie haben gar nie existiert. Zudem glaube ich nicht an Reinkarnation, denn die Bibel sagt, dass es den Menschen gesetzt ist, einmal zu sterben, danach aber das Gericht.»

Meine Tante hörte die ganze Zeit betrübt zu, bis sie die Tränen fast nicht mehr zurückhalten konnte. Onkel Nandi schien maßlos enttäuscht. Er war ein aufrichtiger, freundlicher Mensch, weshalb ich ihn sehr achtete. Aber er konnte nicht dazu bewegt werden, die klaren Fakten zu beachten und den Hinduismus einmal logisch zu durchdenken oder seine Widersprüchlichkeiten zuzugeben. Auf keinen Fall durfte man nach seiner Meinung die Tradition verletzen, in die man durch Geburt gestellt worden war. Hätte ich Jesus nur in meine Götterliste aufgenommen, oder wäre ich Atheist geworden, um an gar keine Götter mehr zu glauben, hätte es meinen Onkel nicht berührt. Aber Hindu musste ich mich nennen! Mir aber ging es um Wahrheit, nicht um Tradition. Bald war uns klar, dass es keinen Wert hatte, das Gespräch fortzusetzen. Mit gegenseitigem Einverständnis kehrte ich noch am selben Tag wieder heim.

Gosine konnte sich ebenfalls nicht daran gewöhnen, dass ich Christ geworden war. Gleich Nandi glaubte er, dass Jesus ein Gott unter Millionen war, einer der vielen Wege, die schließlich zu Brahman führen. «Was ich dir sagen will, Bhai!», begann er mehr als einmal, «alle Wege führen an den gleichen Ort.» Ich widersprach ihm und zitierte Jesus, der den Juden, die nicht an ihn glauben wollten, sagte: «Ihr werdet in euren Sünden sterben; wo ich hingehe, dahin könnt ihr nicht kommen.» Aber es erwies sich als nutzlos. Gosine wollte seine Glaubensgrundsätze nicht aufgeben, wie klar ich ihm die Tatsachen auch darstellte. Wir hatten uns nichts mehr zu sagen und das machte mich traurig.

Natürlich konnte auch unser lieber Freund Pandit Jankhi Prasad Sharma Maharaj nicht ausbleiben. Er kam bald auf einen Besuch, um zu sehen, ob an diesen Gerüchten etwas Wahres sei und uns nötigenfalls diese Torheit, die man Christentum nennt, auszureden. Er schaute traurig um sich, da ihm gleich auffiel, dass der ganze Pantheon der Hindugötter fehlte, die sonst immer unsere Wände geschmückt hatten. Bekümmert ließ er sich in einen Stuhl fallen, holte tief Luft und stieß einen lauten Seufzer aus.

«Ich verstehe das nicht», fing er traurig an, «warum müssen die Leute immer so viel lügen? Man behauptet, ihr seid Christen geworden.» Tränen stiegen Baba in die Augen. «Das glaube ich nicht!», rief er heftig aus. «Sagt mir, dass es nicht stimmt!» Tiefe Besorgnis lag in den Augen dieses liebenswürdigen alten Mannes, den wir alle so sehr mochten.

«Aber es stimmt, Baba», sagte Tante Revati auf Hindi. Er wandte sich an mich: «Dein Vater, was würde er davon halten? Und du, Rabindranath Ji … ich kann es einfach nicht glauben! Wer hat dich beleidigt? Ich weiß, dass die Pandits nicht immer ganz ehrlich sind. Sag mir, was ist los?»

«Niemand hat uns beleidigt, Baba», antwortete ich schnell, «sondern wir haben wirklich entdeckt, dass Jesus die Wahrheit ist. Er hat uns Vergebung und echten Frieden gebracht. Er liebt dich und ist auch für deine Sünden in den Tod gegangen. Auch du kannst in ihm die Errettung finden.» Er schaute uns verwirrt an. Vergebung war ein Begriff, der ihm, wie mir früher, völlig fremd war. Er schien um eine Antwort verlegen. Dann wandte er sich an Kumar: «Du etwa auch?» Kumar war erst kürzlich unangekündigt aus England zurückgekehrt und hatte uns alle dadurch überrascht, dass er Christ geworden war.

«Baba», begann Kumar respektvoll, «du weißt gut, dass ich vor drei Jahren, als ich Trinidad verließ, ein hoffnungsloser Alkoholiker war. Die Hindugötter vermochten mir nicht zu helfen und Karma konnte mich in der nächsten Reinkarnation nur tiefer stürzen. Du weißt auch, dass es vielen Pandits ähnlich geht und dass ihre Religiosität ihnen nicht weiterhilft. Ich hatte gehofft, in London ganz neu anzufangen. Du kannst dir meinen Schrecken vorstellen, als mich eines Tages ein alter Trinkkumpane aufsuchte. Aber sobald ich ihn sah, wusste ich, dass er nicht mehr der alte war. Er sei Christ geworden, eröffnete er mir, Jesus Christus hätte ihn vom Alkohol befreit. Das klang zu gut, um wahr zu sein. Auch wollte ich mit seiner Religion nichts zu tun haben. «Für dich ist das in Ordnung, du warst schon immer Christ!» Da erklärte er mir, dass viele Leute sich Christen nennen, weil sie in die Kirche gehen, dabei hätten sie keine persönliche Beziehung zu Jesus und ständen auch nicht in seiner Nachfolge. – Auf alle Fälle beängstigte mich jetzt sein Christentum noch mehr als vorher sein Trinken. Aber ich wollte nicht unhöflich sein und so nahm ich ihn mit, um ihm die Stadt zu zeigen. In Trinidad als großer Redner bekannt, führte ich ihn zuerst zum Speaker's Corner im Hyde Park. Wir gingen von einer Gruppe zur andern.

Plötzlich hörten wir einen jungen Mann von Christus

reden. Innerlich hatte ich die Gewissheit, dass dies die Wahrheit war, aber ich wollte nicht zuhören. Ich fuhr zu meiner Wohnung zurück. Die Worte meines Freundes und des jungen Mannes ließen mich jedoch nicht los. In meinem Zimmer fiel ich auf die Knie und bat Christus, mir meine Sünden zu vergeben und als Herr und Retter in mein Herz zu kommen. Ich sag dir's freudig, Baba, dass Jesus mir völligen Frieden gegeben und mich restlos verändert hat. Erinnerst du dich, wie Ma sich immer wieder bei dir beklagen musste, weil ich so viel trank und dabei Tausende von Dollars für Whisky ausgab? Jetzt bin ich völlig frei vom Alkohol.»

Ungläubig starrte Baba seinen veränderten Freund an. Als er sprachlos blieb, lehnte sich Tante Revati vor und bezeugte nun selber mit großem Ernst ihr Erleben mit Jesus, während sie dem alten Mann fest in die Augen schaute.

«Baba, ich will dir erzählen, wie es mir ergangen ist. Ich saß zur Puja im Andachtsraum, als mir plötzlich eine Stimme sagte, dass alle Götter, die ich anbetete, falsch seien. Dann verkündigte die gleiche Stimme: 'Ich bin der Weg, die Wahrheit und das Leben; niemand kommt zum Vater als nur durch mich.' Ich wusste, dass es Jesus war. Einige Tage darauf gab ich ihm mein Leben und er hat mich zu einem neuen Menschen gemacht. Das Alte ist vorbei, meine Sünden sind vergeben und ich bin gewiss, dass mein Herr mir im Himmel eine Wohnung bereit hat. Pass auf, was Jesus sagte: 'So sehr hat Gott die Welt geliebt, dass er seinen eingeborenen Sohn gab, auf dass jeder, der an ihn glaubt, nicht verloren gehe, sondern ewiges Leben habe.' Diese Errettung gilt für alle Kasten und für alle Nationen, auch für dich. Gott wird dir vergeben und dir ewiges Leben schenken, wenn du Christus in dein Leben aufnimmst und ihm allein vertraust.»

Baba war noch zu benommen, um zu sprechen. Er schaute uns der Reihe nach an und war sich im Klaren, dass er seine treuesten Jünger verloren hatte. Langsam stand er auf. Bittere Enttäuschung sprach aus seinem Gesicht. Er war höflich, sehr freundlich und er wollte auch weiterhin unser Freund sein, doch sahen wir ihm an, dass er sich bemühen musste, eine gewaltige Gemütsbewegung zu unterdrücken. Wir waren alle traurig, als wir uns von ihm verabschiedeten. Seither haben wir Baba nie mehr gesehen.

Gerade die Leute, die die Toleranz der Hindus rühmten und behaupteten, der Hinduismus akzeptiere alle Religionen, wurden unsere bittersten Ankläger, weil wir Christus nachfolgten. Je mehr Überredungsversuche wir hörten, wieder zur Religion unserer Väter zurückzukehren, desto klarer erkannten wir, dass Treue zur Religion selten einem Verlangen nach Wahrheit, sondern vielmehr rein gefühlsmäßigen Bindungen an kulturelle Traditionen entspringt. Viele Hindus sagen ihr Leben lang Sanskrit-Mantras her, ohne je zu wissen, was sie bedeuten. Die meisten, die gegen uns redeten, wussten weder warum sie Hindus waren – außer durch Geburt –, noch hatten sie ein fundiertes Wissen über die grundlegenden Wahrheiten ihrer Religion. Unser Verbrechen war, die Religion unserer Väter aufgegeben zu haben – somit war jedes Diskutieren über die Wahrheit sinnlos.

Eigenartigerweise regten sich viele Moslems genauso auf, obwohl wir ja nicht ihre Religion verlassen hatten. Ein Freund, der Moslem ist, schrie mich an: «Ich habe gehört, du folgst diesem Schwindler Jesus nach!» Dabei lehrt selbst der Koran, dass Jesus ein reines und sündloses Leben führte.

Es war zuerst schwierig, den Hass und Zorn gegen uns zu verstehen, den der Name Jesus in den Herzen von ehemaligen Freunden auslöste. Dann aber lasen wir in den Evangelien, dass Jesus seinen Nachfolgern verheißen hatte, dass die Menschen sie um seines Namens willen hassen würden. Und doch konnten wir nur schwer begreifen, wie man Jesus überhaupt hassen oder gar kreuzigen konnte. Er tat ja nur Gutes. Aber er behauptete von sich selbst, der einzige Weg zu Gott zu sein, und wir merkten bald, dass dieser Anspruch die Menschen ärgerte; denn das bedeutete, dass sie ihre religiösen Rituale und Opfer aufgeben müssten, um allein seinen Tod für ihre Sünden anzuerkennen. Ihr Hass gegen Jesus richtete sich nun auf uns, seine Jünger.

«Ihr seid ein Schandfleck und eine Beleidigung der Gemeinschaft der Hindus! Heuchler! Verräter!» Die laute Stimme ließ mich auffahren und ich rannte auf die Veranda, um zu sehen, was los sei. Krishna und Shanti standen schon da. Auf der Straße vor dem Haus stand ein großer amerikanischer Wagen. Auf dem Dach war ein Lautsprecher befestigt und auf dem Hintersitz saß ein Mann am Mikrophon. Wir sahen, dass es einer der reichsten Männer in Trinidad, ein Brahmane und führender Hindu war.

«Ihr habt der Religion und den Göttern eurer Vorväter den Rücken gekehrt; die schlimmste Tat, die ein Hindu begehen kann! Ihr habt die großartigste Dharma der Welt aufgegeben! Das wird euch teuer zu stehen kommen!» Offensichtlich hatte er seine Rede sorgfältig vorbereitet, denn er las mehrere Minuten pausenlos weiter, wobei er durch die Nachbarn, die auf die Straße strömten, ermutigt wurde. Dann fuhr er mit aufheulendem Motor in nördlicher Richtung wieder ab.

Schließlich wurde es Onkel Deonarine und seiner Frau zu viel. Diese war ohnehin nie so recht mit den übrigen Frauen im Haus ausgekommen. Und jetzt, da wir alle Christen geworden waren, fanden sie es unerträglich, mit uns unter einem Dach zu wohnen; also zogen sie aus.

Jeden Tag mit dem Bus zur Schule zu fahren war zu umständlich. Kumar fand für mich eine Familie in der Nähe des Queen's Royal College, bei der ich wohnen konnte. Sie waren Hindus. Die Lage war gut, allerdings mussten zehn Leute zwei Schlafzimmer teilen. Der älteste Sohn, der auch die Mittelschule besuchte, und ich schliefen auf dem Boden im Wohnzimmer. Es gefiel mir gar nicht, wieder von Bildern und Figuren der Hindugötter umgeben zu sein. Ich hatte der Familie noch nicht bekannt, dass ich Christ geworden war. Doch als ich Tag für Tag in der Familienpuja fehlte, war ich ihnen eine Erklärung schuldig.

«Ich bin Christ geworden», bekannte ich ihnen eines Abends. Die ganze Familie starrte mich ungläubig an. Der Vater lachte – er dachte, ich würde scherzen. Als er aber merkte, dass es mir ernst war, wurde er zornig. «Du hast die größte Religion der Welt verlassen, um ausgerechnet Christ zu werden!», fuhr er mich in verächtlichem Ton an. «Warum?» «Ich suchte die Wahrheit und da erkannte ich, dass Jesus die Wahrheit ist, der allein wahre Gott, der für unsere Sünden in den Tod ging.»

Sie bemühten sich mit vereinten Kräften, mich wieder zurückzugewinnen. Sie klagten mich an, der Religion meiner Väter untreu geworden zu sein; dabei verkauften sie in ihrem Geschäft unten im Haus Rindscurry, und das war keine geringe Verletzung des Hinduismus. Ich schwieg jedoch darüber. Beinahe jeden Abend kam der Vater betrunken nach Hause, und jetzt beschimpfte und verwünschte er mich, wobei er den Namen des Herrn Jesus missbrauchte – und ich durfte mich nicht wehren. Er war sonst, wenn er nüchtern war, ein recht anständiger Mann. Obwohl er die Christen nicht ausstehen konnte, bemühte er sich in jeder Weise, zuvorkommend und gastfreundlich zu sein.

Mehr noch als menschliche Feindseligkeiten, berührte mich der zunehmende Druck von Dämonen, die nichts von Freundlichkeit wussten. In jenem Haus war ich von schrecklich aussehenden Götzen umgeben. Ich kannte die wirkliche Macht hinter diesen grinsenden Masken, und darum willigte ich zuerst nur zögernd ein, in diesem Haus zu wohnen. Mir blieb damals keine andere Wahl.

In der Schule war das Leben auch wieder hart geworden. Nachdem ich mir endlich als überzeugter Hindu die Achtung der Klassenkameraden verschafft hatte, war ich jetzt die Zielscheibe gemeiner Witze über Jesus geworden. Sogar Jungen, die ich für Christen gehalten hatte, griffen mich jetzt an.

Doch Jesus verlieh mir neuen Mut. Christus würde bei mir sein, mich leiten und führen und für mich sorgen!

Man stelle sich meine Begeisterung vor, als ich eines Tages am Anschlagbrett der Schule von einer Veranstaltung von «Jugend für Christus» las, die in der Aula stattfinden sollte. Es war der größte Verein der Schule, und dabei hatte ich immer gedacht, ich sei der einzige wirkliche Christ am Queen's Royal College! Ich wurde sofort herzlich aufgenommen und fand dort bald eine ganze Reihe Freunde.

Die engste Freundschaft entwickelte sich mit Brendan Bain, dem Sohn eines bekannten Kricketschiedsrichters. Auch er war erst vor kurzem Christ geworden. Durch gemeinsames Gebet und Bibellesen ermutigten wir einander, ganz für Christus zu leben und für ihn Zeugnis zu sein.

Oft erlebte ich, wie Freunde gerade durch dieses Zeugnis und durch die Veranstaltungen von «Jugend für Christus», wo ich inzwischen Mitarbeiter geworden war, für Jesus gewonnen wurden. Es war allerdings nicht einfach, einem «geborenen» Christen klar zu machen, dass er ohne Wiedergeburt nicht ins Reich Gottes eingehen könne.

Um unnötigen Auseinandersetzungen mit der Hindufamilie aus dem Weg zu gehen, nahm ich ein Zimmer in der Schule, das ich bis spät in die Nacht benutzen durfte. So konnte ich viel Zeit für Bibellesen und Gebet verwenden. Wenn ich abends zum Haus zurückkam, waren die meisten schon im Bett. Als das ganze Gebäude dann ein Jahr später abgerissen wurde, um durch einen Neubau ersetzt zu werden, war ich gezwungen, umzuziehen. Mein neues Zuhause lag allerdings viel weiter vom College entfernt, aber Brendan lieh mir sein Fahrrad. Zu meiner Freude war meine neue Zimmervermieterin eine feine Christin. Sie ermutigte mich immer wieder in meinem Glaubensleben.

Als Junge hatte ich aus Neugier mehrmals meine Uhr auseinandergeschraubt und wieder zusammengesetzt. Jetzt schlug ich aus meinem Geschick Kapital. Mit einer Rasierklinge, einem Taschenmesser und einer Nadel reparierte ich meinen Freunden die Uhren. Jeden Freitagabend fuhr ich mit Brendans Rad in die Stadt, um die nötigen Teile zu kaufen.

Mein Ruf als «Uhrenmacher» verbreitete sich schnell, so dass mir bald Lehrer und Schüler ihre Uhren zur Reparatur brachten. Damit verdiente ich etwas Taschengeld, und ich war in der Lage, einen Teil meines Unterhaltes selber zu bestreiten.

An den Wochenenden fuhr ich heim nach Lutchman Singh Junction, wo ich in der kleinen Gemeinde unter dem Haus in der Sonntagschule unterrichtete. Krishna war inzwischen Lehrer geworden an der Primarschule in San Fernando. Er und Shanti fuhren gewöhnlich übers Wochenende auch nach Hause. Wir freuten uns über die Gemeinschaft im Bibellesen, aber auch im Austausch der Erfahrungen mit Jesus.

Ma war uns allen ein großer Ansporn, besonders im Gebetsleben. Wir hatten uns herzlich lieb. Sie betete oft mit mir und bat den Herrn, mir zu zeigen, wie mein Weg nach dem Mittelschulabschluss weitergehen solle.

In mir war der Wunsch wach geworden, Arzt zu werden. Mir gefiel der Gedanke, andern helfen zu können. Gleichzeitig wäre es eine gute Möglichkeit zum Bekenntnis meines Glaubens. Vielleicht würde sich sogar eine Tür zum Studium in England öffnen.

Kapitel 16

Wiedersehen und Abschied

«Rabi, deine Mutti kommt nach Hause!» Tante Revati stand in der Verandatür und schaute die tägliche Post durch. Sie war ganz aufgeregt über die plötzliche Nachricht. War es möglich – nach elf Jahren?

«Sie schreibt aus London», teilte Revati mit, während sie den Brief überflog. «Sie ist mit dem Schiff unterwegs nach Trinidad. – Stell dir vor, heute kam es an!»

Lari war gerade auf einen kurzen Besuch aus den Vereinigten Staaten gekommen, wo er an seinem Doktorat arbeitete. Als er unsere erregten Stimmen vernahm, eilte er sofort ins Zimmer. «Um welche Zeit legt das Schiff an?», fragte er.

«Es muß schon da sein!», rief meine Tante aufgeregt. «Wir müssen uns beeilen!» Das wurde eine wilde Fahrt! Als wir am Hafen ankamen, hatte das Schiff bereits angelegt und alle Passagiere waren an Land gestiegen. Nirgends war Mutter zu sehen. «Sie hat wahrscheinlich schon ein Taxi genommen», meinte Lari. «Also nichts wie zurück nach Hause!» Wir rasten zurück, diesmal noch schneller.

Wir jagten die Treppe hoch und stürzten ins Wohnzimmer, und da war sie, meine Mutter, die ich nicht mehr gesehen hatte, seit ich sieben war. Sie stand neben dem Esstisch und sprach mit Ma, ein wenig verwirrt und offensichtlich erstaunt, Ma so jugendlich und auf den Beinen anzutreffen. Dabei hatten wir ihr von der Heilung geschrieben.

Zuerst erkannte sie Lari. Sie umarmten sich. Dann war Tante Revati an der Reihe. Ich stand gerade neben der Tür und verfolgte die rührende Szene. Mir tat Mutter leid. Sie war gewiss durch das ganze Haus gegangen. Der

Andachtsraum war leer. Die Götzen und Bilder der Gottheiten an den Wänden waren weg. Das muss hart für sie gewesen sein. Vielleicht fürchtete sie sich sogar vor dieser Begegnung. Wir waren alle Christen und sie eine überzeugte Hindu. Wir müssen ihr wie Fremde vorgekommen sein.

Sie blickte mich an, ohne mich zu erkennen. Schließlich fragte sie: «Wo ist denn Rab?» Alle schwiegen. «Wer ist das?», fragte sie und zeigte auf mich. Noch immer antwortete niemand, alle waren gespannt, ob sie mich erkennen würde.

Die Spannung wurde unerträglich. Da erklärte Tante Revati: «Das ist Rabi!»

Alle schauten zu mir hin. Ich konnte mich nicht mehr zurückhalten, rannte zu ihr und küsste sie. Sie legte ihren Arm um mich, aber nicht mit der Wärme, wie ich es nach elf Jahren erwartet hätte. Es war, als ob wir uns zum ersten Mal sähen.

«Wie du gewachsen bist, Rab! Ich hätte dich nicht erkannt.» Trotz meiner Liebe zu ihr trennte uns eine Kluft. «Wir müssen dich ganz knapp verpasst haben», lenkte Tante Revati ab. «Wie lange bist du schon hier?» «Keine zwanzig Minuten. Macht euch nichts daraus!» «Es tut mir so leid», sagte meine Tante. «Nach all diesen Jahren kommst du wieder nach Hause und niemand ist da, um dich zu empfangen!»

«Ich weiß, dass die Post nicht so zuverlässig ist», antwortete Mutter und wischte sich eine Träne aus den Augen. Es war uns allen klar, dass ihre Traurigkeit von etwas Wichtigerem herrührte.

Da war es endlich, das Wiedersehen, an das ich schon lange nicht mehr geglaubt hatte. So viel wollten wir einander erzählen, aber die Schranke zwischen ihr und uns konnte nicht übersehen werden. Sie war voller Lob für Baba Muktananda, den Guru, in dessen Tempel sie die ganzen Jahre gelebt hatte. Als inzwischen ausgebildete

Yogalehrerin wollte sie uns die Vorzüge der Körperkontrolle durch Meditation anpreisen – wodurch man sich der Herrschaft böser Geister öffnete, wie wir erkannt hatten; aber wie hätten wir ihr das beibringen können? Sie hätte mich gerne noch mehr über den Hinduismus gelehrt – aber ihr wurde klar, dass ich ihre Auffassungen nicht mehr teilte. So gingen wir beide einem Streitgespräch aus dem Wege.

Philosophisch gesehen mag es einleuchten, dass der Hinduismus Recht hat, wenn er alle Religionen akzeptiert. Alle streben ja demselben Ziel zu, nur auf verschiedenen Wegen. Doch wer Toleranz und religiösen Synkretismus befürwortet, hat nicht erkannt, dass wir es tatsächlich mit schwerwiegenden Unterschieden zu tun haben, die unser Leben zutiefst beeinflussen. Solch grundlegende Verschiedenheiten können auch durch ökumenische Übereinkünfte nicht überbrückt werden.

Mutter war der Hinduphilosophie verpflichtet, nach welcher es nur eine Realität gibt, Brahman, wonach Karma die zukünftige Abzahlung vergangener Sünden verlangt. Wir aber hatten die feste Überzeugung, dass Schöpfer und Schöpfung nicht dasselbe ist. Wir empfingen die Vergebung durch Jesus Christus und glaubten nicht an Reinkarnation. Diese gegensätzlichen Glaubensauffassungen konnten nicht miteinander in Einklang gebracht werden. Mutter musste sich damit abfinden, dass wir ihre religiöse Überzeugung nicht mehr teilten. In unserer Gegenwart schien sie unsicher. Alles hatte sich ja verändert, nur sie nicht. Sie hielt noch immer an Traditionen und Mythologien fest, die wir verworfen hatten. Nach drei Tagen fuhr sie nach Port of Spain, um dort die höchste Stellung im größten Tempel Trinidads zu bekleiden. Es tat uns allen weh, dass sie uns schon so bald wieder verließ, aber die Schranke zwischen uns war nicht wegzuleugnen.

«Komm doch auch mit in den Tempel», versuchte sie

mich zu überreden, bevor sie abreiste. «Sobald du wieder zur Schule gehst, musst du mich wenigstens besuchen! Da sind schöne Zimmer, die uns zur Verfügung stehen und es ist nicht weit zum Queen's Royal College.»

Doch nichts konnte mich dazu bewegen, an einem solchen Ort zu wohnen; nicht einmal die Nähe meiner Mutter. Wenn sie es nur verstehen würde! Selbst ein Besuch war mir zuwider. Ich hegte nicht den geringsten Zweifel, dass sich hinter jenen Götzen dämonische Mächte verbergen, welche die Anbetenden in Ketten der Finsternis gefangen halten. Jener erste Besuch bei ihr ist mir noch lebhaft in Erinnerung geblieben. Jemand wies mir den Weg zu ihrem Zimmer. Als ich eintrat, sah ich Mutter im Lotussitz vor einem großen Spiegel, das göttliche Ich anbetend. Der Anblick schmerzte mich zutiefst. An der Wand hing ein riesiges Bild ihres Guru Muktananda, das sie ebenfalls mehrmals am Tag anbetete.

Begeistert begrüßte sie mich. «Ich bin so froh, dass du da bist, Rabi! Komm, ich will dir etwas zeigen!» Sie führte mich ins angrenzende Zimmer. «Schau, das habe ich für dich eingerichtet! Wann ziehst du ein?» «Nun, es ist schon ein bisschen weit bis zur Schule ...», wich ich aus. «Ach, nur fünf Minuten», gab Mutter enttäuscht zurück. «Ich werde mit meiner Zimmervermieterin reden.» Bei jedem Besuch versuchte sie mich von neuem zu überreden, aber ich gab ihr nur ausweichende Antworten, weil es mir zu grausam schien, ihr Angebot rundweg abzuschlagen. Es muss bitter für sie gewesen sein. Sie hatte so viel von mir erwartet und jetzt war ich ihr sogar zum Anstoß geworden. Jeder Hindu auf der Insel achtete sie und auf ihren vielen Vortragsreisen fragte man sie natürlich nach mir.

Meine Besorgnis um sie ging aber viel tiefer: Ich fürchtete um ihr ewiges Schicksal. Sie war den Göttern völlig ergeben. Gott hatte sich in seiner Güte zu mir geneigt. Gewiss konnte er sich auch meiner Mutter offenbaren. Täglich betete ich um ihr Heil. Allein der Stolz konnte sie so verblenden. Es würde unwahrscheinlich schwer sein, die Achtung, die sie genoss, preiszugeben, um stattdessen der Verachtung der ganzen Hindugemeinschaft ausgeliefert zu werden. Ein einziges Mal versuchte ich sie mit dem Anspruch Jesu zu überzeugen: «Ich bin der Weg, die Wahrheit und das Leben.»

«Natürlich, da bin ich einverstanden!», konterte Mutter. «Jesus wollte damit ausdrücken, dass wir alle der Weg sind. Das lehren die Veden auch: Jeder hat seine eigene Dharma und muss in sich selbst seine eigene Wahrheit finden.» «Aber Mutti! Jesus sagt von sich, er sei der einzige Weg!»

Wir merkten bald, dass ein religiöses Streitgespräch uns nicht weiterbringen würde und wechselten das Thema. Aus einzelnen Bemerkungen las ich heraus, dass sie nicht ganz glücklich war. So betete ich weiter, dass dieser innere Hunger sie zum Herrn treiben möge. «In einigen Augenblicken fahre ich ins Fernsehstudio», fiel mir Mutter ins Wort, als ich sie eines Nachmittags besuchte. «Es freut mich, dass du dabei sein kannst!»

Ich wollte gar nicht mit, da sie einen Vortrag über Hinduismus halten würde und von mir ein Urteil erwartete. Die Folge wäre natürlich wieder eine Auseinandersetzung – aber mir blieb nichts anderes übrig.

Im Studio beobachtete ich Mutter. Sie saß vor der Fernsehkamera und pries die Vorzüge von Yoga und Meditation. Ich war überzeugt, dass sie den Frieden, von dem sie sprach, selber nie erfahren hatte. Ich hatte ja selbst versucht, ein Gefühl des Friedens zu simulieren; aber es war nie echt. Frieden bekommen wir nur, wenn wir in der rechten Beziehung zu unserem Schöpfer stehen; und in dieser Beziehung stand sie nicht.

Als das Programm im Fernsehen gesendet wurde, schauten wir es gemeinsam an. «Was hältst du davon, Rabi?», wollte Mutter nach der Sendung wissen.

Wie stolz ich als Hindu auf meine Mutter gewesen wäre! Aber jetzt bedrückten mich ihr religiöser Eifer und ihre Erfolge. «Du bist eine gute Rednerin, Mutti!», antwortete ich schließlich. «Du hast eine gute Stimme und machst einen guten Eindruck auf dem Bildschirm.»

An ihren enttäuschten Augen sah ich, dass sie mehr erwartet hatte. Wird sie je die Hoffnung aufgeben, dass ich zum Hinduismus zurückkehre?

Nach Schulabschluss lud man mich in verschiedenen Gemeinden auf der Insel zum Predigtdienst ein. Oft begleitete mich Krishna. Wir erzählten in den Versammlungen, wie wir Jesus gefunden hatten und sangen gemeinsam. Diese Dienste machten uns viel Freude! Sollte ich dieses Leben, das mich so erfüllte, weiterführen oder wäre es besser, die Uni zu besuchen? Ma und Tante Revati beteten oft mit mir, um den Willen Gottes zu erkennen. Die Überzeugung wuchs, dass der Herr mich nach London führen wolle. Ich dachte nur an ein Medizinstudium. Als Arzt und Christ hätte ich große Möglichkeiten, den Menschen zu dienen.

«Ein Brief an dich von Onkel Kumar», rief mir Tante Revati eines Tages zu, als sie die Post durchsah. Kumar war einige Monate vor der Ankunft meiner Mutter nach London zurückgereist. «Er lädt mich zu sich nach London ein!», rief ich begeistert. Ich hatte gerade vier Tage mit Fasten und Gebet zugebracht. Mir lag viel daran, den Willen Gottes für mein weiteres Leben zu erkennen. Jetzt öffnete mir der Herr eine Tür nach London! Obwohl ich noch kein Geld für die Reise hatte, vertraute ich ihm, dass er für die Reisekosten sorgen würde.

Anfangs Februar 1967 hörte ich von einem französischen Linienschiff, der S.S. Antilles, das am vierzehnten des Monats nach London fahren würde. Innerlich hatte ich die Gewissheit, dass dies mein Schiff sei. Aber die Tage verstrichen und ich hatte kein Geld. Trotzdem ging ich am zwölften Februar früh nach Port of Spain und besorgte mir einen Reisepass. Darauf begab ich mich unverzüglich in die britische Botschaft, um ein Visum zu beantragen. «Wir können kein Visum ausstellen», belehrte man mich, «bevor sie uns nicht mindestens fünfzehnhundert Dollar Reisegeld vorlegen können.» Dabei fehlte mir sogar das Geld für die Schiffskarte!

Als ich das Büro verließ, reichten die Münzen in meiner Tasche gerade für die Fahrt mit dem Bus nach Hause. Zu Hause erfuhr ich, dass drei Gaben an mich im Gesamtbetrag von 1500 Dollar eingegangen waren. Ich war überrascht, meine Mutter unter den Spendern zu finden. Dass die Summe gerade dem Betrag entsprach, den ich benötigte, war eine weitere Bestätigung für Gottes Führung.

Am gleichen Abend bot mir ein Freund ein Darlehen für die Schiffskarten an. Alle Türen schienen offen: Ich hatte das Geld und in London war für Unterkunft gesorgt. «Am Vierzehnten fahre ich nach London», kündigte ich der Familie an. «Am Vierzehnten? Das ist übermorgen. Kannst du das so schnell schaffen?» «Heute erhielt ich meinen Pass und morgen werde ich Visum und Schiffskarte holen, so Gott will.»

Ich hatte keine Ahnung, wie schwierig es war, ein Visum für England zu bekommen. «Es tut uns leid, aber wir können Ihnen kein Visum ausstellen», war der trockene Kommentar der britischen Botschaft.

«Aber ich habe die fünfzehnhundert Dollar, die verlangt sind.» «Das heißt noch lange nicht, dass Sie ein Visum bekommen.» «Warum nicht?» Ich hatte gehört, dass die englische Regierung die Einreise von Ausländern mit strengeren Restriktionen belegt hatte.

Er gab mir keine weiteren Erklärungen. «Es tut mir leid, ich kann es nicht aushändigen.» Er blätterte im Pass und legte ihn dann auf den Schalter. Ich nahm ihn nicht auf, sondern schaute über ihn weg durchs Fenster und betete innerlich: «Herr, greif du ein!» Er nahm den Pass wieder zur Hand und drückte den Visumstempel hinein. «Danke Herr!», flüsterte ich vor mich hin.

Als ich am Abend mit Visum und Fahrkarte in der Hand nach Hause kam, waren Freunde und Verwandte versammelt. Ma und Tante Revati hatten sie zum Abschied eingeladen. Sogar Mutter war eigens aus Port of Spain gekommen. Sie war eben heimgekehrt und jetzt fuhr ich schon weg. Ma wurde älter und ich verließ sie ungern. Auch von Tante Revati fiel mir der Abschied schwer. Und Shanti und Krishna – welch herrliche Zeiten erlebten wir miteinander! Und die übrigen Kusinen und Vetter und Onkel und Tanten, von denen etliche Christen waren. Ich mochte gar niemanden verlassen. Aber ich glaubte, dass diese Reise Gottes Plan für mich sei und war mir seiner Führung gewiss!

Die Abschiedsreden waren wohlgemeint, liebevoll und meist aufrichtig. Tante Revati erklärte mir mit Tränen in den Augen, dass sie mich sehr lieb habe. Sie würde mich und meine Hilfe bei den Hausarbeiten sehr vermissen. Unwillkürlich dachte ich zurück und pries den Herrn, der mich verändert hatte. Selbst einige Nachbarn, die Hindus waren, bezeugten mir ihre Achtung, nachdem sie mich längere Zeit unter die Lupe genommen hatten. Dann stand meine Mutter auf.

«Rabi ist mein einziges Kind», fing sie an, «und ich schätze mich glücklich, einen solchen Sohn zu haben!» Ich traute meinen Ohren kaum. «Seit ich wieder in Trinidad bin, habe ich seinen Lebenswandel beobachtet. Ich achte ihn sehr, ja, ich habe ihn insgeheim sogar bewundert.»

Ich hatte Mühe, die Tränen zu unterdrücken. Mutter machte nie große Worte. Deshalb schätzte ich das Gesagte umso mehr. Es ermutigte mich auch, weiterhin für sie zu beten.

Was ihr auffiel, waren nicht meine Tugenden oder mein Licht, sondern die Liebe und das Leben Christi in

mir. Sie pries nicht meine Eigenschaften. Der Verdienst
gehörte allein Jesus. Er veränderte mich! Mein Wunsch,
auch Mutter würde dieses neue Leben in Christus ergreifen, wurde übermächtig!

Kapitel 17

Wo Ost und West sich begegnen

In London sollte mein Leben eine unerwartete Wendung erfahren. Wenn ich zurückblicke, kann ich nur staunen, wie Gott alles geplant und mich darauf vorbereitet hatte. Doch zuvor erschütterte eine Tragödie die Familie in Trinidad. Es schmerzte mich, dass ich nicht zuhause sein und Ma trösten konnte.

Kurz nach meiner Ankunft in London verkündete mir ein Telegramm den völlig unerwarteten Tod meines Onkels Deonarine. Er war wie Nana an einem Herzschlag gestorben. Deonarine war erst siebenunddreißig Jahre alt. Ma nahm seinen Tod sehr schwer. Etwas später wich unsere Bedrückung und Trauer, als wir vernahmen, dass Deonarine insgeheim lange, ernsthafte Gespräche mit einem jungen Christen geführt hatte, der früher Hindu war. «Bete für mich», forderte ihn Deonarine wiederholt auf. Wir erfuhren auch, dass er inmitten einer Puja, die für ihn gehalten wurde, plötzlich aufstand und sich davonmachte, während ihm der Pandit und alle Übrigen bestürzt nachstarrten. Danach hatte er sich geweigert, an weiteren Pujas teilzunehmen. Ich hoffte innig, dass Onkel Deonarine Frieden mit Gott fand. Sein plötzlicher Tod erinnerte mich erneut daran, wie kurz und ungewiss das Leben ist. Es gab mir Ruhe und Sicherheit, wenn ich daran dachte, dass mein Leben in Gottes Hand liegt. Er wird das Beste daraus machen!

Vor Semesterbeginn arbeitete ich in einer Fabrik. Dann belegte ich vorklinische Kurse an einem College, das mir Onkel Kumar empfohlen hatte. Die Unmoral unter meinen Studienkameraden schockierte mich. Auf eine unerwartete Weise wurde mein Glaube an Jesus bekannt. Am zweiten oder dritten Schultag saß ich im Chemieunterricht in der vordersten Bankreihe. Meine Krawattennadel proklamierte in großen Buchstaben: Jesus versagt nie. Mitten im Unterricht hielt der Lehrer inne und beugte sich zu mir, um sich meine Krawattennadel näher anzusehen. «Jesus versagt nie?», las er laut in spöttischem Ton vor. «Und das glauben Sie?» Ich stand auf und bekannte mit fester Stimme: «Ja, ich glaube es von ganzem Herzen. Jesus hat mich bisher noch nie im Stich gelassen.» «Stell dir vor!», rief der Lehrer. Einige Schüler grunzten laut. Ihre Gesichter schienen zu sagen: Ist es möglich, dass in unserer Klasse wirklich jemand ist, der die Bibel ernst nimmt? Dabei ist er Inder! Die Neuigkeit verbreitete sich wie ein Lauffeuer an der Schule. Ich war ein gezeichneter Mann!

Kaum hatte ich mich zum Mittagessen an einen Tisch gesetzt, da kamen fünfzehn oder zwanzig Studenten oft aus verschiedenen Ländern und setzten sich in einem Kreis um mich hin. Gleich schossen sie mit Fragen los: «Glaubst du wirklich an Gott? Warum? Wie stellst du dich zur Evolution? Warum sollten wir Gott noch nötig haben? Die Wissenschaft hat doch alle Fragen geklärt. Wie kannst du an die Auferstehung glauben? Warum glaubst du nicht an Reinkarnation?» Einige wollten mich nur herausfordern und diskutierten, aber andere waren auf der Suche nach der Wahrheit. Ich beantwortete jede Frage über Wissenschaft, Religion, Politik und Psychologie im Lichte der Bibel. Aber mein Ziel war stets, meine Gesprächspartner für Christus zu gewinnen. Zu meiner Freude durfte ich einige zu Ihm führen.

Trotz der vielen Arbeit für die Schule und des Dienstes in den Sonntagschulklassen fand ich regelmäßig Zeit, um in den Hyde Park, zum Piccadilly Circus und in die Portobello Road zu gehen. Dort sprach ich mit jedem, der zuhören wollte, über Christus. Ich stieß dabei öfters auf Drogensüchtige. Dabei machte ich eine aufregende Entdeckung: Etliche erlebten mit der Droge genau dasselbe, wie ich durch Yoga und Meditation. Verwundert hörte ich zu, wie sie mir die «wunderbare und friedvolle Welt» schilderten, die sich ihnen durch LSD öffnete. Diese Welt der psychedelischen Farben und Klänge war mir nur allzu bekannt. Natürlich gab es auch schlechte Trips, aber im Allgemeinen hingen die Drogensüchtigen an diesen Erlebnissen, wie auch ich, als ich noch Yoga praktiziert hatte.

«Ich brauchte keine Drogen, um Visionen von anderen Welten und Wesen zu haben, psychedelische Farben zu sehen und eine Einheit mit dem Universum zu verspüren», erzählte ich ihnen. «All das öffnete sich mir durch Transzendentale Meditation. Aber das Ganze war ein Bluff, ein Betrug von bösen Geistern, die meinen Verstand beschlagnahmten, sobald ich die Kontrolle über ihn fahren ließ. Ihr werdet betrogen. Der einzige Weg, Erfüllung und Frieden zu finden, ist der Glaube an Jesus Christus.» Durch die Tatsache, dass ich ihre Erfahrungen auch ohne Drogen gemacht hatte, wurden viele jener Drogenkonsumenten hellhörig und nahmen meine Warnung ernst.

Manchmal besuchte ich einen süchtigen Bekannten in seiner Wohnung, um mit ihm über Jesus Christus zu sprechen. Eines Tages war die Tür nur angelehnt, als ich kam. Als niemand auf mein Klopfen reagierte, trat ich ein. Lauter Rock tönte aus dem Verstärker und das Zimmer war in psychedelisches Licht getaucht. Mitten auf dem Boden sah ich meinen Freund mit Körper und Armen Bewegungen vollziehen, die mir wohlbekannt waren.

«Pat!», schrie ich. Er schien meine Gegenwart so wenig wahrzunehmen wie mein Vater während beinahe acht Jahren. «Pat!», schrie ich immer wieder, aber es war mir völlig unmöglich, zu ihm durchzudringen. Drogen hatten ihn in eine andere Welt versetzt.

Ich eilte in mein Zimmer zurück, fiel auf die Knie und

schrie für meinen Freund zu Gott. Pat machte auf seinem Trip die gleichen Bewegungen wie die Tempeltänzerinnen der Hindus. Er interessierte sich durch seine Drogenerfahrungen sehr stark für den Hinduismus. Es stimmte mich traurig, wenn ich sah, wie er Seele und Leib für etwas preisgab, das von Dämonen herrührte.

Ein anderer Drogenabhängiger besuchte manchmal die Mieter im gleichen Wohnblock, in dem Onkel Kumar und ich lebten. Ich hörte diesem intelligenten Cambridge Absolventen gerne zu, wenn er auf dem Piano meines Onkels klassische Musik spielte. Er war ein musikalisches Genie. Wir führten einige lange, ernsthafte Gespräche. Michael hatte keine Ahnung über Hinduismus. Dennoch waren seine Auffassungen über Gott, das Universum und den Menschen genau dieselben, die ich als Yogi noch mit ihm geteilt hätte. Die Feststellung, dass die Drogenerfahrungen ihn von der Wahrheit des Hinduismus überzeugt hatten, verblüfften mich.

Ich dachte über diese Tatsache nach, dass so viele Süchtige die gleichen Erlebnisse hatten mit Drogen wie Yogis durch östliche Meditation. Drogen erzeugen demzufolge einen ähnlichen Bewusstseinszustand wie die Meditation. So können die Dämonen auf die Nervenzentren wirken. Das löst diese übernatürlichen Erfahrungen aus, die aber nichts anderes als Vorspiegelungen sind. Die gleichen bösen Geister, die mich immer tiefer in die Meditation geführt hatten, um von mir restlos Besitz zu ergreifen, stehen auch hinter der Drogenbewegung, und zwar mit dem gleichen teuflischen Ziel. Es wurde mir immer klarer, dass der Drogenkult, die Meditation, die freie Liebe und die Auflehnung der Jugend in der Hippiebewegung zur selben satanischen Strategie gehören. Diese Bewegung fand ihren Ausdruck unter anderem in der Musik von Gruppen wie den Beatles oder Rolling Stones. Ich erinnere mich gut an ein Konzert der Rolling Stones, das nach dem Tod von Bryan Jones gegeben wurde. 250 000 Fans waren im Hyde Park zusammengeströmt, um eines Popidols zu gedenken, das an einer Überdosis gestorben war. Durch die Musik waren sie nicht weniger aufgedreht als durch Hasch und LSD.

Am meisten entsetzte mich die Entdeckung, dass die ganze Philosophie dieser Gegenkultur grundsätzlich hinduistisch war: Die gleichen Lügen von der Einheit allen Lebens, der Vegetarismus, die Auffassung der stetigen Aufwärtsentwicklung bis zum Einssein mit dem Universum und die Behauptung, dass jeder seinen eigenen Weg finden müsse.* Viele junge Menschen flüchteten nicht nur in den Drogenrausch, sondern übten auch Transzendentale Meditation und die verschiedenen Arten von Yoga. Ihre ganze Denkweise wurde durch östlichen Mystizismus umnebelt. Fast alle begannen an Reinkarnation zu glauben, was den Glauben an die Auferstehung Christi ausschloss, denn die beiden sind unvereinbar. Meine Besorgnis wuchs, als mir klar wurde, dass Satan daran war, den Westen völlig mit östlichem Mystizismus zu unterwandern. Wenige Christen schienen diese Strategie zu durchschauen und zu bekämpfen. Wollte Gott etwa mich, einen ehemaligen Hindu, zurüsten, die Millionen Menschen im Westen zu warnen, die auf östliche Philosophie hereinfielen, die ich als falsch erkannt hatte? Ich betete ernsthaft um Klarheit.

Offensichtlich hatte Gott einen Plan für mich. Schrittweise führte er mich und ließ mich seine liebende Fürsorge spüren. Die erste Predigt, die ich hörte, war eine Auslegung über den dreiundzwanzigsten Psalm. Der gute Hirte wollte mir zeigen, dass ich zu seiner Herde gehörte und deshalb auch unter seiner Fürsorge stand.

---

* Der Hinduismus lehrt, dass die Dharma eines jeden Menschen verschieden ist und deshalb auch individuell gesucht und gefunden werden muss. Es gibt keinen sittlichen Maßstab, der für alle verbindlich ist. Krishna lehrte, dass man jeden beliebigen Weg wählen kann, d. h. tun und lassen kann, was einem passt und trotzdem zu ihm gelangt.

Eines Morgens, als ich in der Schule Prüfungen zu schreiben hatte, fehlte mir das Geld für den Bus. Im Gebet klagte ich meine Verlegenheit dem Herrn. Darauf ging ich wie immer zur Bushaltestelle und stellte mich in die Reihe. Gerade bevor der Bus ankam, drückte mir eine Dame eine Fünfpfundnote in die Hand und bestand darauf, dass ich sie behalten solle. Einige Wochen zuvor hatte ich ihren Mann zum Herrn geführt. Dafür war sie sehr dankbar. Doch gab ich ihr keinerlei Hinweise, dass ich in Geldnot war. Allein der Herr konnte es ihr aufs Herz gelegt haben.

An einem andern Morgen fühlte ich mich sehr gedrängt, um Bewahrung zu beten bei all meinem Tun. Als ich dann an der Bushaltestelle anstand, hatte ich das Gefühl, dass ich in den Bus 6 einsteigen sollte, obwohl mein Bus, die Nummer 52, in einigen Augenblicken kommen musste. Ohne zu wissen warum, sprang ich auf. Der Bus war kaum vom Bürgersteig weggefahren, als ich entsetzlich quietschende Reifen hörte. Ich schaute zurück und sah ein Auto in die wartende Menschenschlange rasen, gerade dort hinein, wo ich gestanden war. Ich sprang vom Bus und versuchte zu helfen. Es war furchtbar. Beinahe wäre auch ich ein Opfer gewesen. Obwohl mir die Verunglückten leid taten, war ich doch von Herzen dankbar, dass der Herr mein Leben gerettet hatte. Es war seine Bewahrung. Am folgenden Tag las ich in den Zeitungen den Bericht über diese Verkehrstragödie, die sieben Tote und sechs Schwerverletzte gefordert hatte.

Bei jeder Gelegenheit hörte ich mir im Radio die Botschaften von Billy Graham an. Sie waren für mich eine große Herausforderung. Im Frühjahr 1970 kündigte er eine Evangelisationsveranstaltung in Dortmund an. Als ich für die vielen Mitarbeiter betete, die dafür gebraucht wurden, ließ mich ein Gedanke nicht mehr los. Sollte ich die Schule aufgeben und nach Dortmund gehen? War dies mein Weg? Das schien nicht gerade vernünftig. Ich war schon im dritten Jahr und freute mich darauf, Arzt zu sein.

Erinnerungen an meine ersten, aufregenden Tage als Christ wurden in mir wach. Von Anfang an war der Wunsch da, der ganzen Welt von Jesus zu erzählen. Als ich noch die Mittelschule besuchte, flehte ich zum Herrn: «Lass mich das Evangelium einer Million Menschen verkünden!» Es schien ein unmögliches Gebet zu sein, denn in ganz Trinidad lebten nicht so viele Menschen. Aber ich glaubte wirklich, dass Gott es ermöglichen würde. Als Oswald J. Smith in Port of Spain Vorträge hielt, ging ich hin, da ich mich von Traktaten her an seinen Namen erinnerte. Am letzten Abend hatte er alle, die sich dem vollzeitigen Dienst weihen wollten, gebeten, in den Gebetsraum zu gehen. Einige wenige, die mir viel zu alt schienen, meldeten sich.

Doch auch ich begab mich in den Gebetsraum. Nach dem Gebet mit Dr. Smith glaubte ich fest, der Herr wolle mich zubereiten, andern Menschen die gute Botschaft zu verkünden.

Diese Entscheidung sollte den ganzen Verlauf meines Lebens ändern. Ich hatte gelernt, Gott zu vertrauen. So war mein Herz ruhig, obwohl ich wusste, dass ich den Traum, Arzt zu werden, aufgeben sollte. Dies fiel mir nicht leicht, doch tröstete mich das Wissen, dass Gottes Wege vollkommen sind.

Außer der notwendigen Wäsche behielt ich nur wenige Kleider und einige Bücher. Alles andere gab ich weg. Dann sagte ich meinem Onkel, London und der Laufbahn, die mich dort erwartet hätte, Lebewohl. Mit einem kleinen Koffer, der meinen ganzen Besitz enthielt und das Geld für eine knappe Woche, setzte ich mich in den Zug Richtung Dortmund. Dabei verstand ich weder ein Wort Deutsch, noch kannte ich einen einzigen Menschen in ganz Deutschland. Ich war ein kleines Kind, das sich auf eine lange Reise begibt und seinem Vater vertraut, dass er für alles sorgen werde.

Der erste Morgen in Dortmund unter Tausenden von fremden Menschen, die geschäftig durch die Straßen eilten und alle eine fremde Sprache redeten, verwirrte mich. Obwohl ich keine Adresse hatte, führte Gott mich gnädig ohne Umwege zum Büro des Billy Graham Feldzuges. Am Eingang wurde ich von einem strahlenden Deutschen in perfektem Englisch begrüßt. Mir war, als ob er mich erwartet hätte. «Guten Morgen! Sind Sie den weiten Weg aus Indien gekommen?»

«Ich studierte in London, bin aber Inder – aus Trinidad.»

«Wo wohnen Sie jetzt?»

«Ich schlief letzte Nacht in einem Hotel!»

«Das geht natürlich nicht! Ich will dafür sorgen, dass Sie eine Unterkunft bekommen. Inzwischen werden wir etwas Warmes essen.»

Er führte mich in ein gemütliches Heim in der Nähe der Marienkirche. Meine Gastgeber, Familie Klitschke, hätten nicht zuvorkommender sein können. Bald vergaß ich, dass ich in einem fremden Land war.

In Dortmund zog es mich wie in London zu den Hippies und Drogenkonsumenten. Ich fand bald Kontakte. Viele stellten mir Fragen über den Sinn des Lebens und die Existenz Gottes. Sie hofften, als ehemaliger Hindu könnte ich ihnen helfen. Sie bestätigten mir, dass LSD oft eine Fahrkarte für eine Reise in die östliche Gedankenwelt sei. Gleich den Drogenkonsumenten in England hatten viele dieser Deutschen eine hinduistische Lebenseinstellung gewonnen. Allerdings konnte das ihr tiefstes Sehnen auch nicht befriedigen. So fragten sie mich nach dem Weg zur Wahrheit.

Meine Erfahrungen in der Meditation halfen mir im Gespräch mit ihnen. Trotzdem verspürte ich ein Bedürfnis nach gründlicher theologischer Schulung. Ein systematisches Bibelstudium schien mir wichtig. Die Bibel ist kein gewöhnliches Lehrbuch, sondern Gottes Wort, das nur der Heilige Geist uns aufschließen kann. So begann ich, Gott um Führung zu bitten.

Mitten in seiner Eröffnungsbotschaft sagte Billy Graham plötzlich: «Ich möchte euch junge Leute auffordern, eine gute Bibelschule zu besuchen.» Das sprach zu mir und ich gab mich ganz neu meinem Herrn hin.

Allein in meinem Zimmer, betete ich: «Herr, nimm mich, gebrauche mich. Ich kann Dir die Errettung nicht vergelten. Aber ich möchte Dir dienen. Bereite Du mich zu einem Dienst, der die Ewigkeit von Tausenden berührt. Gebrauche mich völlig!» Während ich betete, gewann ich die Überzeugung, dass Gott mich an das London Bible College senden wollte. Am folgenden Tag forderte ich die Anmeldepapiere an.

Bald darauf machte ich die Bekanntschaft eines Schülers der Bibelschule Brake in Norddeutschland. Heinz hatte wie ich das Verlangen in seinem Herzen, das Evangelium in alle Welt zu tragen. Da keiner die Sprache des andern verstand, blieb es bei einer kurzen Begegnung. Damals ahnten wir nicht, dass wir beide in den folgenden Jahren in der gleichen Aufgabe dem Herrn dienen würden. Doch schon bald kreuzten sich unsere Wege von neuem.

Kapitel 18

Leben durch Sterben

Auf einer Reise durch die Schweiz und Österreich besuchte ich einige Freunde, die ich in Dortmund kennen
gelernt hatte. Die Schönheit, von der ich umgeben war,
übertraf alles, was ich bisher gesehen hatte. In den Nie-
derungen grünten und blühten schon die Bäume und
Wiesen. An Seen und in Parkanlagen leuchteten Blumen
in den verschiedensten Farben. Über diesem blühenden
Paradies erhoben sich in schweigender Majestät die Berge, noch immer in ein Gewand von Schnee und Eis
gehüllt, was den Frühling umso kostbarer erscheinen
ließ. Ich pries und lobte den Schöpfer ob dieser Schönheit. Mein Herz quoll über vor unaussprechlicher Freude.

In Zürich suchte ich gleich die Adresse auf, die man
mir in Dortmund gegeben hatte. Ich hatte gehört, Zürich
sei das Mekka der Drogensüchtigen. Ich fand das Alters-
heim, in dessen Keller Abende für Hippies veranstaltet
wurden. Ein älterer Herr führte gerade eine Gesprächs-
runde über ein biblisches Thema. Als er fertig war, begrüßte mich ein junger Mann auf Englisch. «Ich heiße
Martin Hedinger», stellte er sich freundlich vor und sah
auf meinen Koffer. «Ich hoffe, Sie haben noch keine Unterkunft. Ich möchte, dass Sie bei uns wohnen.»

«Sind Ihre Eltern einverstanden?»

«Ich werde sie anrufen und sagen, dass Sie kommen.
Sie freuen sich, wenn Sie bei uns bleiben, so lange es Ihnen möglich ist.»

Familie Hedinger war genauso gastfreundlich und zuvorkommend wie meine Gastgeber in Dortmund. Welch
herzlichen Empfang bereiteten sie mir, einem völlig
Fremden aus einem fernen Land! Die Liebe Christi ver-

band uns. Sie behandelten mich wie einen Sohn und bald nannte ich sie Mutti und Vati, wie Martin.

Etwa zwei Wochen nach meiner Ankunft in Zürich kamen Heinz, seine Verlobte und vier weitere Bibelschüler von Brake in die Stadt. Sie hatten die Absicht, in Zürich unter den Hippies zu arbeiten. Heinz teilte mit mir die Sorge um diese jungen Menschen, die durch Drogen in den östlichen Mystizismus hineingezogen wurden. Er war entschlossen, junge Christen für die Weltmission zu gewinnen. Dies war ebenfalls eines meiner Anliegen.

«Als ich auf der Bibelschule war, arbeitete ich im Sommer jeweils mit Operation Mobilisation», erzählte mir Heinz durch einen Übersetzer, wobei er seine Worte mit lebhaften Gebärden unterstrich. «Sie ermutigen junge Leute in der ganzen Welt, das Evangelium auf den Straßen zu verkünden, Bibeln und christliche Literatur an Haustüren zu verkaufen und in örtlichen Gemeinden bei den Evangelisationen mitzuhelfen. Ich habe eben meine Bibelschule absolviert und möchte mein Leben dieser Aufgabe widmen. Diese Arbeit sollte jeder tun!», fügte er begeistert hinzu, was er meistens war, wie ich noch feststellte. Er hatte einen ausgesprochenen Sinn für Humor und konnte plötzlich in lautes Lachen ausbrechen. Doch nahm sein Gesicht schnell wieder den gewohnten ernsten Ausdruck an. Selten traf ich jemanden, der solch spritzige Begeisterung für Christus an den Tag legte.

«Ich war nicht immer so», erzählte mir Heinz. «Du kennst die Schweizer. Man kriegt sie nicht so schnell in Fahrt. Aber als ich vor einigen Jahren Christ wurde, veränderte Jesus mich völlig. Die ganze Welt soll erfahren, was er vermag!» Er schlug die Faust zur Bekräftigung in die offene Hand. «Ja, mir ist es ernst! Wir müssen die Christen hier in der Schweiz wachrütteln. Die meisten sogenannten Christen sind nicht wiedergeboren. Ich kann dir sagen, Europa ist ein riesiges Missionsfeld. Die Kirche in Afrika ist stärker als in Deutschland, Österreich oder Frankreich!»

Heinz war der geborene Organisator, ein Mann der Tat, der Dinge lieber heute als morgen erledigt haben wollte. Doch war er bestrebt, nach dem Willen Gottes zu handeln und sich von seinem Geist leiten zu lassen. Wir sieben verbrachten eine Woche mit Fasten und Gebet, um der göttlichen Führung gewiss zu werden. Nach Ablauf der Woche waren wir überzeugt, dass Gott durch uns eine offensive Arbeit in jenen Gesellschaftsschichten anfangen wollte, die von den Kirchen und Gemeinden in Zürich fast übersehen wurden. Wir waren uns einig, dass wir uns als Team der Führung von Operation Mobilisation unterstellen wollten.

Unser Startkapital bestand außer der Liebe Christi in unseren Herzen aus einem Taschengeld und einem klapprigen Simca.

Wir merkten bald, dass es nicht so einfach war, Christen, ob jung oder alt, für diese Arbeit zu gewinnen. Wenige waren bereit, ihr Heim und ihre gut bezahlte Stelle aufzugeben. Es war oft einfacher, einen ehemaligen Hippie oder eine bekehrte Dirne zur Jüngerschaft zu erziehen, als ein eingeschlafenes Gemeindeglied wachzurütteln. In jenen ersten Tagen hatten wir Schwierigkeiten, in Gemeinden hineinzukommen. Einige Prediger hatten Angst um ihre Schäflein, weil viele, die uns kennen gelernt hatten, auf eine Bibelschule und nachher aufs Missionsfeld gingen. Prediger und Pastoren baten mich immer wieder um einen kurzen Bericht von meiner Bekehrung vom Hinduismus zu Jesus Christus. Doch Botschaften, die ihren bequemen Lebensstil in Frage stellten, waren nicht gefragt! Aber mein Erfahrungsbericht tat immer genau das.

Seit ich in Zürich war, arbeitete ich mit großem Einsatz. Tagsüber gingen wir jeweils zu zweit oder zu dritt in

203

Bars und Lokale, wo sich die Ausgeflippten aufhielten. Wir boten ihnen als Alternative zu Alkohol, Drogen und Sex Jesus Christus als Antwort auf ihr Suchen an. Bald kamen wir mit Prostituierten, Homosexuellen und Verbrechern in Berührung, weil Drogensüchtige oft zu den verschiedensten Mitteln greifen, um ihre Sucht zu finanzieren. Welche Freude zu erleben, wie versklavte Menschen durch die Macht des Geistes Gottes zu neuen Menschen wurden.

Jeden Abend luden wir die jungen Leute, die wir auf den Straßen getroffen hatten, in den Keller ein. Ich erzählte ihnen, wie ich zu Jesus Christus gefunden hatte, und legte ihnen in einfachen Worten das Evangelium dar.

Martin Hedinger war mein Übersetzer. Spät abends schoben wir die Tische an die Wand und ließen solche, die sonst keine Bleibe hatten, auf dem Boden die Nacht verbringen. Manche Nächte lag ich dort, oft in Gesellschaft mit dreißig oder vierzig Hippies. Ich machte entsetzliche Erfahrungen mit solchen, die unversehens durch eine LSD-Nachwirkung ausflippten und sich wie wahnsinnig gebärdeten. Manchmal musste ich den Atem anhalten in der Nähe derer, die monatelang nicht gebadet hatten. Der Gestank war fürchterlich.

Für viele war Zürich nur eine Zwischenstation auf der Drogenroute über die Türkei, Iran, Afghanistan, Pakistan und an den Strand von Goa in Indien. Einige hatten den Wunsch, sich in einem Hindutempel niederzulassen, um von einem Guru unterwiesen zu werden. Andere neigten mehr zu Zen und den andern Schulen des Buddhismus. Das Endergebnis blieb dasselbe: Glaube an die Reinkarnation und ein von Dämonen beherrschter Verstand. Viele würden von ihrer Odyssee nie heimkehren, sondern unterwegs an einer Überdosis oder an Krankheiten jämmerlich zugrunde gehen. Das erhoffte Paradies in Indien stellte sich für viele als die Pforte zur Hölle heraus.

Ich fühlte eine große Verantwortung, während ich Abend für Abend erzählte, wie Gott mich aus der satanischen Verführung befreit hatte, der sie auf den Leim gegangen waren. Ich drängte sie, ihre Herzen Christus zu öffnen. Einige folgten meinem Rat. Viele gingen jedoch ihren Weg ins Verderben weiter. Alle aber schienen von der Geschichte gefesselt, wie ein religiöser Hindu zum Nachfolger Jesu Christi wurde. In persönlichen Gesprächen versuchte ich ihnen klar zu machen, dass Drogen und Meditation den Verstand nur den Dämonen öffnen. Die schönsten Erlebnisse mit LSD oder durch Meditation waren Vorgaukelungen der finsteren Mächte, die sie noch weiter und tiefer locken wollten. Aber es war nicht leicht, die zu überzeugen, die schon in die Falle der listigen Verführer gegangen waren.

Wir erlebten tragische Geschichten. Ich werde Peter nie vergessen. Er war ein intelligenter junger Mann aus reicher Familie, der seinen Vater hasste, weil er sich nur um das Geschäft, Häuser, Autos und Unterhaltung kümmerte. Peter wusste, dass dies nicht der Sinn des Lebens war. Allerdings war er genauso wenig gewillt, Drogen und Unmoral aufzugeben, wie sein Vater den Materialismus. Zunächst behauptete er, Atheist zu sein. Später erkannte er die Existenz Gottes an und war überzeugt, dass Jesus Christus der Weg zum Vater ist. Trotzdem wich er einer klaren Entscheidung aus. Ich versuchte ihn tagelang zu bewegen, Christus aufzunehmen.

An einem Abend bat ich ihn ernsthaft, die Entscheidung nicht länger hinauszuschieben. «Peter, alle deine intellektuellen Einwände sind nichts als Ausflüchte. Dein Problem ist nicht intellektuell, sondern sittlich. Du weißt um die Wahrheit und du musst dich für oder gegen Jesus entscheiden. Ich kann diesen Schritt nicht für dich tun. Jetzt hat dein Leben weder Sinn noch Inhalt. Du hast die Wahl zwischen Christus oder Satan, ewigem Leben oder ewigem Tod. Du kannst dieser Entscheidung nicht ausweichen. Es gibt kein Sowohl-als-auch. Du musst wählen.»

Am folgenden Tag schoss sich Peter eine Kugel durch den Kopf. Die Nachricht von seinem Selbstmord belastete mich sehr. Hatten ihn meine Worte vom Vorabend in diese Verzweiflungstat getrieben? Hatte ich einen Fehler gemacht? Sollte ich aufhören, unter Drogensüchtigen zu arbeiten? Es könnte ja wieder vorkommen! Ich war so niedergeschlagen, dass ich tagelang nicht mehr predigen konnte. Ich plagte mich mit Selbstvorwürfen und betete viel über dieser Angelegenheit. Allmählich wurde ich beim Gedanken ruhig, dass ich ja Peter das Leben und nicht den Tod angeboten hatte. Jeder, der Christus verwirft, wählt den Tod, auch wenn er sich nicht die Pistole an den Kopf hält. Viele machen sich mit Drogen, Alkohol und sexuellen Perversionen kaputt. Aber etliche wählen das neue Leben in Christus. Ich durfte nicht schweigen! Zu viel stand auf dem Spiel.

Noch immer tat mir das Herz weh, wenn ich an Peter dachte. Sein gequälter Gesichtsausdruck begegnete mir in den Gesichtern anderer, die uns aufsuchten. Man konnte die Macht der Dämonen in ihrem Leben spüren. Ich war überzeugt, dass böse Geister Peter in den Selbstmord getrieben hatten. Die gleichen Geister, die unser Haus heimgesucht und mein Leben bestimmt hatten. Als Peter Christus verwarf, gab er sich ihrer Macht preis. Täglich fand ich neu bestätigt, dass Mächte der Finsternis durch Drogen und östliche Meditation Eingang in Menschen finden.

Eines Nachts stand ich mit zwei Freunden draußen vor dem Keller, der uns als Versammlungsraum diente. Er war leer, weil niemand zum Schlafen zurückgeblieben war. Wir versuchten mit Raymond, einem jungen Süchtigen, der am selben Abend zweimal versucht hatte, sich umzubringen, vernünftig zu reden. Drei Wochen zuvor hatte ich ihn ernstlich aufgefordert, die Drogen zu lassen und Christus aufzunehmen. Er hatte mich ausgelacht. Als wir auf der Straße standen und miteinander redeten, zog mich Raymond unversehens in den Keller hinein und schloß die Tür hinter uns zu. Er war viel größer und kräftiger als ich, so dass ich mich nicht wehren konnte. Jetzt begann er mich zu würgen. Als er mir mit aller Gewalt die Kehle zudrückte, spürte ich nichts. Verwirrt ließ er für einen Augenblick von mir ab. Schnell versuchte ich, die Türe aufzuschließen. Da sprang er mich an wie ein Tiger.

«Ich bin Satan!», brüllte er hysterisch. «Satan hockt in mir!» Er schmetterte mich an die Tür und suchte nach einer Waffe. Eine volle Sirupflasche in der Luft schwingend, bewegte er sich auf mich zu, während er schrie: «Ich bin der Satan! Keine Bewegung oder ich schmeiß dir die Flasche ins Gesicht!» Er führte den Arm mit der Flasche hinter den Kopf zurück.

Ich zweifelte keinen Augenblick, dass Raymond von Dämonen besessen war, denen er auf den Drogentrips Einlass gewährt hatte. Diese Geister, die bei der Meditation von mir Besitz ergriffen hatten, gaben mir die übermenschliche Kraft, jene schwere Hantel wie einen Holzstock in die Luft zu wirbeln. Die Kraft, die Raymond jetzt aufbrachte, war furchterregend. Als Christus die Führung meines Lebens übernahm, verloren die finsteren Mächte ihre Gewalt über mich. «Wenn du Satan bist, dann gehorche ich dir nicht, denn ich gehöre Christus an!», antwortete ich mit fester Stimme und tat einen Schritt auf Raymond zu.

Sofort schleuderte er mit aller Gewalt die Flasche auf meinen Kopf zu. In meiner Not schrie ich zu Jesus. Mir blieb nicht einmal die Zeit, mich zu ducken. Im nächsten Augenblick musste die Flasche mein Gesicht zerschmettern. Da hörte ich den Aufprall hinter mir und das Klirren von zerbrochenem Glas. Die Flasche war haarscharf an meinem Kopf vorbeigeflogen. Es war, als hätte eine unsichtbare Hand sie abgewendet.

«Raymond, Jesus liebt dich und will dir helfen», sagte ich und ging entschlossen auf ihn zu. «Jesus ist Sieger. In Jesus Christus ist auch Befreiung!»

Raymond stopfte sich die Finger in die Ohren und raste wie ein Irrer durch den Raum. «Nein! Nein!», schrie er. Jetzt konnte ich die Tür aufschließen und meine beiden Freunde hineinlassen. Eben schwang Raymond einen Stuhl in die Luft, um mir damit den Kopf einzuschlagen. «Im Namen Jesu, lass den Stuhl fallen», gebot ich. Da glitt er ihm aus den Händen. Jetzt war er völlig außer sich. Er packte einen Elektroofen und zielte schon wieder auf meinen Kopf. Wieder befahl ich: «Im Namen Jesu, leg das nieder!» Der Ofen fiel zu Boden.

Wir begannen laut zu beten, Gott möge die Geister, die in Raymond hausten, hinauswerfen. Er verzog sich in eine Ecke wie ein aufgescheuchtes Tier und stieß seltsame Laute aus. Wir beteten weiter im Namen Jesu Christi, des Herrn.

Wir riefen beharrlich den Sieg Jesu Christi aus, bis Raymond weinte wie ein kleines Kind. «Bitte vergib mir, Herr», schluchzte er und bekannte Jesus seine Sünden. Anscheinend hatte er sich das Geld für die Drogen durch Homosexualität verdient. Durch Gottes Gnade wurde Raymond ein neuer Mensch.

Unsere Arbeitsweise schockierte die Christen in Zürich. «Viele Gläubige sagen, der Boden sei zu hart», belehrte uns Heinz einmal mit einem Blitzen in den Augen. «Einige Kirchen behaupten, man könne diese Hippies, Prostituierten und Homosexuellen nicht für Christus gewinnen, und andere meinen schließlich, es sei nicht nötig – die Leute seien ja als Kinder getauft und später konfirmiert worden. Ha!» Er lachte auf. «Gott aber hat uns geboten, auf die Straßen zu gehen, um sie für Christus zu gewinnen. Bei uns geht nur noch die Heilsarmee auf die Straße. Wir wollen sehen, was Gott zustandebringen kann!»

Täglich erlebten wir von neuem, dass für Gott alle Dinge möglich sind. Auf dem Bahnhofplatz scharten sich viele Menschen um uns und hörten die Botschaft von der Liebe Gottes. Welch ein Augenblick, steife Schweizer aus den Reihen heraustreten zu sehen, um Christus aufzunehmen! Es war nicht unser Fleiß oder unser Talent, sondern der Geist Gottes, der an den Menschen wirkte.

Ein hartgesottener Hippie, der durch Christus von den Drogen befreit und völlig verändert worden war, schenkte uns aus Dankbarkeit einen alten VW. Das Vehikel machte einen solchen Krach, dass wir es «Donnervogel» nannten, aber es leistete uns unentbehrliche Hilfe in der Arbeit.

Als einer der führenden Hippies Christus aufnahm und sich im See taufen ließ, verbreitete sich diese Nachricht schnell. Darauf kamen junge Leute aus verschiedenen Gemeinschaften zu uns und boten ihre Hilfe an. Ein junges Mädchen schenkte uns als Antwort auf einen Aufruf zur Jüngerschaft ihr Erspartes für das Werk des Herrn.

Einige junge Leute kamen aus Neugierde aus ihren Kirchen, um zu sehen, was bei uns los war. Für einige hatte das allerdings katastrophale Folgen: Hippies wiesen öfters solchen, deren Christentum nicht echt und persönlich war, klar den Weg zu einer persönlichen Beziehung zu Jesus Christus. Deutlich erlebten wir, was der Apostel Paulus sagt: «Nehmet die ganze Waffenrüstung Gottes ... denn unser Kampf ist nicht wider Fleisch und Blut, sondern gegen die Fürstentümer und die Gewalten und die Weltbeherrscher dieser Finsternis.»

Tag und Nacht standen wir im Kampf. Scheinbar hoffnungslose Fälle von Gebundenheit wurden durch Christus befreit und verändert. Keiner, der ihm sein Herz öffnete, blieb ein Gefangener seiner Gewohnheiten und Perversionen. Theologische Auseinandersetzungen zwischen Liberalen und Evangelikalen führten zu nichts.

Wir erlebten täglich, dass Jesus Christus in der Tat der einzige Weg ist. Nur er konnte wirkliche Befreiung schenken.

Als wir damals die Götzen verbrannten, begriff ich, dass Christus für mich gestorben war, nicht nur, um mir vergeben zu können, sondern auch, um den alten Rabi loszuwerden und mir ein neues Leben zu geben. Dieses Verständnis war in den vergangenen Jahren gewachsen. In Christus war ich für alles tot, was ich einmal gewesen war. Durch seine Auferstehung lebt er jetzt in mir. Das war das Geheimnis meines neuen Lebens und ich sah, wie es in solchen wirksam wurde, die sonst ohne Hoffnung geblieben wären.

Dieses neue Leben aus dem Tod ist das Thema der ganzen Bibel. Vom ersten bis zum letzten Buch der Bibel konnte ich verfolgen, wie Gott seit dem Sündenfall auf dieses Ziel hinarbeitete: Eine völlig neue Schöpfung durch den Tod und die Auferstehung Christi. Christus war nicht gestorben, um den Menschen das verlorene Paradies wieder zurückzugewinnen. Die Menschen wären nur erneut in Sünde gefallen. Nein, er war von den Toten auferstanden, um in uns zu leben und uns zu regieren, damit sein Reich gebaut wird. Seit Monaten beschäftigte ich mich mit dem zweiten Kapitel des Galaterbriefes. Da heißt es in Vers 20:

«Ich bin mit Christus gekreuzigt, und nicht mehr lebe ich, sondern Christus lebt in mir.»

Gute christliche Bücher halfen mir, diesen Gedanken noch klarer zu fassen. Deutlicher denn je wurde mir der Unterschied zwischen der Weltflucht der Buddhistenmönche und der Yogis und dem Auferstehungsleben, das uns durch Christus ermöglicht wird. Die Verleugnung der leiblichen Bedürfnisse, wie mein Vater es praktizierte, war ein Irrweg. Aber durch Jesus Christus ist uns ein Weg zum Sieg über die Sünde eröffnet. A.W. Tozer* drückt diesen Gedanken so aus:

«Gewisse Menschen sind der Meinung, sie müssten sich von der menschlichen Gesellschaft zurückziehen, um von sich selbst befreit zu werden. Sie leugnen alle natürlichen Beziehungen in ihrem Kampf, ihr Fleisch abzutöten ... Es ist schriftwidrig, zu denken, auf diese Weise werde die alte Adamsnatur besiegt ... Sie beugt sich nichts anderem als dem Kreuz ... Wir wollen gerettet sein, aber wir bestehen darauf, dass Christus uns das Sterben abnimmt ... Wir bleiben König in unserem kleinen Reich und tragen unsere Scheinkrone mit dem Stolz eines Cäsaren ... Wenn wir nicht sterben wollen, dann ... wird unser ungekreuzigtes Wesen uns die Reinheit des Herzens, die christusähnliche Gesinnung, die geistliche Einsicht und die Fruchtbarkeit rauben.»

Je mehr ich das Leben Christi in mir erfuhr, desto deutlicher verstand ich den Fehler, den Vater und ich gemacht hatten. Die Selbstverleugnung, die der östliche Mystizismus fordert, basiert auf der irrtümlichen Auffassung, dass falsches Denken das einzige Problem des Menschen sei und dass er nur lernen müsse, zu erkennen, dass er Gott sei. Wenn ich nun wirklich Brahman wäre, dann hätte ich das ja ursprünglich gewusst. Was nützte es nun zu «erkennen», was ich schon einmal gewusst, aber wieder vergessen habe? Ich würde es wieder vergessen! Das war nicht die Lösung, sondern eine Lüge Satans, welche die Tatsache, dass der Mensch durch die Sünde von Gott getrennt ist, vertuschen soll. Man kann ein Problem nicht dadurch lösen, dass man es einfach leugnet. Der Tod Christi bedeutet für uns eine echte Lösung: Wir haben die Vergebung, um mit Gott Gemeinschaft zu haben. Seine Auferstehung ermöglicht uns ein Leben, das nie enden wird.

Wenn wir bereit sind, mit Christus zu sterben, heißt

---

* A.W. Tozer, The Root of the Righteous (Harrisburg, Pa.: Christian Publications, Inc., 1955) S. 65–66 das, seinen Tod für uns anzunehmen; dann können wir wirklich leben – und nur dann. So durfte ich alle eigenen, selbstsüchtigen Bestrebungen in den Tod geben. Nun betete ich nicht mehr darum, Gott möge meine Pläne segnen, sondern trachtete nach seinem Willen, um mich darunter zu beugen.

Ich nahm das Wort Gottes ernst und gelobte dem Herrn, Niederlagen in meinem Christenleben nie mehr zu akzeptieren. Christus starb am Kreuz und ermöglichte den Sieg über die Sünde. Ein Vers hatte mir diese Tatsache besonders nahe gebracht: «In diesem allem sind wir mehr als Überwinder um deswillen, der uns geliebt hat.» Ich glaubte es von ganzem Herzen.

Kapitel 19

Unterwegs

Die Schulung, die ich am London Bible College erhielt, war äußerst kostbar. Es war mir immer ein großer Ansporn gewesen, mit jungen Menschen aus 25 Nationen, welche ihr Leben in den Dienst des Herrn gestellt hatten, zu beten und zu studieren. Jedes Wochenende war ich mit einem evangelistischen Team der Schule unterwegs. Jährlich hatte ich an die 500 Pfund Schulgeld zu bezahlen. Regelmäßig erhielt ich vom Büro Bericht, dass Geld auf mein Konto eingegangen sei. Während der ganzen Schulzeit war das nötige Geld vorhanden, ohne dass ich je erfahren hätte, wer der geheime Spender war.

Die Weihnachts-, Oster- und Sommerferien verbrachte ich in Zürich, um bei der Arbeit weiterzuhelfen. Im Frühling 1971 wurde uns der Keller des Altersheims überlassen. Christen aus Zürich, hauptsächlich junge Leute, die wir schulten, gaben Zeit und Geld, um den Keller in eine christliche Teestube umzubauen. Wir wollten sie so gemütlich wie möglich gestalten, damit junge Menschen sich dort wohl fühlen konnten. Inzwischen nahmen rund 150 Leute an unserer Jüngerschaftsschulung teil. Etliche halfen aktiv bei der Arbeit mit.

Nach viel Gebet und verschiedenen Erfahrungen nahmen wir gewisse Grundsätze an. So sahen wir uns geführt, nie um Spenden zu bitten oder unsere Bedürfnisse andern mitzuteilen. Wir wollten Gott vertrauen und nicht Menschen. Wenn jemand uns unterstützen wollte, dann sollte der Herr dies dem Betreffenden aufs Herz legen. Ein anderer Grundsatz war der, sich in allem von der Liebe Christi motivieren zu lassen. Gott gab uns aus Liebe seinen Sohn. Aus Liebe war Christus für uns in den Tod gegangen. Wir beteten, dass Gott uns helfen

213

möge, aus Liebe Christus zu dienen und ihn zu verkündigen.

Wir wollten nicht dienen, weil wir auf eine Belohnung im Himmel hofften. Vers zwei im zweiten Kapitel des zweiten Timotheusbriefes drückte unseren dritten Grundsatz aus: «Was du von mir in Gegenwart vieler Zeugen gehört hast, das vertraue treuen Menschen an, welche tüchtig sein werden, auch andere zu lehren.» Wir verstanden es als unsere Hauptaufgabe, andere zu Jüngern und Mitarbeitern auszubilden, damit sie tüchtig würden, andere für Christus zu gewinnen und diese wiederum zu lehren.

Von Anfang an war uns klar, wie wichtig gründliche biblische Unterweisung und gezielte Schulung zur Jüngerschaft ist. Neubekehrte müssen wissen, an wen und warum sie glauben. Mit großer Begeisterung als Christ anfangen ist eine Sache, aber es ist noch ganz etwas anderes, täglich im Glauben zu erstarken und andere zu Christus zu führen. Die neu gewonnene Freude kann Tage oder gar Wochen anhalten, aber wenn Zweifel und Anfechtungen kommen und die alten Freunde auftauchen, um einen wieder zum alten Leben zu verführen, kann die Versuchung zu groß werden. Begeisterung genügt nicht, um in den Kämpfen und Prüfungen des Christenlebens zu bestehen. Christus ist nicht nur gekommen, um Menschen den Weg zum Himmel zu öffnen, sondern um sie hier und jetzt zu verändern. Jesus möchte Jünger, die ihm gehorchen! «Wer nicht sein Kreuz aufnimmt und mir nachfolgt, kann nicht mein Jünger sein.» Diese Worte unseres Herrn verkündigten wir mit allem Nachdruck.

Das ganze Team kämpfte mit mir gegen den Einfluss des östlichen Mystizismus, der im Westen so erstaunlich Fuß fasst. Seit ich Christ geworden war, hatte ich mitverfolgt, wie das westliche Denken zusehends vom östlichen beeinflusst wird. Die Philosophie der Drogengurus Ti-

214

mothy Leary, Alan Watts und Allan Ginsberg haben einen derart stark hinduistischen Einschlag, dass sie sich weitgehend decken mit den Lehren von Hindugurus wie Muktananda, Maharaj Ji und Maharishi Mahesh Yogi. Dieses neue, aus dem Drogenkult und Mystizismus geborene Bewusstsein, bestimmt immer mehr das Denken an Universitäten, die Gespräche in Clubs und auf Partys und durchdringt Filmindustrie und Fernsehen. Kurz nachdem der Maharishi Mahesh Yogi an der amerikanischen Fernsehshow «Merv Griffin» aufgetreten war, besuchte ich sein Welthauptquartier in Seelisberg in der Schweiz. Man berichtete mir dort voller Stolz, dass infolge der Sendung eine Million Amerikaner auf TM (Transzendentale Meditation) umgestiegen seien. TM ist Hinduismus mit Zuckerguss. Ihr rein religiöser Charakter wird durch ernst wissenschaftlich anmutende Schlagwörter geschickt getarnt, damit der westlich orientierte Mensch darauf hereinfällt.

Ich sah meine Verantwortung, solch bewusste Lügen auch in der Öffentlichkeit bloßzustellen. In meinen Vorträgen warnte ich vor Yoga und Meditation als einer satanischen Falle. Oft sprach ich an Universitäten über vergleichende Religionen, da ich Hinduismus und Christentum aus eigener Erfahrung kannte. Bald kamen Einladungen auch aus außereuropäischen Ländern.

Als ich Ende 1972 in Israel war, sah ich mich geführt, zu einem Besuch nach Trinidad zurückzukehren. Obwohl alle Flüge ausgebucht und deshalb lange Wartezeiten zu vermuten waren, erhielt ich durch Gottes Gnade einen Platz von Tel Aviv nach London. Von da konnte ich ohne Verzögerung nach Port of Spain weiterfliegen. Ein Freund von mir war gerade am Flugplatz und fuhr mich in seinem Wagen heim. Es war wie ein Wunder, als ich fünfzehn Minuten vor Mitternacht die Treppe hochstieg und ins Wohnzimmer trat. Es war Weihnachtsabend.

«Rabi! Das ist eine Gabe Gottes!», rief Ma. «Ich bat den

Herrn, dich an Weihnachten herzuschicken!» Welches Wiedersehen wir nach sechs Jahren feierten!

Ma wurde älter und war schon viel schwächer als vor sechs Jahren, aber noch immer lobte sie Gott und war ein lebendiges Zeugnis für Christus. Wir verbrachten schöne Stunden mit gemeinsamem Bibellesen und Gebet. Noch immer konnten wir es kaum fassen, wie Christus jeden Einzelnen von uns so gewaltig verändert hatte. Es war eine große Freude, alte Bekannte wieder zu treffen, Hindus und Christen. Auch bot sich mir Gelegenheit, in ganz Trinidad das Evangelium zu verkündigen.

Kaum war ich wieder in Europa, da hörte ich, dass Ma ernsthaft krank sei. Die Krankheit schleppte sich über mehrere Wochen dahin, bis sie sich wieder zu erholen schien. Dann kam plötzlich die Nachricht von ihrem Heimgang. Das Begräbnis wurde nicht begleitet von lautem Wehklagen, wie dies bei Hindubestattungen üblich ist. Wir wussten Ma im Himmel beim Herrn und nicht auf Erden in einem neuen Körper, in neuem Kreislauf von Schmerz, Elend und Tod. Ich würde Ma wiedersehen bei der Wiederkunft Christi und das konnte sehr bald sein. Alle Zeichen weisen darauf hin. Ich war Gott dankbar, dass ich sie noch einmal hatte besuchen dürfen, bevor er sie heimholte. Die Erinnerung an ihr christusähnliches Leben und die Stunden, die sie auf den Knien im Gebet verbrachte, waren mir ein beständiger Ansporn zu einem Leben der willigen Hingabe an den Herrn.

Im Winter 1975 erfüllte sich endlich einer meiner Träume. Mit 22 anderen Christen aus unserer Arbeit fuhr ich zu einer Missionsreise in den Osten.

In Jugoslawien wurden zwei unserer drei VW-Busse angehalten und die Insassen festgenommen, weil wir christliche Literatur verteilt hatten. Nach einigen Stunden ließ man sie wieder laufen, und die Reise konnte fortgesetzt werden. Auf dem Weg durch die Türkei hatte ich die Freude, erstmals in einem islamischen Land zu predigen. Einige Moslems kamen dabei zum Herrn. In Istanbul wohnte ich bei einem jungen Ehepaar, das sich drei Jahre vorher in Zürich bekehrt hatte. Es war eine Freude zu sehen, wie sie dem Herrn dienten und im Glauben wuchsen. Der junge Mann gehörte zu einer der reichsten Familien der Türkei. Früher lebte er in Zürich, zusammen mit einer jungen Französin, wie ein Playboy. Beide waren stark drogenabhängig, als ich ihnen im Teamzentrum in Zürich das Evangelium weitersagte. Sie wurden von der Frohen Botschaft ergriffen, bekannten ihre Sünden vor Gott und nahmen Christus in ihr Leben auf. Daraufhin drohte der Vater dem jungen Mann, ihn zu enterben, worauf dieser antwortete, Christus sei ihm mehr wert als die ganze Welt. Die beiden heirateten und versuchen jetzt gemeinsam, Menschen in der Türkei für den Herrn zu gewinnen.

In Pakistan erlebten wir eine große Offenheit für das Evangelium. Zwei junge Schweizer waren meine Übersetzer. Vor mehreren Jahren waren sie der Drogenroute nach Indien gefolgt, tief in Drogen und Mystizismus verstrickt. Auf wunderbare Weise hatte Gott sie in Pakistan erreicht, wo sie Christus in ihr Leben aufnahmen. Sie waren in die Schweiz zurückgekehrt und besuchten unsere Jüngerschule. Jetzt konnten sie mich in Urdu übersetzen, als ich in mehreren Städten Pakistans das Evangelium verkündigte.

Aus Zeitgründen kehrten die übrigen Mitarbeiter in die Schweiz zurück. Meine Reise führte mich weiter nach Indien. Ich wollte dort einige Leute kennen lernen und nachher meine Mutter in Bombay besuchen, wo sie im Tempel ihres Gurus wohnte. Die Einreise nach Pakistan war problemlos, aber als ich ausreisen wollte, wurde ich festgenommen. Man hielt mich für einen großen Spion. So sandten sie nach dem Chef im Hauptquartier in Lahore. Er wollte mich persönlich ausfragen, bevor ich als indischer Agent in der gebührenden Weise abgeurteilt werden sollte.

Außer der bewaffneten Wache vor der Tür ließ man mich allein, während man auf den Chef wartete. Man versicherte mir, er sei ein sehr heiliger Mann. Er hätte drei Pilgerfahrten nach Mekka hinter sich. Wie ihn das zu dieser Position als Polizeikommandant in Lahore befähigen sollte, wusste ich nicht. Es war mir auch ein geringer Trost. Ein frommer Moslem würde mit einem Christen wohl kaum nachsichtiger verfahren als mit einem Hindu. Doch ich schien nur eine Chance zu haben, wenn ich ihm beweisen konnte, dass ich Christ war. Zudem hatte ich mich selbst dazu verpflichtet, jede Gelegenheit auszunutzen, einem Menschen Christus zu bezeugen.

In jenen drei Stunden Wartezeit lief ein ganzes Kaleidoskop von Erinnerungen vor mir ab. Ich bereute nicht, nach Pakistan gekommen zu sein. Wenn durch meinen Besuch nur ein Mensch Vergebung der Sünden und ewiges Leben in Christus empfangen hatte, dann war es die Reise mehr als wert gewesen. Und viele hatten Christus aufgenommen. Vielleicht würde ich es schaffen, den Kommandanten zu überzeugen, dass ich kein Spion war – oder ein Hindu. Die übrigen Beamten waren überzeugt, dass ich log. Wie sie die Hindus hassten! Mein Tod wäre für sie eine kleine Genugtuung gewesen für Tausende von Moslems, die von Hindus ermordet worden waren. Erst recht, wenn ich ein indischer Spion war!

Nirgends wird der Glaube so geprüft wie angesichts des Todes. Ich war jetzt zuversichtlicher denn je, dass Christus mich liebte und dass der körperliche Tod meine Seele nur in seine Gegenwart bringen würde. Mein Herz war voll Dankbarkeit beim Gedanken an all das Gute, das er mir getan hatte. Ich war in Gottes Händen und wünschte nichts als seinen Willen, seine Verherrlichung. Die Worte, welche Paulus aus dem Gefängnis geschrieben hatte, kamen mir in den Sinn: «Christus werde an meinem Leibe groß gemacht, sei es durch Leben oder durch Tod.» Ich dachte an die Schriften Tozers und an Galater 2,20: «Ich bin mit Christus gekreuzigt. Nicht länger lebe ich, sondern Christus lebt in mir.» Ich war in ihm schon gestorben. Der Tod konnte mir nichts mehr anhaben. Darum fürchtete ich mich nicht vor diesen Männern.

«Warum spionieren Sie in unserem Land?», war die erste Frage des Chefs, als er endlich ankam.

«Aber ich bin kein Spion», protestierte ich, «das würde ich nie tun.» Er schien vergnügt.

«Nicht? Warum nicht?»

«Weil ich Christ bin.»

«Sie ein Christ? Ist das nicht Ihr Pass?», fragte er. «Maharaj heißen keine Christen.» Sein Gesichtsausdruck schien mir sagen zu wollen: «Ich lass mich doch nicht für dumm verkaufen!»

«Ja, ich heiße Maharaj. Aber ich bin trotzdem Christ», antwortete ich mit Nachdruck.

«Das müssen Sie mir erst beweisen!» Er lächelte überlegen.

Das versetzte mir einen Schock. Daran hatte ich nie gedacht. Wie sollte ich beweisen, was ich in meinem Herzen glaubte? Niemand kannte mich hier, niemand konnte es bezeugen.

«Sind Sie Moslem?», fragte ich höflich zurück.

«Ja.»

«Können Sie mir beweisen, dass Sie Moslem sind?» Er müsste merken, wie unvernünftig eine solche Frage war. «Warum soll ich das?», schoss er zurück. «Ich bin kein Spion!»

«Aber ich bin auch kein Spion!» «Dann beweisen Sie mir, dass Sie Christ sind!» Und wieder dieses Lächeln.

«Gut», antwortete ich, während ich die Aktentasche öffnete, «hier haben Sie meine Bibel. Würde ich als Hindu eine Bibel besitzen?»

«Als kluger Spion schon!», lachte er.

219

Ich hielt ihm die Seiten unter die Nase. «Schauen Sie doch, alles unterstrichen, Seite für Seite. Das sind Verse, die mir besonders wichtig geworden sind ...»

«Das könnte jeder Spion tun.»

Ich langte wieder in die Aktentasche. «Das sind weitere christliche Bücher ... und hier Briefe von Menschen, die ich zu Christus geführt habe. Lesen Sie doch!»

Er winkte ungeduldig ab, ohne auf mein letztes «Beweisstück» überhaupt einzugehen. «Glauben Sie, ich sei dumm? Das kann man alles leicht machen.»

Ich war wie gelähmt. Ich konnte ihm gewiss nicht beweisen, dass ich Christ war. Da fiel mir etwas anderes ein. «Ich habe noch einen Beweis», sagte ich und langte zum letzten Mal in die Aktentasche. «Wenn Sie das nicht überzeugt ... es ist das Manuskript meiner Lebensgeschichte!» Ich legte es vor ihm auf den Pult. «Alles steht darin: Mein früheres Leben als Hindu und wie ich ein Nachfolger Jesu Christi, des Messias, wurde. Keinem Spion würde es einfallen, so etwas zu erfinden ... sehen Sie die vielen Seiten!»

Mit einem skeptischen Blick zu mir öffnete er das Manuskript und fing an zu lesen. Das war meine letzte Hoffnung. Während er Seite um Seite durchlas, betete ich und verfolgte seinen Gesichtsausdruck. Beim Kapitel vierzehn, «Der Tod eines Guru», – ich war noch nicht weitergekommen mit Schreiben – begann er langsamer zu lesen. Es schien ihn zu fesseln, wie ich mein Leben Christus gegeben hatte. Gegen Ende des Kapitels, als er von der Verbrennung der Götzen las, grunzte er zustimmend und nickte mit dem Kopf. Der Koran verbietet Götzendienst und die Moslems hatten bei der Eroberung Indiens vor Jahrhunderten viele Hindutempel mit den Götzen niedergerissen. Er las das Kapitel langsam und sorgfältig noch einmal durch.

«Ich glaube Ihnen, dass Sie Christ sind», sagte er schließlich, aber sein Gesichtsausdruck war nicht freundlicher geworden. «Doch was haben Sie in unserem Land gesucht?»

Was sollte ich darauf antworten? War ich vom Regen in die Traufe geraten? Ich hatte von Christen gehört, die in Pakistan getötet worden waren, weil sie den Moslems Christus predigten. Ich bat Gott um Weisheit und wählte meine Worte vorsichtig.

«Sie haben ein großartiges Land», sagte ich ihm aufrichtig, «aber es gibt hier auch viele Probleme. Ich kam mit einer Gruppe von zweiundzwanzig Leuten aus der Schweiz. Wir besuchten Spitäler, Waisenhäuser und Leprastationen und halfen, die geistliche und leibliche Not zu lindern. Wir lieben Ihr Volk und Ihr Land. Viel konnten wir zwar nicht helfen, aber wir haben unser Möglichstes getan.»

Er hatte mich genau beobachtet. Jetzt lehnte er sich im Stuhl zurück und atmete tief. Zum ersten Mal wirkte sein Gesicht entspannt. Er öffnete meinen Pass, langte nach dem Stempel und drückte die Ausreisegenehmigung auf die Seite, wo die Einreisegenehmigung stand. Dann reichte er mir den Pass und sagte: «Sie können gehen.»

Ich dankte Gott und spazierte als ein freier Mann hinaus, vorbei an der bewaffneten Wache. Beamte, die mich vorher ausgefragt hatten und draußen warteten, blickten mich verblüfft an. Sie konnten es nicht fassen, dass man mich gehen ließ.

Ich dankte dem Herrn für seine Güte und betete, dass der hohe Beamte durch die Geschichte, die er gelesen hatte, Christus erkennen möge. Er hatte die Geschichte geglaubt und war durch meine Bekehrung zu Christus sichtlich berührt gewesen.

Aber ich war die Probleme nicht los. Die Inder führten mich prompt in ein Hinterzimmer und begannen mich auszufragen. Sie dachten wohl, ich sei ein pakistanischer Spion.

«Sie müssen ein Pakistani sein», behauptete der höchste Beamte. «Kein Inder würde sich in Pakistan aufhalten. Was haben Sie da gesucht?»

«Ich bin ein Nachfolger Jesu Christi und ich habe dort das Evangelium verkündigt.» «Sie als Brahmane sollen Christ sein? Unberührbare bekehren sich zum Christentum, aber nicht Brahmanen! Ich glaube Ihnen nicht.»

«Nun, dann sage ich Ihnen, wie es geschah.» Ich begann meine Geschichte und er hörte mit wachsender Aufmerksamkeit zu. Als ich zum Schluss kam, schüttelte er verwundert den Kopf, öffnete meinen Pass, drückte den Einreisestempel auf eine leere Seite und unterschrieb. «Gute Reise», wünschte er mir mit freundlicher Stimme.

Man kann Indien nicht beschreiben; man muss es schon selbst gesehen haben. Das Elend, die Armut und der Aberglaube sind unfassbar. Wenn uns die Dörfer schon schockieren, dann spottet das entsetzliche Großstadtleben jeder Beschreibung. In Kalkutta erzählte mir mein Gastgeber, dass über eine Million Inder ein jämmerliches Dasein in den Straßen dieser Stadt fristen. Nicht einmal eine Stroh- oder Lehmhütte nennen sie ihr Eigen. Sie enden, wo sie geboren wurden, in einer düsteren Gasse oder in der heißen Sonne auf dem Bürgersteig, ohne etwas anderes als Elend und Hoffnungslosigkeit gekannt zu haben. Vergeblich hatten sie versucht, Götter versöhnlich zu stimmen oder die Hilfe derer zu erbitten, die weder Liebe noch Erbarmen kennen. Gibt es wohl etwas Widersinnigeres für diese Verworfenen, als belehrt zu werden, sie müssten nur «erkennen», dass sie Gott sind. Und damit getröstet zu werden, dass die eiternden Wunden am Leib, der nagende Hunger im Bauch und die dumpfe Leere im Herzen lediglich Maya, eine Illusion, seien. Gibt es einen satanischeren Betrug?

Mein Herz tut mir weh, wenn ich an die leidenden Massen Indiens denke. Unfassbar, dass der Westen auf der Suche nach geistlicher Einsicht nach Indien blickt.

Aus eigener Erfahrung weiß ich, dass der Hinduismus mit seinen fatalistischen Lehren von Karma und Reinkarnation die Wurzel von Indiens Problemen ist. Welche maßlose Blindheit, östlichen Mystizismus als wahre Erleuchtung anzusehen! Der traurige Zustand Indiens ist ein beredtes Zeugnis dieser Finsternis. Dieser Betrug kann nur aus der gleichen teuflischen Quelle stammen, die Millionen Menschen durch Drogenkonsum ein trügerisches Paradies vorgaukelt.

Es war ein freudiges, wenn auch eigenartiges Erlebnis, Mutter nun zum dritten Mal in 21 Jahren zu begegnen. Kurz nach meiner Abreise aus Trinidad verließ sie den Tempel in Port of Spain und gab damit auch die angesehene Stellung auf, in der sie angeblich so glücklich gewesen war. Durch die Finanzierung reicher Freunde hatte sie eine Mädchenschule eröffnet. Jedermann war gewiss, dass unter ihrer Führung eine erstklassige Ausbildungsstätte entstehen würde. Obwohl die Schule keiner religiösen Richtung verpflichtet sein sollte, hatte sie dem Yoga einen entscheidenden Platz im Lehrplan eingeräumt. Sie selbst wollte den Schülerinnen dieses Fach unterrichten. Dann hatte sie plötzlich an einem Wochenende ihre Koffer gepackt und war völlig unangekündigt verschwunden. Als die Schülerinnen am Montag zur Schule kamen, war das Haus verschlossen. Nicht einmal eine Erklärung hatte sie hinterlassen. Tante Revati erfuhr später, dass Guru Muktananda sie nach New York gerufen hatte. Sie verbrachte ein Jahr dort und suchte unter reichen Amerikanern Jünger für Muktananda zu gewinnen. Darauf war sie mit einer Schar Neubekehrter nach Indien in seinen Haupttempel zurückgekehrt, wo sie eine verantwortungsvolle Stelle einnahm.

Etwa hundert junge Leute aus dem Westen waren in seinem Tempel in der Nähe von Bombay, als ich dort ankam. Das waren weit weniger als gewöhnlich, denn die meisten waren für einige Tage in den Urlaub gereist. Der

Gebäudekomplex dieses beliebten Gurus hob sich inmitten schreiender Armut wie eine Oase des Wohlstandes ab.

Nur ungern wohnte ich in diesem Hindutempel. Erinnerungen wurden wach. Deutlich spürte ich die Anwesenheit der Finsternismächte. Ich war jedoch dankbar für alle Gelegenheiten, mit den Leuten aus dem Westen zu sprechen, die dort lebten und studierten. «Schaut euch das Elend rund herum an! Mit seinen Bodenschätzen und Arbeitskräften sollte Indien eines der wohlhabendsten Länder der Welt sein. Aber seine religiöse Philosophie hat es ruiniert. Das ist eine Tragödie. Wie könnt ihr euch angesichts solcher Tatsachen dem Hinduismus zuwenden?» «Wir haben die Nase voll vom Materialismus des Westens», war gewöhnlich ihre Antwort.

«Indien versucht heute verzweifelt, sich die westliche Technologie zu Eigen zu machen, mitsamt dem Materialismus. Die Regierung hofft dadurch, die hungernden Millionen retten zu können. Nicht nur der Westen, sondern auch die meisten reichen Hindus sind materialistisch eingestellt. Der Hinduismus wird euch davon nicht befreien. Das kann nur Christus. Schaut euch die Häuser an, die Muktananda mit Geld aus dem Westen gebaut hat. Wie viel aber hat er den Armen gegeben, die in diesen erbärmlichen Hütten hausen? Sein prächtiger Sitz ist umgeben von Not und Elend. Christus ist die einzige Hoffnung für dich und für mich ... und für Indien. Der Materialismus, den ihr ablehnt, ist nicht das Christentum.»

Mutter war mager und sah nicht allzu gesund aus. Die Zucht war streng. Jeden Morgen stand man um halb vier Uhr auf und verbrachte mehrere Stunden in Yoga und Meditation. Mutter und ich verstanden uns gut, aber ich konnte ihr unmöglich etwas von Christus sagen, da es sogleich die zarten Bande unserer Gemeinschaft zerrissen hätte. Ich betete täglich darum, dass mir der Herr einige

Tage mit ihr außerhalb der belastenden Atmosphäre des Tempels schenken möge.

Nach vier Tagen willigte Mutter zu meiner großen Freude ein, einige Tage mit mir in Bombay zu verbringen. Freunde hatten mir für die Zeit ihrer Abwesenheit ihre Wohnung zur Verfügung gestellt. Es war wie ein Traum. Mutter kochte und besorgte den Haushalt. Die Spannung zwischen uns ließ langsam nach. Ich versuchte, alles zu vermeiden, was die Ruhe unserer neuen Beziehung hätte stören können. Ich freute mich riesig über das Beisammensein und war bemüht, jeden Gedanken an die bevorstehende Trennung zu vermeiden. Wir schlenderten durch die Märkte, unternahmen Ausflüge und machten zusammen lange Spaziergänge. Nach den Jahren der Trennung begannen wir uns wieder zu verstehen und nach und nach öffneten wir einander unsere Herzen.

An einem denkwürdigen Nachmittag geschah es doch: Die wunderbare Beziehung, die wir so behutsam gepflegt hatten, zerbrach in tausend Stücke. Stets hatte ich meine Worte sorgfältig gewählt. Nie sprach ich über mein Leben als Christ. Nur ein paar vorsichtige Fragen über das Woher dieses Elends, das uns umgab, gestattete ich mir. Sollte das die Folge sein von Jahrtausenden Karma und Aufwärtsentwicklung zu Gott durch Reinkarnation, von dem sie die ganze Zeit redete? Sie versuchte, die Fragen gar nicht zu beantworten, sondern redete einfach begeistert weiter und weiter. Sie bemühte sich krampfhaft, glücklich zu wirken und schwärmte von Yoga, Meditation, ihrer Aufgabe im Tempel und ihrem Guru, den sie beständig als Gott titulierte. An jenem Nachmittag wurde es mir dann doch zu viel. Es war nicht ehrlich, stillschweigend zuzuhören, als ob ich einverstanden sei.

«Bitte, Mutti, dein Guru ist nicht Gott!», fuhr es mir heraus. «Kein Mensch hat das Recht, sich Gott zu nennen.»

«So? Dein Jesus behauptet aber auch, Gott zu sein»,

225

erwiderte sie sofort, als ob sie diese Bemerkung erwartet hätte. «Baba sagt von sich nicht mehr, als Jesus für sich in Anspruch nahm.»

Ich schaute sie traurig an. «Aber Mutti», versuchte ich zu erklären, «wenn Jesus sagte, er sei Gott, dann ist er es auch. Die Bibel sagt es ganz klar. Aber dein Guru ist nur ein Mensch.»

Sie hatte in der Pfanne am Herd gerührt. Jetzt drehte sie sich um und fuhr mich zornig an: «Du entehrst meinen Guru und meine Religion, und das dulde ich nicht! Wenn das der Grund deines Kommens war – mich zum Christentum zu bekehren – dann will ich dich nicht mehr sehen!» Sie stürzte aus dem Zimmer. Schreck und Schmerz lähmten mich. Ich rührte mich nicht. Gleich darauf hörte ich sie im Schlafzimmer hin- und hergehen, dann langsam die Treppe herunterkommen. Ich trat ihr im Wohnzimmer entgegen.

«Ich geh jetzt», war ihr einziger Kommentar.

«Mutti, das darfst du nicht!» protestierte ich und nahm ihr den kleinen Koffer aus der Hand und stellte ihn auf den Boden. «Bitte, geh nicht!»

Sie nahm den Koffer und ging entschlossen durch die Vordertür hinaus. Ich schaute ihr durchs Fenster nach. Sie verabschiedete sich von einigen Nachbarn, die sie in den vergangenen Tagen kennen gelernt hatte. Dann verschwand sie mit ihrem kleinen Koffer in der Hand in der nächsten Straße.

Ich rannte auf mein Zimmer und ließ mich auf mein Bett fallen. Ich fühlte mich völlig verlassen, kaum fähig zu beten. «Herr», flehte ich, «sollte das alles sein, was ich nach all diesen Jahren meiner Mutter von dir sagen kann? Wenn sie jetzt nicht zurückkommt, dann werde ich sie vielleicht nie wiedersehen! Bitte, führe sie wieder zurück!» Ich konnte nicht lange weiterbeten. Von Traurigkeit und Schmerz übermannt, schlief ich bald ein.

Als ich erwachte, war es dunkel geworden. Ich hörte

jemanden im Schlafzimmer, das Mutter benutzt hatte. Aufgeregt setzte ich mich auf und hörte genauer hin. War es möglich? Dann wurde alles ruhig. Ich hörte nur noch meinen eigenen Atem. Lange wartete ich. Schließlich hielt ich es nicht mehr aus und schlich leise in ihr Zimmer. Mutter lag auf dem Bett.

«Darf ich dir etwas zum Abendbrot bringen?», fragte ich. Sie murmelte ein schwaches «Nein» und drehte sich um.

Ich ging hinunter und kochte mir etwas. Oben blieb alles ruhig. Nach mehreren Stunden fragte ich, ob ich ihr etwas zu trinken bringen dürfe. Wieder lehnte sie ab. Einen guten Teil der Nacht verbrachte ich im Gebet für sie. Auch am folgenden Tag wies sie meine schüchternen Angebote, zu essen und zu trinken, ab und blieb für sich im Zimmer. Am Abend besuchte mich ein Bruder von Operation Mobilisation. Gemeinsam beteten wir für meine Mutter.

Am nächsten Morgen war sie in der Küche und bereitete das Frühstück, als ob nichts geschehen wäre. Wir plauderten miteinander, mieden aber alle heiklen Themen. Am Tag vor Weihnachten hatte ich etwas in einem christlichen Büchergeschäft in Bombay zu erledigen. Mit Mutters Erlaubnis ging ich am Nachmittag dorthin. Als der Geschäftsführer und ich nach unserem Gespräch wieder zur Ladentür gingen, fiel mir ein interessanter Buchtitel in die Augen: Die christliche und hinduistische Theologie. Ich kaufte mir ein Exemplar, in der Hoffnung, es würde mir bei der Vorbereitung meiner Vorträge von Nutzen sein.

Als ich zurückkam, bereitete Mutter schon das Abendbrot. Ich blieb in der Küche stehen und sprach eine Weile mit ihr, als mein Freund von der Operation Mobilisation auftauchte.

«Ich hab etwas für dich, Rabi», sagte er und überreichte mir ein Buch.

«Ich weiß, dass du dich für solche Themen interessierst.»

Als ich das Buch sah, musste ich lachen. «Vielen Dank! Ich habe mir dasselbe Buch vor einer Stunde gekauft. Welch ein Zufall!» Ich öffnete meine Tasche, zog mein Buch heraus und legte die beiden Exemplare nebeneinander. «Was soll ich jetzt mit zwei gleichen Büchern?», fragte ich scherzhaft.

Mutter hatte die ganze Zeit zugehört. Sie lehnte sich hinüber und studierte den Buchtitel: Die christliche und hinduistische Theologie. Plötzlich meinte sie: «Du kannst mir eines geben.»

Mir verschlug es die Sprache. Mein Herz war voll Dank. Nie hätte ich es gewagt, ihr ein solches Buch anzubieten. Auch jetzt hielt sie nicht die Hand hin, um es in Empfang zu nehmen. Nach dem Essen holte sie sich ihr Buch vom Tisch und ging in ihr Zimmer. Jetzt sah ich eine Möglichkeit für etwas, worauf ich seit Jahren gewartet hatte.

Ich rief den Geschäftsführer vom Buchladen an und bat ihn um einen besonderen Gefallen. «Ich weiß, Sie haben das Geschäft über die Feiertage geschlossen, aber ich benötige dringend eine Ausgabe der Living Bible.» Er war sofort bereit, mir zu helfen, als ich ihm anvertraute, ich wolle die Bibel meiner Mutter in den Tempel mitgeben.

Mutter und ich verlebten ruhige, angenehme Weihnachten. Es war das erste Mal seit einundzwanzig Jahren, dass wir dieses Fest gemeinsam verbrachten. Am Nachmittag mussten wir beide Bombay verlassen. Sie, um in den Tempel ihres Gurus zurückzukehren, und ich, um in die Schweiz zurückzufliegen. Ich sollte am Jugendkongreß für Weltmission ein Seminar über den wachsenden Einfluss des östlichen Mystizismus im Westen halten. Als wir uns voneinander trennten, überreichte ich ihr die schön eingepackte Bibel.

«Du musst mir etwas versprechen», bat ich mit einem Lächeln. «Du darfst das Paket erst im Tempel öffnen.» «Ich verspreche es dir», antwortete sie fröhlich, «obwohl ich ahne, was darin ist.» Sie fühlte das Gewicht und dachte wahrscheinlich an Schokolade.

«Ich denke, du irrst dich», lachte ich zurück. «Es ist eine Überraschung, aber du wirst dich freuen.»

Nach einigen Wochen erreichte mich in den Vereinigten Staaten ein Brief von Mutter. Da stand unter anderem: «Vielen Dank für die Bibel, Rabi. Ich habe sie unter meinem Kopfkissen und lese jeden Tag darin. Ich würde den Tempel gerne verlassen und zu dir ziehen.»

Nachworte (gekürzt)

Das erste Manuskript seines Buches hatte ihm wahrscheinlich an der pakistanisch-indischen Grenze das Leben gerettet. Jetzt war das Manuskript vollständig und ich sollte es vor dem Druck überarbeiten. Da ich seine Geschichte so gut kannte, war ich gespannt, wie das Leben der Einzelnen in den dazwischenliegenden Jahren verlaufen war. Ich besuchte deshalb Rabi in der Schweiz. Rabi begrüßte mich herzlich und wir hatten Zeit für manchen Gedankenaustausch.

«Rabis Tante Revati war vor einigen Wochen hier», erfuhr ich eines Morgens beim Frühstück. Etwas später zeigte mir jemand das Bild einer schönen Frau in einem Sari. Sie saß in einer Gruppe von Schülern mit einem Gesicht, das genauso strahlte wie Rabis. Man konnte sich kaum vorstellen, wie sie als fanatische Hindu ihre Lieblingsgottheit, die blutdürstige Kali, anbetete. Wie gewaltig war sie durch Christus verändert worden! «Tante Revati gewinnt Hindus für Christus», berichtete mir Rabi glücklich. «Am liebsten bringt sie das Evangelium in abgelegene indische Dörfer, wo meist Hindi gesprochen wird. Sie hält Frauen- und Kinderstunden und ist sogar schon gebeten worden, in Tempeln zu sprechen. Stell dir vor, Christus in einem Hindutempel zu verkündigen!»

Ich wollte gerne wissen, wie es Mohanee, der Schwester seines Vaters, ging. «Hat sie sich bekehrt?», fragte ich. Rabi schüttelte traurig den Kopf. «Nein, ich besuchte sie vor einigen Monaten, als ich wieder in Trinidad war. Sie reagierte gar nicht auf meine Anwesenheit. Sie führt dasselbe Leben wie Vater, den sie verehrte, sitzt mit starrem Blick da und spricht kein Wort. Man muss sie pflegen, wie sie einst ihn pflegte. Es scheint, dass derselbe Geist, der auch in Vater wohnte, von ihr Besitz genommen hat.»

Und Krishna? Ich erfuhr, dass er das Staatsexamen an der Yale-Universität absolviert habe und nun in Harvard an seinem Doktorat in Philosophie arbeite. Nebenbei wirkt er als Hilfsprediger in einer evangelikalen Gemeinde im Raum Boston mit. Onkel Lari ist Professor an einer Universität an der Ostküste der Vereinigten Staaten. Er war es, der zuletzt noch zu Christus gefunden hatte. Die Schriften von C.S. Lewis hatten diesen intelligenten Kopf überzeugt. Er beugte sich vor Christus und wächst jetzt im Glauben.

Sandra ist auch in der Schweiz. Sie arbeitet als Krankenschwester und sammelt weitere Erfahrungen, um möglichst bald aufs Missionsfeld zu gehen. «Shanti ist in London», berichtete Rabi weiter, «und dient noch immer dem Herrn. Und Brendan Bain, mein bester Freund von Jugend für Christus am Queen's Royal College, ist inzwischen Arzt geworden. Er lebt mit seiner Familie in Jamaica.»

Es ist bemerkenswert, wie viele aus Rabis Geschichte in alle Windrichtungen zerstreut sind, um andern von Christus zu erzählen.

«Wo ist Molli jetzt?», erkundigte ich mich. Ihr Mut hatte mich sehr beeindruckt!

Rabi lächelte. «Ich verbrachte kurze Zeit in ihrer Familie, als ich letzten Juni in New York war. Sie heiratete den jungen Mann, der Krishna von Jesus erzählte. Sie haben zwei nette Kinder. Molli ist Krankenschwester und ihr Mann studiert Medizin. Sie bereiten sich auf das Missionsfeld vor.»

Rabi strahlt immer, wenn er von Ma erzählt. Es war besonders ihr Gebetsleben, das sein Leben beeinflusste. Sie besaß fast nichts, nur die nötigsten Kleider. Ihr Nachlass bestand nur aus mehreren Schachteln mit Briefen von Freunden und ihren zahlreichen Kindern und Kindeskindern aus der ganzen Welt ... und aus ihrem kostbarsten Stück: einer Bibel, die ihr Deonarine zum Muttertag geschenkt hatte. Das gab ihr großen Trost. Sie durfte hoffen, dass er vor seinem Tod noch Christ geworden war. Onkel Kumar hat diese Bibel jetzt bei sich in London.

Wenn Rabi von Zukunftsplänen spricht, dann kommt er immer wieder auf das gleiche Thema: den notwendigen Kampf gegen den Einfluss des östlichen Mystizismus, der den Westen durchdringt. Millionen, die die Auferstehung Christi wenigstens als historische Tatsache anerkannten, glauben heute an die Reinkarnation. Der persönliche Gott der Bibel wird mit der Natur, den kosmischen Kräften oder Paul Tillichs «Grund des Seins» gleichgesetzt. Alles sind nichts als westlich verkappte Versionen der hinduistischen Lehre von Brahman.

Gerne hätte ich auch Rabis Mutter kennen gelernt, aber sie ist noch immer im Tempel in der Nähe von Bombay. So sollte die Geschichte jedoch nicht enden – und sie ist natürlich auch noch nicht zu Ende.

Dave Hunt,
Schweiz, Dezember 1976

Epilog

So vieles ist seit der ersten Auflage dieses Buches geschehen, dass ein zweites Buch nötig wäre, um einen vollständigen Bericht zu geben.

Um für Gott weiterhin frei zu sein, überall hinzureisen, wo er mich haben wollte, hatte ich beschlossen, bis zu meinem 30. Lebensjahr ledig zu bleiben. Mit 31 Jahren heiratete ich. Fränzi übertrifft alle meine Vorstellungen und ist eine wunderbare Christin.

Gott hat mir eine Last aufs Herz gelegt, um überall Menschen mit der Guten Nachricht von Jesus Christus zu erreichen, aber vor allem all die aufrichtigen Sucher, die durch die falschen Versprechungen der östlichen Religionen betrogen worden sind. Ich hatte Gelegenheit, an verschiedene Plätze in Europa und Nordamerika zu reisen, wo mir viele Türen zum Reden geöffnet wurden. Ich sprach an Treffen in über 300 Universitäten und Schulen, von Wien bis London, von Harvard bis Berkeley. Es ist immer bewegend, den großen Hunger nach Wahrheit unter den Studenten anzutreffen, und es ist spannend, ihre Antworten auf das Evangelium zu sehen, die wir auch überall antreffen.

Wir sind ständig konfrontiert mit Menschen, die sich dem Osten zugewendet haben. Die große Täuschung, der sie zum Opfer gefallen sind, hat emotionale und geistige Verwirrung in ihr Leben gebracht. Typisch ist das Beispiel eines Millionärs aus Norwegen. Seine beiden Söhne, intelligente Universitätsstudenten, wandten sich nach dem Tod ihrer Mutter der Transzendentalen Meditation zu. Einer von ihnen verlor den Verstand und beging Selbstmord, der andere wurde total entfremdet und verließ sein Zuhause. Niedergeschmettert kam der Vater zu uns und wir durften erleben, wie er sein Herz Jesus Christus öffnete.

Hunderte von beinahe unglaublichen Geschichten

könnten erzählt werden über die breite Vielfalt von Menschen, die – wie ich – aus der scheinbar hoffnungslosen Dunkelheit durch unseren einfachen Dienst ins wahre Licht gefunden haben. Wir wissen von vielen Jüngern von Swami Muktananda, Maharishi Mahesh Yogi, Maharaj Ji, Baghwan Rajneesh und Hare Krishna, die ihre Gurus verließen, um den Herrn Jesus Christus zu empfangen und ihm nachzufolgen.

Es ist für uns ein großes Erlebnis, dass nach den Briefen, die wir erhalten, und den Berichten, die wir gehört haben, in der Tat Tausende von Menschen durch das Lesen dieses Buches zum Glauben an Jesus Christus gefunden haben. Viele – wenn nicht die meisten dieser Leute – besorgten sich das Buch nicht selbst, sondern erhielten es von einem gläubigen Freund oder Verwandten ausgeliehen. Während des Kongresses für reisende Evangelisten (mit etwa 5000 Teilnehmern aus der ganzen Welt) in Amsterdam erzählte mir ein asiatischer Evangelist mit großer Begeisterung, dass er persönlich in der Gegend, wo er wohnte, von mehr als hundert Personen wisse, die durch das Lesen dieses Buches Christen geworden seien. Offenbar geschah dies durch das ständige Weitergeben einiger weniger Exemplare.

Während wir im Westen arbeiten, ist ein Teil unseres Herzens immer im Osten, und ich gehe regelmäßig nach Indien, um dort das Evangelium zu predigen. Es sind dort – trotz starkem Widerstand – so viele Türen offen, und wir könnten so viele spannende Erlebnisse erzählen, doch das würde den Rahmen dieses Buches sprengen. In Benares hatte ich die Gelegenheit, vor der Anwaltsvereinigung zu sprechen. Die meisten Zuhörer waren Brahmanen oder Rechtsanwälte der höheren Kasten. Mit Tränen in den Augen sagte mir einer von ihnen, er habe in seinem ganzen Leben nie etwas solches gehört. «Bitte komm wieder», bat er mich.

Meine Mutter, die ich sehr liebe, ist noch nicht zu

Christus gekommen. Noch vor seinem Tod erhob sie ihr Guru Muktananda in den Stand eines Swami. Dies ist entmutigend, aber wir beten weiter für sie. Hingegen wurde die älteste Schwester meiner Mutter, Tante Sumintra, in deren Haus ich als Junge sehr schöne Ferien verbrachte, gläubig und ist nun eine der brennendsten Nachfolgerinnen Christi. Nach zwei Jahren fruchtbaren Dienstes in Europa ging Tante Revati nach Indien, wo sie in einem sehr vielseitigen und produktiven Dienst arbeitet und schon viele Hindus zu Christus geführt hat.

Ananda hat seine Studien in Politik und Theologie an christlichen Schulen in Deutschland und den USA abgeschlossen und ist nach Indien zu seiner Mutter zurückgekehrt. Er predigt im ganzen Land. Trotz fanatischem Widerstand, wiederholten Einbrüchen, böswilligem Vandalismus und Drohungen gegen ihr Leben von Seiten der Hindus, gehen beide tapfer mit dem Herrn weiter. Sandra hat einige Jahre in der Schweiz als Krankenschwester gearbeitet und dann einen Arzt geheiratet. Heute dienen beide als Missionare auf dem Gebiet der Medizin in einem besonders armen Teil Afrikas. Krishna nennt sich jetzt (aus verständlichen Gründen) Krister. Nachdem er seine Studien in Yale abgeschlossen hatte, machte er seine Doktorstudien in Harvard in Religionsphilosophie. Während Jahren konnte er in dieser sehr schwierigen Umgebung unter Professoren und Studenten von Christus erzählen. Boston ist eine der Städte mit den meisten ausländischen Studenten. Er tut dort seinen Dienst, um internationale Studenten zu erreichen.

Am Schluss einer meiner Vorlesungen am Wissenschafts-Center der Harvard-Universität stand ein unzufriedener Student auf, um mich mit einer letzten Frage herauszufordern. «Mr. Maharaj», begann er in sarkastischem Ton, «Sie haben sich vom Hinduismus weg dem Christentum zugewendet. Wie würden Sie reagieren, wenn sich jemand von Ihrer jetzigen Position aus in Ihre vorherige Position begäbe?»

Ich schwieg einen Moment und sah auf zu Gott, um die richtige Antwort auf diese wichtige Frage – vielleicht die wichtigste des ganzen Abends – zu bekommen, dann antwortete ich: «Ich könnte *nie* verstehen, wie eine Person in meiner jetzigen Position jemals umkehren könnte zu meiner vorherigen Position, wenn er wirklich in meiner jetzigen Position ist. Wie ich beobachtet habe, haben westliche Leute, die sich dem Osten zuwenden, Christus nie persönlich gekannt.»

Erstaunlicherweise kommen solche Herausforderungen nicht nur von Ungläubigen, sondern auch von sogenannten christlichen Leitern. Nachdem ich in einem Lehrerseminar in der Schweiz einen Vortrag gehalten hatte, wurde ich durch den Leiter der religiösen Abteilung, der auch ein Landeskirchenpfarrer war, herausgefordert. Er gab seinem Missfallen über meinen Vortrag Ausdruck und sagte: «Ich war während 20 Jahren Missionar in Indien und ich sah, wie die Inder ihre Steingötter anbeteten. Ich bin überzeugt, dass wenn ein Inder seinen Steingott anbetet, dann betet er den Gott der Bibel an. Sie helfen der Verständigung zwischen den Religionen nicht, wenn Sie behaupten, dass so große Unterschiede bestehen.

«Herr Pfarrer», antwortete ich, «ich war dieser Inder, der die Steingötter anbetete. Heute bete ich den Gott der Bibel an und ich weiß heute, dass es nicht derselbe Gott ist – da sind Welten dazwischen!»

Kurz nach meiner Bekehrung im Jahre 1962 sagte mir ein Inder, das würde nicht lange anhalten. Heute ist mein Herz mit Dankbarkeit Gott gegenüber erfüllt, dass Er mich in Seinem Willen gehalten hat, und das schon während 22 Jahren! Ich habe die Bibel während dieser Jahre gründlich studiert und konnte sehen, wie wahr jedes Wort davon ist. Ich kann beobachten, wie Gott im Leben von Menschen in der ganzen Welt Wunder tut und bin mehr als je zuvor überzeugt, dass Jesus Christus genau das ist, was er bezeugte: der Weg, die Wahrheit und das Leben.

Ich bin Gott dankbar, dass er mir das Vorrecht gewährt hat, das Evangelium von Jesus Christus weiterzugeben. Es ist mein Ziel, so lange weiterzumachen, wie Atem in mir ist – oder bis Jesus Christus wiederkommt.

Rabi Maharaj, im Jahre 1984

Worterklärungen

Ahimsa

Die Lehre der Gewaltlosigkeit gegenüber allem Leben. Der Hindu glaubt, dass sich Insekten und Tiere durch gutes Karma aufwärtsentwickeln, bis sie Menschen werden, und dass Menschen durch schlechtes Karma wieder zu Insekten oder Tieren werden können. Demzufolge wäre es nichts anderes als Mord oder Kannibalismus, irgendetwas Lebendiges, außer Pflanzen, zu töten und zu essen. Daher muss der Hindu Vegetarier sein.

Ahimsa läßt sich aber nicht durchwegs mit den Lehren der Hinduschriften und deren Praxis vereinbaren. Viele Hindus bringen heute noch Tieropfer dar, und im Lauf der Geschichte haben Hindus keine geringere Neigung bewiesen, in Kriegen Menschen zu töten, als solche, die sich nicht zu Ahimsa bekannten. In der Verschonung der Kuh sind die Hindus allerdings stets völlig konsequent gewesen.

Arti

Ein religiöses Ritual, bei dem man die heilige Flamme oder das Räucherwerk auf einem Teller in der rechten Hand im Uhrzeigersinn um das Bildnis oder die Figur eines Heiligen oder eines Gottes kreisen läßt. Das kann jeder Hindu in seinem Andachtsraum tun.

Ashram

Ist vom Hindiwort asrama abgeleitet, das die vier «Stufen» im Leben der Zweimal-Geborenen (der Hindus hoher Kaste) bezeichnet: 1. die des ledigen Schülers der Veden; 2. des verheirateten Hausvaters, der Kinder zeugt; 3. die des Waldeinsiedlers; und 4. die des Bettelmönches oder Asketen, der auf alle Besitztümer verzichten soll, außer Lendenschurz, Bettelschale und Wasserkrug, sich nur durch Betteln ernährt und aller Pflichten und Gebräuche frei ist. Das Wort hat in der Anwendung mehr die Bedeutung der dritten «Stufe» und des Lebens der Einsiedler angenommen. Heute wird es in Indien vielfach verwendet für religiöse Wohngemeinschaften oder Lager, in die man sich begibt, um unter einem Guru zu lernen. In Indien gibt es sogar christliche Organisationen, die ihre Wochenenden und Lager «Ashrams» nennen.

Avatara

(altind. Herabkunft) Im weitesten Sinn die Verkörperung irgendeines Gottes in irgendeiner Gestalt. Jede Gattung hat angeblich ihren eigenen Avatara. Im engeren Sinn jedoch ist ein Avatara eine Reinkarnation Vishnus. Gewisse Hindus glauben, Vishnu sei unzählige Male reinkarniert worden, während andere lehren, er sei nur neunmal als Avatara gekommen: Als Fisch, Schildkröte, Löwe, Eber, Zwergkind, Rama, Krishna, Buddha und Christus.

Die genaue Rolle, die der Avatara spielt, um den Menschen das Heil zu bringen, ist nicht ganz klar, doch wird allgemein geglaubt, dass der Avatara in seiner Reinkarnation als Guru auftritt. Viele orthodoxe Hindus glauben, dass Kalki, die nächste auf Christus folgende Reinkarnation, in 425 000 Jahren auf die Erde kommen wird. Es gibt jedoch Hunderte von Gurus, die heute in Indien von ihren Anhängern als Avataras verehrt werden.

Barahi

Von «zwölf» abgeleitet, ist die Zeremonie, die am zwölften Tag nach der Geburt eines Brahmanenkindes abgehalten wird, bei der Pandits und Astrologen die Zukunft des Kindes voraussagen.

Bhadschans

Lieder ergebener Liebe an die Götter.

Bhagavadgita

Das beliebteste der heiligen Bücher der Hindus, ein Teil der Mahabharata und das im Osten und Westen am meisten Gelesene. Es ist bekannt als das «Lied des Herrn» (wörtliche Übersetzung des Namens) und wird oft «das Evangelium des Hinduismus» genannt. Die Gita ist ein Dialog zwischen dem Krieger Ardschuna, der davor zurückschreckt, im bevorstehenden Krieg seine Verwandten zu töten, und dem Gott-Avatara Krishna, der als sein Wagenlenker wirkt und ihn ermutigt, als ein guter und tapferer Krieger seine Pflicht zu erfüllen.

Bhagwan
Ist ein Hindiwort für Gott oder Herr.

Bhai
Wörtlich «Bruder», als Ehrenbezeichnung für einen Gesinnungsgenossen. Ein älterer religiöser Hindu würde kaum mit dieser Bezeichnung einen Jüngling und auf keinen Fall ein Kind ansprechen. Als Gosine anfing, Rabi so anzusprechen, war das ein Zeichen dafür, dass er die Verehrung und Hochschätzung, die er für seinen Vater gehegt hatte, jetzt auf ihn übertrug.

Brahma
Nicht zu verwechseln mit Brahman, der alle Götter in einem ist. Brahma, der Schöpfer, ist die oberste Gottheit in der Hindu Trimurti. Die zwei andern sind Vishnu, der Erhalter, und Shiva, der Zerstörer. Es wird geglaubt, dass Shiva alle 4,32 Milliarden Jahre alles zerstört, Brahma darauf alles wieder erschafft und Vishnu wieder reinkarniert wird, um den Weg zu Brahman zu offenbaren. Oft sieht man ihn auf Darstellungen, dem Nabel Vishnus entspringen (was seiner Bedeutung als Schöpfer zu widersprechen scheint) mit vier Häuptern und vier Händen, die Opferwerkzeuge, Gebetsperlen und ein Manuskript halten.

Brahmacharya
Wörtlich «religiöse Lebensführung», ist der Name der ersten der vier Stufen im Leben des Hindu hoher Kaste. Da dies eine Zeit war, in der sexuelle Enthaltsamkeit gefordert war, begann man die Bezeichnung auch für ältere religiöse Hindus anzu-

wenden, die noch immer unter dem Gelübde der Ehelosigkeit standen.

Brahman

Die höchste und letzte Realität: ohne Gestalt, unausdrückbar, nicht erkennbar und nicht erkennend; weder persönlich noch unpersönlich; sowohl Schöpfer als auch die Gesamtheit der Schöpfung. Brahman ist alles und alles ist Brahman.

Die höchste und letzte Wahrheit. Das Heil bedeutet für den Hindu zu «erkennen» oder zu «verwirklichen», dass er selbst Brahman ist, dass er und das ganze Universum ein und dasselbe Wesen sind. Brahman ist also nicht nur ein anderer Name für den Gott der Bibel, sondern er steht für eine Auffassung, die dem jüdisch-christlichen Gott völlig fremd, sogar entgegengesetzt ist. Brahman ist alles und zugleich nichts. Er umfasst sowohl Gut als auch Böse, Leben und Tod, Gesundheit und Krankheit, ja sogar die Einbildung von Maya.

Brahmane

Die höchste Kaste im Hinduismus und die menschliche Form, die Brahma am nächsten ist, zu der man erst durch Tausende von Reinkarnationen gelangt, die deshalb eine Mittlerrolle zwischen Brahman und den übrigen Kasten spielt. Nur Brahmanen können Priester werden. Das verleiht den Brahmanen große Macht über die andern Kasten. Dafür wird von Brahmanen viel erwartet, dass sie ein weit religiöseres Leben führen als die Übrigen, und jede Missetat hat für sie viel schwerere Folgen als für die Angehörigen der niedrigeren Kasten.

Das Sanskritwort für Kaste ist varna, was Farbe bedeutet. Die Brahmanen sind wahrscheinlich Nachfahren der hellhäutigen Arier, die Indien eroberten. Heute noch haben die Brahmanen meist hellere Haut als die andern Inder.

Chanan

Eine weiche, duftende Sandelholzpaste, mit der die Kastenzeichen und andere rituelle Zeichen für religiöse Zwecke an

Göttern und Anbetenden angestrichen werden, gewöhnlich an Stirn und Hals.

Dakshina
Einer der vielen Namen Shivas, was wörtlich «auf der Rechten» bedeutet und darum das Geld bezeichnet, das den Brahmanen als Opfer gebracht wird, weil man es mit der rechten Hand darreichen muss.

Devatas
Gottheiten oder Götter.

Deya
Kleine Tonschale mit geweitetem Rand, in dem Ghi oder ein anderes Öl mit einem Docht ist. Wird bei religiösen Zeremonien und besonderen Feierlichkeiten angezündet.

Dharma
Die richtige Lebensweise für einen Hindu. Sie ist nicht absolut, sondern variiert von Fall zu Fall und von Person zu Person und muss vom Einzelnen selbst entdeckt werden. Kein moralisches Prinzip. Es beinhaltet gewisse Übungen, die eine Person angeblich zur mystischen Vereinigung mit Brahman führt, welche aber nicht unbedingt mit dem moralischen Gewissen verankert ist oder vereinbar sein muss. Das Dharma eines Menschen kann sogar über richtig und falsch erhaben sein.

Dhoti
Ein langes Stück Tuch, das der Mann wie einen Rock um sich windet. Gewöhnlich hängt es fast bis auf den Boden, aber bei großer Hitze und für Arbeiten, die besondere Bewegungsfreiheit fordern, kann man den Saum in die Hüften stopfen. Einige ziehen das letzte Stück Tuch zwischen die Beine hinauf, wodurch der Rock zu einer Art Pluderhose wird.

Obwohl die Inder in den Städten vielfach westliche Kleidung tragen, ist in den Dörfern das Dhoti das Gebräuchlichste.

Die Heiligen und Priester tragen auch in den Städten ein Dhoti, dazu oft die Jacke eines Anzuges.

Ghat
Ein Platz, der dafür bestimmt ist, Leichname zu verbrennen. In Indien gibt es eine Menge solcher Stätten, aber die beliebtesten und heiligsten sind in der Nähe «heiliger» Städte wie Benares, entlang des Ganges, weil man dann die Asche in den heiligen Fluss streuen kann.

Ghi
Indisches Büffelbutterschmalz, das für religiöse Zwecke Verwendung findet und als besonders heilig gilt, weil es von der Kuh, dem heiligsten aller Tiere, kommt.

Guru
Wörtlich Lehrer, aber mit der Bedeutung einer Manifestation Brahmans. Man kann die Hinduschriften nicht durch eigenes Lesen verstehen, sondern man muss von einem Guru belehrt werden, der selbst zu Füßen eines Guru gesessen hat. Jeder Hindu muss einem Guru folgen, um die Selbstverwirklichung zu erreichen. Die Gurus haben die alten Weisheiten der Seher und Weisen an die nachfolgenden Geschlechter weiterzureichen. (Es ist eine gewisse Parallele festzustellen zwischen dieser Auffassung über geistliche Erleuchtung durch Erkenntnis und dem Baum der Erkenntnis, durch welchen der Sündenfall verursacht wurde, wie es uns der biblische Bericht lehrt). Der Guru wird auch nach seinem Tod angebetet. Viele Hindus glauben, dass sie von jenen höheren Ebenen des Seins, zu welchen sie nach diesem Leben gelangt sind, sich noch intensiver als zuvor mitteilen können. Daher gilt vielen der Begräbnisort eines Guru als ideale Stätte der Meditation.

Hinduismus
Die Hauptreligion Indiens. Er umfasst so viele verschiedene und widersprüchliche Glaubensauffassungen, dass man ihn

unmöglich definieren kann. Man kann Pantheist, Polytheist, Monotheist, Agnostiker oder sogar Atheist, Moralist oder Hedonist, Dualist, Pluralist oder Monist sein, den Tempel regelmäßig besuchen und in der Anbetung den Göttern ergeben sein oder jegliche religiöse Betätigung meiden und bei alledem Hindu genannt werden. Der Hinduismus beansprucht für sich, alle religiösen Auffassungen zu akzeptieren, wobei jede Religion, die sie aufnimmt, sogleich ein Teil des Hinduismus wird. Der Synkretismus versucht das Christentum der erstickenden Umarmung des Hinduismus auszuliefern, aber es ist allzu deutlich, dass der Gott der Bibel nicht Brahman, der Himmel nicht Nirwana, Jesus Christus nicht eine Reinkarnation Vishnus sind und dass die Errettung durch die Gnade Gottes und den Glauben an den Tod Jesu Christi für unsere Sünden und seine Auferstehung den ganzen Lehren des Hinduismus widersprechen.

Höheres Bewusstsein

Es gibt verschiedene «Ebenen» des Bewusstseins, die einem durch Yoga und Meditation zugänglich sind. Sie werden als «höher» bezeichnet, weil sie sich vom normalen Bewusstsein unterscheiden und angeblich auf dem Weg zum Nirwana durchschritten werden. Verschiedene Schulen definieren sie verschiedenartig. Einige typische Stufen sind: «Einheits-Bewusstsein», bei dem man ein mystisches Einssein mit dem Universum erlebt; oder das «Gott-Bewusstsein», wo man meint, Gott zu sein. Ähnliche Bewusstseinsstufen werden durch Hypnose, mediale Trance, gewisse Drogen, Zauberriten, Voodoo etc. erreicht. Sie weisen letztlich nur geringfügige Unterschiede ein und desselben okkulten Phänomens auf.

Janma

Eine der Bezeichnungen für ein früheres Leben, für solche, die an die Reinkarnation glauben. Es ist gleichbedeutend mit einem Markstein, der in einem Leben gesetzt wurde und auf das nächste Leben vorbereitet. Eine Janma bestimmt, was die nächste Janma sein wird.

Jivan Mukti

Wird in der Bhagavadgita als das höchste Ziel des Menschen gepriesen. Es ist das Erreichen der mystischen Einheit mit Brahman durch Yoga, während man noch im Körper existiert.

Karma

Für den Hindu das höchste und letzte Gesetz vom Schicksal. Die Lehre besagt, dass das Karma für jede Tat, jedes Wort und jeden Gedanken geistlicher oder sittlicher Natur unausweichliche Folgen hat. Es wird weiter gelehrt, dass man diese Folgen nicht in einem Leben austragen könne; daraus folgt die Notwendigkeit der Reinkarnation. Die Umstände und Bedingungen einer jeden Geburt und die Ereignisse eines jeden Lebens sind angeblich durch den Lebenswandel im gleichen Alter in den vorangegangenen Leben absolut festgelegt. Karma kennt keine Vergebung. Jeder muss die Folgen seiner eigenen Handlungen tragen.

Kaste

Das System wurde wahrscheinlich von den Ariern erfunden, um die dunkelhäutigen Draviden, die sie besiegt hatten, in Unterwürfigkeit zu halten. Es wird gelehrt, dass die vier Kasten – Brahmanen, Kshatrya, Vaisya und Sudra – ursprünglich vier Teilen des Körpers Brahmas entstammen: Die Brahmanen vom Haupt und die übrigen von den darunterliegenden Teilen. Daraus leiteten sich ganz natürlich die Lehren von Karma und Reinkarnation ab, welche die Angehörigen der niedrigeren Kasten belehrte, dass sie durch geduldiges Ertragen ihres Loses in diesem Leben ihr Karma verbessern könnten und so eine höhere Reinkarnation im nächsten Leben in Aussicht hätten. Die Unberührbaren waren kastenlos und damit außerhalb des ganzen Systems des Hinduismus. Als die Moslems Indien eroberten, waren die Unberührbaren am leichtesten zu bekehren, weil der Islam ihnen sofort einen Rang anbot. Auch die meisten Christen Indiens waren ehemals Unberührbare. Vielfach bekannten sie sich einzig aus dem Grund zum Christentum, um sich aus der Stufe der Unberührbaren emporzuheben.

Krishna

Der beliebteste und geliebteste der Hindugötter. Gegenstand unzähliger Legenden, oft erotischen Inhalts. Krishna ist auch im Westen der bekannteste Hindugott, dies dank des missionarischen Eifers der singenden und tanzenden «Hare-Krishna» Jünger, die man in ihren Safrangewändern in allen größeren Städten antrifft. Sie hoffen auf Heil und Glückseligkeit durch endloses Singen des Hare Krishna-Mantras: «Hare Krishna, Hare Krishna, Hare Rama, Hare Rama, Hare Hare, Hare Hare.» Gleich Rama ist Krishna eine Reinkarnation Vishnus.

Kundalini

Wörtlich «zusammengerollt», ist der Name einer Göttin, die durch eine Schlange dargestellt wird, die in dreieinhalb Windungen mit dem Schwanz im Mund schläft. Diese Göttin oder «Schlange des Lebens, des Feuers und der Weisheit» soll angeblich am unteren Ende der Wirbelsäule jedes Menschen schlafen. Wenn sie ohne die notwendige Selbstbeherrschung aufgeweckt wird, tobt sie im Menschen wie eine grässliche Schlange, und zwar mit unwiderstehlicher Kraft.

Man behauptet, dass Kundalini ohne die geforderte Beherrschung übernatürliche psychische Kräfte aus dämonischen Quellen erzeuge, die schlussendlich zum geistlichen, moralischen und körperlichen Untergang führen.

Gerade diese Kundalini-Kraft versucht Meditation und Yoga zu wecken und zu beherrschen. Auch im Westen haben verschiedentlich Leute, die in TM und anderen Arten der Meditation geübt sind, Erfahrungen mit Kundalini gemacht.

Lingam

Ist die Bezeichnung des phallischen Shivaemblems. Man hat Lingamverehrung im Industal schon vor dem Eindringen der Arier nachgewiesen. Zuerst wurde diese Praktik von den Ariern belächelt, später lernten sie selbst die Anbetung dieses erotischen Symbols. Obwohl er mit Fruchtbarkeitsriten und den dazugehörigen sexuellen Perversionen und dem Tantrismus zusammenhängt, ist der Shiva Lingam in fast jedem Tempel, auch wenn er nicht eigens Shiva gewidmet ist, ein wichtiger Gegenstand der Anbetung.

Lota
Eine kleine, bronzene Schüssel, aus der «heiliges» Wasser während verschiedener religiöser Riten gegossen, gesprengt oder getrunken wird.

Mahabharata
Eines der zwei großen Epen der Hinduschriften. Das andere ist die Ramayana. Mit ihren hundertzehntausend Verspaaren ist sie dreimal so umfangreich wie die Bibel und das längste Dichtwerk der Welt. Es ist eine Zusammensetzung von Werken verschiedener Dichter, die immer wieder Neues dazuschrieben, Abstriche und Korrekturen vornahmen, um es ihren eigenen Gedanken anzupassen. Daher sind ihre Lehren auch unzusammenhängend und oft schreiend widersprüchlich. Trotzdem wird sie als heilige Schrift verehrt.

Mandir
Ein anderes Wort für Hindutempel.

Mantra
Ein Lautsymbol, aus einer oder mehreren Silben, das oft verwendet wird, um in einen mystischen, ekstatischen Zustand versetzt zu werden. Es muss einem durch die Stimme des Guru beigebracht werden und ist anders nicht erlernbar.

Man braucht die Bedeutung des Mantra nicht zu verstehen, da dessen Kraft in der Wiederholung des Lautes liegt. Man glaubt, es verkörpere einen Geist oder eine Gottheit und das Wiederholen des Mantras rufe die Gottheit herbei. So lädt das Mantra das betreffende Wesen in den Meditierenden ein und schafft gleichzeitig in ihm den Zustand, der diese Verschmelzung von Personen ermöglicht.

Maya

Die Erklärung des Hinduismus für die Existenz des gesamten Universums von Geist und Leib, wie es der Mensch erfährt. Da Brahman die einzige Wirklichkeit ist, ist alles andere Illusion, die von Brahman ausgeht, wie die Hitze vom Feuer. Durch seine Unkenntnis vermag der Mensch die eine Wirklichkeit nicht zu erkennen, weshalb er die Illusion des unwirklichen Universums von Formen und Schmerz und Leid annimmt. Das Heil wird erlangt, indem die Erleuchtung diese Illusion vertreibt.

Da das Universum aber allen gleich erscheint und auch festen Gesetzen folgt, lehren gewisse Hindusekten, dass Maya eigentlich ein Traum der Götter ist und dass die Menschen lediglich ihr eigenes Empfinden für Schmerz dazutun.

Meditation

Bedeutet traditionell vernünftige Betrachtung, aber für den östlichen Mystiker ist es genau das Gegenteil, weshalb über dieses Thema bei uns im Westen recht große Verwirrung herrscht. Östliche Meditation (wie sie in der TM, im Zen etc. gelehrt wird) ist ein Verfahren, um sich von der Welt der Dinge und Gedanken, die uns umgibt, zu lösen (d. h. von Maya), indem man seinen Verstand von jeglichem willentlichen und vernünftigen Denken befreit. Das versetzt einen in «höhere» Bewusstseinszustände.

Obwohl der Gedanke im Westen unter den verschiedensten Namen bekannt wurde, bezweckt die fernöstliche Meditation das «Erkennen» oder «Realisieren» unseres angeblich wesenhaften Einsseins mit dem Universum. Es ist die Tür zur «Nichtsheit», zu Nirwana. Es wird gewöhnlich unter der harmlosen Bezeichnung «Entspannungstechnik» verkauft, führt aber dazu, dass man schließlich kosmischen mystischen Kräften unterworfen ist.

Moks(c)ha

Befreiung aus dem Rad der Wiedergeburten durch Eintreten in den endgültigen Zustand des Seins, die von solchen erreicht wird, die dem Universum von Maya entflohen und mit Brahman verschmolzen sind. Die Hindus sehnen sich nach Moksha als einer Erlösung aus Schmerz und Leid, die ihnen durch die endlosen Wiedergeburten auferlegt wurden. Der orthodoxe Hinduismus lehrt jedoch, dass es kein endgültiges Entrinnen gibt, sondern dass man nach Erreichen von Moksha wieder den Kreislauf von Leben, Tod und Wiedergeburt betreten muss. Da gemäß der Hinduschrift einst nur ein Brahman existierte, sei es nutzlos, zu ihm zurückzukehren; Moksha ist nur eine vorübergehende Zeit der Ruhe, eine Stufe des «Rades» der Existenz, das sich endlos dreht und alle 4,32 Milliarden Jahre wieder von vorne anfängt.

Namahste
Der übliche Hindugruß, was einfach «Hallo» bedeutet, gewöhnlich begleitet von zusammengehaltenen Handflächen und einer höflichen Verneigung in Anerkennung des universellen Ichs in allen Menschen.

Narayana
Hinduistische Gottheit, wohl noch in der vorchristlichen Zeit mit Vishnu verschmolzen.

Nirwana
Wörtlich «verwehen», «erlöschen», gleich einer ausgeblasenen Kerze. Nirwana ist der Himmel der Hindus und Buddhisten, obwohl die vielen Sekten verschiedene Vorstellungen mit dieser «Nichtsheit» verknüpfen und dem Weg, der dahin führt. Angeblich ist es weder ein Ort noch ein Zustand und ist in uns allen. Es wartet nur darauf, «verwirklicht» zu werden. Es ist Nichtsheit, die Glückseligkeit, die daher rührt, dass man weder Schmerz noch Freude fühlt. Sie entsteht dadurch, dass die persönliche Existenz durch Aufgehen in reines Sein ausgelöscht wird.

Nyasa

Das Ritual, wodurch die Gottheit in den Leib des Anbetenden gerufen wird, indem er seine Hände auf Stirn, Arme, Brust etc. legt, während er ein Mantra hersagt.

Die Wiederholung des Mantras selbst soll dazu führen, dass der Anbetende umgeformt wird in das Bild der Gottheit, welche die Schwingung oder der Laut des Mantras verkörpert. Nyasa soll diesen Vorgang fördern.

Obeah Mann

Der Zauberdoktor der Hindus, von dem gewöhnlich geglaubt wird, dass ihm Dämonen und andere niedrige Wesen zu Gebote stehen. Er setzt sie gegen Entgelt entsprechend den Wünschen von Hilfesuchenden ein.

Pandit

Ein Brahmane, der im Hinduismus gut unterwiesen ist und seine Kenntnisse zum Nutzen anderer verwendet. Er kann beispielsweise Fingerzeige auf die Zukunft geben oder sich für andere bei den Göttern einsetzen. Nicht alle Brahmanen sind Priester oder Pandits. Obwohl jeder Brahmane durch Geburt dazu berechtigt wäre, sind nicht alle ihrer Religion genügend ergeben, um Pandits zu werden, so dass heute die meisten Brahmanen andere Berufe ausüben.

Puja

Wörtlich «Verehrung». Wort und Ritual sind dravidischen Ursprungs. Es wurde zur Bezeichnung jeglicher ritueller oder zeremonieller Anbetung gebraucht, nachdem der arische Brauch, Tiere zu opfern und den Altar mit Blut zu beschmieren, ersetzt wurde. Dies vollzog sich mit dem Einfluss buddhistischen Gedankenguts von Gewaltlosigkeit und dem dravidischen Brauch, Blumen zu opfern. Dabei werden die Anbeter mit Sandelholzpaste bestrichen. In der heutigen Hindupuja, die sowohl in Tempeln als auch in Privathäusern geschehen kann, werden neben Blumen auch Wasser, Früchte, Stoffe und Geld geopfert.

Rama

Die Reinkarnation Vishnus, dessen Leben das Thema der Ramayana ausmacht. Für den Hindu ist Rama der Idealmann, der mit dem größten Edelmut handelt. Seine Frau Sita ist die Idealfrau. Jede Hindusekte verehrt Rama und sein Name ist einer der häufigsten Vornamen in Indien. Jeder Hindu möchte mit dem Namen Ramas auf den Lippen sterben. Als Mahatma Gandhi von einem Attentäter niedergestreckt wurde, murmelte er: «O Rama, O Rama.»

Ramayana

Wörtlich «die Wege Ramas», eine der zwei großen Hinduepen, aus sieben Büchern bestehend, die das Menschenleben des Gottes Rama, einer Reinkarnation Vishnus, schildern. Wahrscheinlich von Buddhisten stark beeinflusst, lag es ursprünglich in mehreren Fassungen vor. Heute sind in Indien allgemein drei Fassungen anerkannt, die sich in einigen Details geringfügig unterscheiden.

Rigveda

Die wichtigste und geehrteste der vier Veden (obwohl nicht die älteste), eine Sammlung gemischter Legenden, Litaneien (Mantras) und Lieder. Gewöhnlich preisen sie in eintönig trockenem Stil die vielen Naturgottheiten. Die Gebete der Priester sind sinnlicher, selbstsüchtiger Art, die selten ein Streben nach Weisheit, sondern vielmehr nach Wein, Frauen, Reichtum und Macht ausdrücken.

Sandhya

Der Gott des Zwielichts. Außerdem Bezeichnung für die Morgen-, Mittag- und Abendgebete der Zweimalgeborenen (d. h. der Kasten über den Sudras), bei dem das Gayatri-Mantra hergesagt werden muss, um die Sonne an ihrem Platz zu halten und dem Anbetenden das Heil zu bringen.

Sanyasi

Ein religiöser Hindu in der vierten Stufe des Lebens, der alles aufgegeben hat und jetzt über sämtliche Regeln und Rituale erhaben ist und sich von der Gesellschaft und den Zeremonien fernhält. Wenn er nicht einem besonderen Orden angehört, kann er Sadhu genannt werden oder Yogi, wenn er ein Meister des Yoga ist.

Selbstverwirklichung

Das letzte und höchste Ziel östlicher Meditation oder von Yoga: Befreiung von der «Illusion», dass das individuelle Ich verschieden sei vom universellen Ich, oder Brahman. Durch Unwissenheit hat der Mensch angeblich vergessen, wer er eigentlich ist, und hält sich daher für verschieden von seinem Nächsten oder Brahman. Durch Selbstverwirklichung wird er von dieser Illusion individueller Existenz befreit und kehrt zurück zum Einssein mit Brahman.

Shakti Pat

Bezeichnet die Berührung des Guru, gewöhnlich seiner rechten Hand an der Stirn des Anbetenden, die übernatürliche Wirkungen hat. Shakti bedeutet wörtlich Macht, Kraft. Durch Verabreichung des Shakti Pat wird der Guru zum Kanal der Urkraft, der kosmischen Kraft, welcher das ganze Universum zugrunde liegt. Sie wird durch Kali, die Gattin Shivas, verkörpert. Die übernatürliche Wirkung des Shakti durch die Berührung des Guru kann den Anbetenden zu Boden werfen oder er kann ein helles Licht wahrnehmen und eine innere Erleuchtung oder eine sonstige mystische oder psychische Erfahrung machen.

Swami

Ein Sanyasi oder Yogi, der einem bestimmten religiösen Orden angehört. Die Bezeichnung wird oft auf den Guru oder das Haupt eines Ordens angewendet.

Tassas
Große zeremonielle Trommeln.

Upanis(c)haden
Wörtlich «nahesitzend». Name eines Teils der Hinduschriften, die gewisse mystische Lehren beinhalten. Angeblich wurden sie von Gurus an Jünger weitergegeben, denen es erlaubt war, zwecks Unterweisung nahe bei ihnen zu sitzen. Sie stammen aus dem vierten vorchristlichen Jahrhundert und wurden ursprünglich nicht zum Kanon der Veden gezählt, was in neuerer Zeit allerdings getan wird.

Die Philosophie der Upanishaden ist geheimnisvoll und wird nur von wenigen verstanden. Sie behandeln eine Vielzahl kniffliger Probleme wie das Wesen Gottes und des Menschen und den Sinn des Daseins und das endgültige Heil. Alles sind Versuche, durch Thesen Grundfragen des Lebens zu beantworten: Die Identität der individuellen Seele (Atman) mit der universellen Seele (Brahman) und die wesenhafte Gleichheit aller Dinge. Eine der berühmtesten Aussagen dieser Lehre findet man in der Belehrung Uddalakas an seinen Sohn Svetaketu in der Chandogya Upanishad: «Die feine Wesenheit durchdringt alles in jeglichem Gegenstand, auf den man stoßen mag. Es ist das wahre Ich; und Svetaketu, das bist du!»

Vedisch
Die Sprache der ursprünglichen Abfassung der Veden, eine archaische Form des Sanskrit, die auch Alt Indo-Arisch genannt wird. Als Adjektiv bedeutet es «wie die Veden lehren und bezeugen».

Yoga
Wörtlich «zusammenjochen», bezieht sich auf die Einheit mit Brahman.

Es gibt mehrere Arten und Schulen des Yoga, ebenso verschiedene Verfahren; aber alle verfolgen das oberste Ziel, die Vereinigung mit dem Absoluten.

Die Stellungen und Atemübungen sollen Hilfen zur Meditation und ein Mittel zur Körperbeherrschung sein, wodurch man lehrt, alle Begierden, die der Körper dem Geist aufzwingen will, zu verleugnen.

Yoga will aber insbesondere einen Trancezustand herbeiführen, der angeblich den Geist herabzieht zur Verjochung mit Brahman. Es ist ein Mittel, sich von der Welt der Illusion zurückzuziehen, um die eine wahre Wirklichkeit zu suchen. Wer lediglich körperliche Ertüchtigung anstrebt, soll lieber Turnübungen machen, denn kein Bestandteil des Yoga kann von der Philosophie, die dahinter liegt, getrennt werden.

Yogi

Im allgemeinsten Sinn jemand, der schon eine gewisse Fertigkeit in Yoga erlangt hat, im wahren Sinn aber nur einer, der ein Meister des Yoga ist; d. h. einer, der durch Yoga dessen Ziel, die Vereinigung mit Brahman, erreicht hat.

Vedanta

Wörtlich «die letzte oder endgültige oder beste der Veden». Im weiteren Sinn bezieht es sich auf die Upanishaden; im engeren Sinn auf eines der sechs orthodoxen Systeme der Hinduphilosophie, das auf den Upanishaden aufbaut und erstmals durch den Philosophen Badarajana ausgedrückt wurde, der vor rund 2000 Jahren lebte. Der Vedanta ist in seinen monistischen und pantheistischen Ansichten kompromisslos. Brahman ist alles und die einzige Wirklichkeit: Alles Übrige ist Illusion.

Die von Vivekananda, dem Nachfolger Ramakrishnas, gegründete Vedanta-Gesellschaft, die in der ganzen Welt Zentren aufgerichtet hat, behauptet, Toleranz gegenüber allen Religionen zu lehren. Die «Einheit aller Religionen», die sie proklamiert, ist nicht Toleranz und Offenheit, sondern basiert auf diesem kompromisslosen Monismus, der lehrt, alles sei eins.

Veden

Die frühesten Schriften des Hinduismus, die noch größer sein sollen als die Götter, da sie noch bestehen werden, wenn die Götter schon untergegangen sind. Man glaubt, sie seien eine Offenbarung von Brahman selbst, vom Absoluten, und hätten von Urbeginn an in ihrer ewigen, vollkommenen Form bestanden. Die Veden bestehen aus Rigveda, Jadschurveda, Samaveda und Atharvaveda. Als Ganzes hat man sie in vier Kategorien eingeteilt:
- Die Mantras (metrische Loblieder);
- die Brahmanas (Anweisungen über Rituale und Gebete für die priesterliche Handhabung);
- die Aranjakas (besondere Abhandlungen für Einsiedler und Heilige);
- und die Upanischaden (philosoph. Abhandlungen).

Der wahre Yogi hat sich in der Meditation von jeder Sinneswahrnehmung gelöst, dazu hat er jede familiäre oder sonstige menschliche Beziehung aufgegeben. Man behauptet, er sei über Zeit und Raum, Kaste, Religion und sogar über Gut und Böse erhaben.

Wie Krishna in der Bhagavadgita sagt, ist dem Yogi alles – außer Yoga – gleichgültig.

Der Wissenschaftskrimi • Der Forscherstreit
Die Bedeutung der Rollen • Die neuesten Funde

Alexander Schick
FASZINATION QUMRAN
20 x 26,5 cm,
Hardcover, geb.,
160 Seiten, 300 Abbildungen
Best.-Nr. 397

Fr. 28.–
DM 29.80
öS 250.–

Seit der Entdeckung der ersten Schriften im Jahr 1947 haben die Texte vom Toten Meer Forscher, Abenteurer und Wahrheitssucher nicht mehr losgelassen.
So viel wurde schon darüber geschrieben. Aber was sind eigentlich die letzten Erkenntnisse, was der neueste Stand? «Faszination Qumran» lässt direktbeteiligte Forscher zu Wort kommen und bringt die allerneuesten Daten, Fakten und Hintergründe. Eine bemerkenswerte und fundierte Quelle, basierend auf gründlichen Recherchen und Interviews. Mit 300 Bildern einmalig illustriert.